COURS D'AGRICULTURE PRATIQUE

LA PRATIQUE DE L'AGRICULTURE

PAR

GUSTAVE HEUZÉ

MEMBRE DE LA SOCIÉTÉ NATIONALE D'AGRICULTURE
INSPECTEUR GÉNÉRAL HONORAIRE DE L'AGRICULTURE

TOME PREMIER

LES AGENTS DE LA PRODUCTION. — LES OPÉRATIONS CULTURALES
L'APPLICATION DES ENGRAIS. — LES SEMAILLES

141 FIGURES

PARIS
LIBRAIRIE AGRICOLE DE LA MAISON RUSTIQUE
26, RUE JACOB, 26

LA PRATIQUE

DE L'AGRICULTURE

I

OUVRAGES DU MÊME AUTEUR.

Les Assolements et les systèmes de culture, nouvelle édition *(en préparation)*.

Les Matières fertilisantes. Nouvelle édition *(en préparation)*.

Les Plantes alimentaires, comprenant les plantes céréales (blé, seigle, orge, avoine, maïs, riz, millet, sarrazin et céréales des régions équatoriales), les plantes légumineuses (haricot, dolic, fève, lentille, gesse, pois), les plantes des régions intertropicales et les gros légumes (carotte, betterave, etc., etc.). Deux volumes in-8°, ensemble de 1328 pages et 244 gravures, avec un atlas grand in-8° jésus contenant 102 épis de céréales, gravés sur acier, grandeur naturelle.......... 30 »

Les Plantes fourragères. 2 vol. in-18.

Tome Ier : *Les plantes à racines et à tubercules, et les plantes cultivées pour leurs feuilles :* betteraves, carottes, panais, raves, navets, rutabagas, pommes de terre, topinambours, choux à vaches. 4e édit. 1 vol. in-18 de 324 pages et 89 figures.......... 3. 50

Tome II : *Les Prairies artificielles :* luzerne, sainfoin, ajonc, ray-grass, etc.; trèfle, lupuline, vesce, etc.; mélanges et feuillards. 4e édit. 1 vol. in-18 de 396 pages et 52 figures.......... 3. 50

Les Pâturages, les prairies naturelles et les herbages : pâturages permanents et temporaires; classification des prairies naturelles, flore des prairies, création, entretien et irrigation des prairies, fenaison, valeur alimentaire des produits; création des herbages, clôtures et abreuvoirs, soins d'entretien; location des herbages. 3e édit. 1 vol. in-18 de 372 pages et 47 figures.......... 3. 50

Les Plantes industrielles. Nouvelle édition *(en préparation)*.

La Pratique de l'agriculture. 2 vol. in-18.

Tome Ier : Les agents de la production ; les opérations culturales (labours, hersages, roulages, etc); l'application des engrais ; les semailles, 1 vol. in-18 de 368 pages et 141 fig.......... 3. 50

Tome II : Les cultures d'entretien (sarclages, binages, etc.) ; la fenaison, la moisson ; le nettoyage et la conservation des produits ; l'organisation et la direction de l'exploitation. 1 vol. in-18 de 360 pages et 80 fig.......... 3. 50

Le Porc, historique, caractères, races ; élevage et engraissement; abatage et utilisation, études économiques, 2e édition. 1. vol. in-18 de 322 pages et 50 gravures.......... 3. 50

Culture du Pavot. In-18 de 44 pages.......... 0. 75

Lectures et dictées d'agriculture. In-12 de 128 pages.......... 0. 75

Typographie Firmin-Didot. — Mesnil (Eure).

COURS D'AGRICULTURE PRATIQUE

LA PRATIQUE

DE L'AGRICULTURE

PAR

GUSTAVE HEUZÉ

MEMBRE DE LA SOCIÉTÉ NATIONALE D'AGRICULTURE DE FRANCE
INSPECTEUR GÉNÉRAL HONORAIRE DE L'AGRICULTURE

TOME PREMIER

LES AGENTS DE LA PRODUCTION. — LES OPÉRATIONS CULTURALES
L'APPLICATION DES ENGRAIS. — LES SEMAILLES

141 FIGURES

PARIS
LIBRAIRIE AGRICOLE DE LA MAISON RUSTIQUE
26, RUE JACOB, 26
1889

A M. PASTEUR.

Vous avez bien voulu m'autoriser à vous dédier mon ouvrage LA PRATIQUE DE L'AGRICULTURE : *c'est un grand honneur que vous m'avez fait; je vous prie de recevoir ici l'expression de toute ma reconnaissance.*

GUSTAVE HEUZÉ.

AVERTISSEMENT.

Sous le titre de *La Pratique de l'agriculture* nous nous proposons de décrire les divers travaux qu'exécutent journellement les ouvriers agricoles.

Nous diviserons ce travail en deux volumes :

Le *premier* comprendra les labours, les hersages, les roulages, les défrichements, c'est-à-dire les opérations culturales, ainsi que l'application des matières fertilisantes et les semailles à la volée ou en lignes.

Le *second volume* contiendra les travaux nécessaires pour la destruction des plantes nuisibles, les opérations qui suivent les semailles, et les cultures d'entretien; puis nous passerons successivement en revue la fenaison, la moisson, et la conservation des produits.

Nous terminerons ce second volume en donnant quelques détails pratiques sur la direction et l'organisation des exploitations agricoles.

Dans cet exposé, qui doit être un véritable *Manuel opératoire du cultivateur,* nous resterons sans cesse dans le terre à terre du praticien éclairé et progressif.

Loin de nous la pensée, toutefois, d'affirmer que le chef d'une exploitation doit pouvoir rivaliser manuellement avec les ouvriers les plus habiles dans l'art de labourer, de semer, de faucher, etc. Si l'expérience prouve chaque année qu'il n'est pas indispensable pour réussir en agriculture d'être très versé dans le maniement des outils, des instruments et des machines, il est cependant très utile de bien connaître comment tels ou tels travaux doivent être exécutés pour être regardés comme parfaits, et de quelle manière une charrue, un semoir mécanique, une faucheuse, une moissonneuse, etc., doivent être réglés, eu égard aux travaux qu'on leur demande.

Un chef d'exploitation agricole qui ne possède pas les connaissances pratiques voulues pour dire à un charretier : *Votre travail est mauvais, il laisse beaucoup à désirer, parce que votre charrue, ou votre herse, ou votre faucheuse est mal réglée*, est un mauvais directeur.

C'est pour éclairer les agriculteurs qui n'ont pas été à même de faire un apprentissage agricole sur le terrain, que nous avons rédigé *La Pratique de l'agriculture.* Puissent-ils trouver dans cet ouvrage les renseignements qui leur sont nécessaires pour rivaliser avec les vieux praticiens !

TABLE DES CHAPITRES.

PREMIÈRE PARTIE.

LES AGENTS DE LA PRODUCTION.

DEUXIÈME PARTIE.

LES OPÉRATIONS CULTURALES.

TROISIÈME PARTIE.

APPLICATION DES ENGRAIS.

QUATRIÈME PARTIE.

LES SEMAILLES.

LA
PRATIQUE DE L'AGRICULTURE

L'INSTRUCTION PRATIQUE.

I.

La pratique de l'agriculture exige de sérieuses études; elle ralentit l'ardeur des théoriciens, elle détruit les illusions de ceux qui se sont abreuvés de lectures; elle rectifie le jugement de ceux qui s'enflamment pour des méthodes de culture qui ne peuvent être appliquées que dans des circonstances spéciales.

Sans le concours du métier, sans la connaissance des opérations pratiques, quelque prudent, attentif et observateur que soit l'esprit, on doit s'attendre à être arrêté à chaque moment. Alors on ne marche plus, on recule, et ce pas rétrograde peut conduire à des revers.

C'est à tort que l'on regarde *l'instruction pratique* comme simple et facile. Toutefois, cet enseignement ne consiste pas seulement, comme on le croit vulgairement, dans les opérations manuelles : la conduite d'une charrue ou d'une herse, le fauchage des prés, le pansement des chevaux, etc. Ces opérations n'exigent que des forces physiques, de la dextérité, et leur connaissance s'acquiert seulement par l'usage. Il y a dans l'enseignement pratique des études d'un ordre plus élevé et que le nouvel adepte agricole doit regarder comme plus graves, plus sévères. Ces études spéciales le forcent à être observateur, à rechercher la cause et ladu rée des phénomènes qui se présentent à ses yeux, à prévoir à l'avance le résultat d'une opération exécutée au milieu de telles ou telles circonstances, etc. De là deux choses bien distinctes dans l'instruction pratique : l'étude manuelle et l'étude intellectuelle ou raisonnée.

La *pratique manuelle* consiste dans l'exécution des opérations que comporte l'agriculture et qu'exécute journellement le laboureur, le faucheur, l'irrigateur, le vacher, etc. C'est en se livrant à cette étude qu'on apprend la pratique des labours, des hersages, des binages, et conséquemment la conduite des instruments aratoires, la pratique de l'écobuage, la manipulation des fumiers, l'application des engrais, la pratique des semailles, le fauchage, le fanage, la confection des liens et des moyettes, le battage des moissons, la transplantation des choux et du colza, l'arrachage du lin et du chanvre, le chargement des voitures, etc., etc. Cet enseignement pratique est rude et ardu, et il faut le pratiquer pour le connaître. Il est très vrai qu'il ne satisfait pas toujours les esprits et qu'il ne plaît pas à apprendre, parce qu'il oblige ceux qui veulent le connaître à endosser la blouse et à se salir les mains. Mais toute étude professionnelle, tout état demande un apprentissage ; et celui-ci, qui a lieu au milieu de toutes les beautés et les richesses de la création, offre à l'homme qui l'apprend des jouissances, un bonheur qui diminue beaucoup les fatigues qu'il éprouve, et augmente les plaisirs que lui offre sans cesse la vie des champs.

La *pratique raisonnée* doit être regardée comme transitoire entre le métier purement mécanique et la science agricole. Ainsi que l'a dit Mathieu de Dombasle, si le cultivateur ne laboure pas lui-même sa terre, il faut qu'il puisse juger l'époque à laquelle il convient de le faire, la profondeur et la largeur de raie qui conviennent à chaque opération, selon les circonstances. Le chef d'une exploitation agricole n'est pas, en effet, une machine animée qui transmet sa puissance parce qu'elle doit agir ou imprimer un mouvement; son intelligence, son instruction l'élèvent bien au-dessus du laboureur, de l'homme mécanique. Il faut qu'il essaye d'enchaîner dans ses prévisions le vol inconstant des saisons; il faut qu'il cherche à faire naître la vie végétale riche et féconde au milieu de tous les obstacles, de toutes les dissidences causées par la variété infinie des terrains et l'inclémence des saisons. C'est la pratique raisonnée, cette fille de l'observation, qui peut seule lui permettre de s'initier à tout ce qu'il y a de plus mystérieux, de plus spontané, de plus inaccessible à nos regards; sans cette étude, qui exige un excellent jugement, la pratique n'est qu'un pâle flambeau, et le cultivateur n'a pas la conscience de sa volonté et de sa puissance!

C'est, en effet, par l'observation seule que l'agriculteur peut prévoir les caractères qu'un terrain affecte sous l'action des agents atmosphériques et des instruments aratoires; qu'il connaîtra l'époque à laquelle le sol se durcit ou se prend en mottes, celle où il devient humide ou boueux; qu'il appréciera les avantages ou les inconvénients des labours exécutés en été ou pendant les saisons pluvieuses; qu'il saura si la terre peut être très divisée, très meuble ou si elle doit présenter des mottes au moment des semailles d'automne, de printemps ou d'été. C'est par de longues observations qu'il pourra apprécier l'époque la plus favorable pour la conduite et l'application des engrais; qu'il pourra déterminer si les semailles doivent avoir lieu de bonne heure ou tardivement, au printemps ou en automne, si les semences doivent être répandues dans une grande proportion ou en faible quantité, etc. Toutes ces questions, qu'il serait facile de multiplier, sont très sérieuses, et la théorie est impuissante pour les résoudre.

De cet exposé on conclura combien il est important que ceux qui veulent se livrer à la pratique de l'agriculture s'habituent de bonne heure à discerner l'enchaînement des causes et des effets dont la connaissance parfaite implique toujours des succès et prévient des revers. Quand on réfléchit aux conséquences de causes mal étudiées, d'effets mal compris, on n'est nullement étonné des revers qu'éprouvent ceux qui se jettent à la légère dans la carrière de l'agriculture et de l'expérience. Ici on ne peut réussir qu'à la condition impérieuse que l'esprit sera observateur, qu'il comparera, réfléchira et appréciera les difficultés, les circonstances accidentelles ou imprévues. C'est que tout succès agricole dépend toujours de la réflexion et de l'analyse des obstacles.

La *théorie pure,* que l'on acquiert seulement par la lecture des livres, conduit l'agriculteur à de faux raisonnements. Alors l'imagination fait de beaux rêves, de grands projets chimériques, élève de beaux édifices, et sur le papier inscrit les résultats les plus satisfaisants. Sur le terrain, aux prises avec le métier et les difficultés qu'offre sans cesse la nature, c'est autre chose, et cela doit être ! Illusions, idées, images, tout est détruit : la réalité, les choses effectives se montrent à nu, riches ou pauvres, grandes ou petites, faciles ou ardues ; les conjectures, les projets, les espérances s'accomplissent ou s'exécutent, s'évanouissent ou disparaissent.

La *science agricole* qui a pour appui les vérités et les faits, conduit à des conséquences heureuses. Elle a toutes les sympathies des hommes qui n'ont d'autres désirs que celui de voir l'agriculture française fleurir et progresser ; elle éclaire l'esprit, elle accroît l'idée du raisonnement, elle force pour ainsi dire l'agriculteur à méditer avec fruit les difficultés, les obstacles que présente l'exploitation qu'il dirige, et, comme la pratique raisonnée, elle l'oblige à agir avec sagesse et persévérance.

Cette théorie scientifique avance de jour en jour vers des vérités plus lumineuses ; elle s'harmonise par ses succès avec le génie du siècle ; elle s'identifie complètement avec le progrès agricole. C'est elle que l'on évoque chaque jour, que veut étudier la raison humaine pour détruire la négation qui enveloppe encore l'esprit d'un grand nombre de laboureurs.

La science agricole a une évidence naturelle, tant ses doctrines sont rigoureuses. De nos jours, elle est la condition, l'essence même du nouveau progrès agricole auquel nous assistons, condition nécessaire du développement de la pensée humaine et de la prospérité d'une nation qui se développe et grandit !

II.

L'agriculture ne peut tarder à prendre un grand essor, aujourd'hui que les tenanciers et les exploitants se réunissent et s'associent pour assurer ses progrès. Depuis longtemps ces progrès seraient beaucoup plus sensibles, si l'opinion générale y avait plus de foi. Ainsi, chaque jour encore on proclame hautement que l'agriculture pratiquée par des *bourgeois* est toujours ruineuse. Parler ainsi, dire qu'un propriétaire ne peut que compromettre sa fortune lorsqu'il se livre aux travaux des champs, c'est vouloir retarder le progrès moral et matériel de notre pays. Non, l'agriculture n'est pas un métier ingrat. Si l'on peut citer les noms des personnes qui, avec des connaissances réelles, ont mal réussi, on peut, d'un autre côté, signaler une foule d'hommes élevés dans les villes et versés dans les sciences, qui obtiennent dans la culture de véritables succès.

Cette prévention défavorable décourage les propriétaires qui désirent se livrer à l'agriculture. Mais parce qu'un navire a fait naufrage, faut-il pour cela renoncer à la navigation? parce qu'un négociant a fait de mauvaises affaires, faut-il abandonner le commerce? assurément, non!

L'agriculture est un art facile en apparence, mais très difficile en réalité. Aussi quiconque veut l'entreprendre pour s'enrichir doit, avant tout, comprendre la nécessité de s'y livrer tout entier et de fixer sa résidence aux champs. Ce n'est pas le métier qui est mauvais, mais presque toujours les procédés qu'on adopte, la route que l'on suit. On ne doit pas oublier que l'agriculture se compose d'une série de combinaisons, de faits, d'observations, de raisonnements continus qui ne présentent de données certaines qu'aux esprits justes et persévérants. Aussi arrive-t-il souvent qu'avec le même système de culture, un cultivateur réussit là où un autre a complètement échoué. Pourquoi cette différence? ce succès tient essentiellement :

1° A une connaissance plus parfaite, plus approfondie du sol et du climat ;

2° A une succession de cultures mieux étudiée et mieux coordonnée ;

3° A une grande activité, à une économie de temps et de main-d'œuvre dans les travaux ;

4° Enfin, à une direction et une économie intérieure bien entendues.

En agriculture, plus que dans toute autre industrie, où les profits dépendent principalement des qualités de l'exploitant, il faut se rendre un compte rigoureux de toutes les opérations que l'on veut et que l'on peut entreprendre et en prévoir toutes les conséquences. C'est en examinant sous toutes ses faces la question que l'on veut résoudre, c'est en tenant compte des moyens que la nature peut seule créer, c'est surtout en ayant égard aux résultats obtenus dans la localité que l'on habite, qu'on parvient à éclairer la route qu'on doit suivre.

Quelques esprits encore infatués de ce qu'ils ont appris par des lectures, soutiennent que pour faire de la bonne agriculture, la théorie suffit. Leur prétention est tout aussi absurde que celle des gens qui proclament bien haut qu'en dehors de la routine il n'y a pas de succès possible en agriculture. A son début, le théoricien voit ordinairement tout sous un riant aspect, et l'agriculture lui semble facile. Le praticien n'a pas de telles illusions, et il considère toujours la carrière agricole comme hérissée de difficultés. Toutefois ces difficultés ne sont pas pour lui insurmontables et il est très rare qu'il ne parvienne pas à les vaincre victorieusement.

La diffusion de l'instruction et des écoles d'agriculture, dont le nombre s'accroît d'année en année, contribueront très certainement à répandre de plus en plus le goût de l'agriculture parmi les classes aisées. Toutefois, il est indispensable que les élèves sortant de ces écoles après avoir terminé leurs études, n'oublient pas qu'ils se doivent à eux-mêmes de *faire un stage de deux années* sur une ferme bien dirigée avant de prendre la direction d'une exploitation. C'est en s'imposant cette tâche qu'ils acquerront ce savoir-faire, cette justesse, ce coup d'œil qui est l'apanage des praticiens habiles et éclairés. Je n'ignore pas qu'un aussi long séjour sur une exploitation n'est pas toujours très récréatif, surtout quand on prend part à l'exécution des travaux, à la surveillance des attelages et des ouvriers; mais un stage aussi actif est très utile, très instructif, en ce qu'il permet de coordonner les faits qu'on est à même d'observer avec les principes sur lesquels repose la science agricole qui est la base de l'enseignement dans les écoles régionales d'agriculture et à l'Institut agronomique. Si les fils des agricultes praticiens intelligents éprouvent rarement des revers dans leur carrière, c'est qu'ils ont fait un apprentissage raisonné pendant plusieurs années sur les domaines cultivés par leur famille.

Mais il ne suffit pas pour réussir d'avoir vu pratiquer et surtout d'avoir pratiqué soi-même, et de s'appuyer sur l'expérience des autres, il faut posséder un *capital* proportionné à l'étendue de l'exploitation qu'on dirige, et éviter de se lancer dans la carrière des expériences hasardeuses. Malheureusement on ne tient pas toujours compte de ces conditions impérieuses de réussite et souvent on entreprend à la légère la direction d'un domaine sans avoir les connaissances et les capitaux qui doivent assurer la réussite. Alors on ne marche plus, on recule et la ruine est certaine.

Un cultivateur doit être prudent; il ne doit jamais, dans ses entreprises, dépasser les limites qui lui sont imposées par les ressources dont il dispose. Il faut qu'il soit économe, actif, sédentaire, et qu'il ait à la fois l'esprit d'ordre et l'esprit des affaires. Avec ces qualités, on réussit toujours et l'agriculture devient réellement une carrière lucrative; s'il est vrai qu'elle ne mène pas rapidement à la fortune, du moins elle met l'homme à l'abri de ces ruines éclatantes qui font crouler en un instant les positions commerciales les plus enviées et elle le conduit sûrement à cette aisance dorée qui suffit aux désirs du sage.

PREMIÈRE PARTIE.

LES AGENTS DE LA PRODUCTION.

Les agents naturels qui favorisent ou nuisent à la bonne exécution des opérations culturales : labours, hersages, semailles, etc., et au développement des plantes indigènes ou des plantes cultivées, sont au nombre de trois :

1° Les agents atmosphériques ;

2° Les terrains agricoles ;

3° Les matières fertilisantes.

Dans les pages qui vont suivre je rappellerai sommairement l'action des agents atmosphériques sur le climat, le sol et les plantes ; je signalerai ensuite l'influence que le sol exerce par sa nature et sa configuration sur les plantes et les systèmes de culture ; puis, j'esquisserai les inconvénients qu'il possède quand sa propreté laisse beaucoup à désirer et lorsqu'il est très morcellé.

Je terminerai cette première partie en indiquant comment s'accroît la fécondité des terrains agricoles, quels sont les indices qui permettent d'apprécier leur degré de fertilité, et par quels moyens on peut assainir les terres labourables et les prairies qui reposent sur des sous-sols imperméables.

CHAPITRE PREMIER.

CONSIDÉRATIONS GÉNÉRALES SUR LES AGENTS ATMOSPHÉRIQUES.

Chaque plante exige une somme de chaleur moyenne donnée, soit pour fleurir, soit pour fructifier, mais les végétaux ligneux agricoles sont beaucoup plus nombreux et les espèces plus variées dans la région méridionale que dans la région septentrionale.

Dans la zone du midi comme dans la zone du nord, la *température* décroît aussitôt que les champs ont été dépouillés de leur parure.

Partout la nature a besoin d'un repos plus ou moins prolongé. Durant cet arrêt providentiel elle répare ses forces, élabore les liquides qui lui sont nécessaires et prédispose les plantes, les arbres à se couvrir de nouveau de feuilles et de fleurs et un jour de fruits.

L'air, par sa manière d'être, influe beaucoup sur la réussite des plantes et des systèmes culturaux. En Normandie, en Picardie, etc., où l'air est naturellement humide, les prairies naturelles, les légumineuses et les graminées fourragères, le colza, les choux, le lin, etc., végètent avec une grande facilité, mais la vigne et le maïs y mûrissent très difficilement leurs fruits. Dans la Provence et le bas Languedoc, la vigne, l'olivier, le maïs, etc., réussissent au contraire parfaitement, mais le colza, la betterave, refusent, pour ainsi dire, d'y croître comme plantes agricoles.

La différence qu'on observe entre les diverses contrées tient uniquement à ce que la température moyenne de la région méridionale est beaucoup plus élevée et plus sèche que celle de la région Nord-Ouest. Ce fait prouve une fois de plus combien les irrigations ou les arrosements sont nécessaires dans la Provence, le Languedoc, le Roussillon, le le comtat d'Avignon, etc.

La *lumière* est indispensable à la vie des plantes et des animaux. C'est elle qui colore les végétaux et accélère dans leurs tissus la formation des principes qui les rendent sapides, aromatiques, saccharifères ou féculents.

Lorsque la lumière est insuffisante, les tissus des végétaux manquent de fermeté, les feuilles ont une couleur pâle et les semences et les fruits mûrissent mal. C'est dans le but de favoriser l'action de la chaleur et de la lumière sur les fruits qu'on effeuille parfois dans une certaine mesure le maïs, la vigne et les arbres fruitiers.

Les plantes qui végètent trop serrées ou trop rapprochées les unes des autres s'élèvent vers les rayons lumineux, *s'étiolent*, et sont dès lors exposées à être couchées ou renversées sur le sol par les vents violents et surtout par les grandes pluies. Quand ces mêmes plantes sont suffisamment isolées, elles supportent sans altération aucune l'action d'une température élevée, d'une pluie abondante ou d'une chaleur décroissante.

L'*absence de lumière* est quelquefois très utile. On sait que c'est à l'abri de la lumière que les tubercules de la pomme de terre végètent et grossissent, et qu'ils acquièrent de véritables qualités alimentaires. On sait encore que les graines pour germer demandent de l'humidité, de la chaleur et de l'obscurité.

Sous toutes les latitudes, les *rosées* pendant la belle saison rafraîchissent les plantes et réparent leur état de langueur due à l'action trop vive des rayons solaires. Malheureusement, lorsque le vent ou le soleil évapore trop rapidement le matin les perles diamantées de la rosée, il se produit un froid vif assez intense pour ulcérer ou désorganiser les feuilles du mûrier, les fleurs de la vigne, de l'amandier, du pêcher, etc.

La rosée est toujours plus abondante au printemps et en automne que pendant l'hiver et l'été ; elle est aussi plus intense dans les contrées froides et humides que dans les localités chaudes et sèches.

Les terres perméables et les sols argileux ou calcaires bien ameublis profitent plus de l'action bienfaisante des rosées que les terres argileuses, compactes et imperméables.

En général, les contrées méridionales profitent mieux des effets bienfaisants des rosées que les pays du Nord, où la chaleur atmosphérique est moins élevée, où les plantes ont moins besoin d'humidité.

C'est afin qu'elles profitent mieux de l'influence des rosées que la nature a pourvu les plantes qui croissent dans les pays secs et arides d'un plus grand nombre de poils que les végétaux qui habitent les contrées brumeuses ou les sols humides.

L'air est un vaste réservoir d'eau en vapeur. C'est son refroidissement qui est la cause de la production de *la pluie*.

Les pluies ont une grande influence sur la végétation et les opérations culturales.

Les *pluies de printemps* douces et légères favorisent les labours, les hersages, les roulages, les binages, la germination des semences, la végétation des prairies, le tallement et l'épiaison des céréales.

Les *pluies d'été* ordinaires ou non orageuses sont aussi très utiles à la végétation et à la fructification des céréales, du maïs, du sarrasin, etc.

Les *pluies continuelles*, à la fin du printemps et en été, nuisent beaucoup à la récolte et à la qualité des foins et aux produits fournis par les céréales et les légumineuses.

Les *pluies d'automne,* fines, peu abondantes, concourent heureusement à la maturité des betteraves, des fruits, etc., et elles rendent plus facile la pratique des semailles. Quand elles sont torrentielles et persistantes, les labours, les semailles, l'arrachage des racines fourragères, la récolte des regains, le pâturage dans les prairies, etc., sont souvent d'une exécution très difficile.

Les *pluies d'hiver* sont toujours moins nuisibles lorsqu'elles sont aussi abondantes que les pluies d'automne.

En général, les contrées très boisées reçoivent annuellement une quantité d'eau plus considérable que les localités dans lesquelles les forêts et les bois ont une faible étendue.

Les eaux pluviales fécondent les terres labourables, mais souvent elles les ravinent lorsqu'elles sont abandonnées à elles-mêmes. Celles qui restent stagnantes à la surface du sol appauvrissent la couche arable au lieu de la fertiliser. Dans les prairies, les eaux stagnantes favorisent la croissance des plantes nuisibles au détriment des bonnes plantes fourragères.

Les *brouillards* favorisent l'existence des pâturages et des prairies naturelles. C'est à leur présence fréquente que la Normandie, l'Artois, le Nivernais peuvent conserver les beaux herbages qui constituent leur richesse agricole.

Si les brouillards sont favorables en automne à la maturité des raisins et des châtaignes, à la germination des semences, etc., par contre, ils font naître au printemps sur les feuilles des céréales une altération cryptogamique appelée *rouille,* maladie qui amoindrit sensiblement leur vitalité.

La *neige* est plus riante que les glaciers. Lorsqu'elle est épaisse et persistante, elle présage toujours des récoltes céréales abondantes, parce qu'elle protège les plantes contre l'action des gelées intenses et qu'elle les défend contre les insectes et les animaux nuisibles.

Il est très utile, quand on habite une contrée dans laquelle la neige est abondante pendant l'hiver, de prendre toutes les dispositions nécessaires après les semailles d'automne pour que les eaux provenant de sa fonte puissent s'écouler rapidement. Les plantes souffrent beaucoup quand elles sont exposées à être emprisonnées dans un terrain à la fois humide et glacé.

Les *vents* sont secs ou humides, froids ou chauds selon qu'ils ont traversé des pays secs, de grands amas d'eau, des montagnes couvertes de neige ou de glace ou qu'ils viennent des contrées très tempérées de l'Europe méridionale.

En général, en France, les vents du

Sud et Sud-Est...	présagent du beau temps.
Sud-Ouest........	indiquent de la pluie.
Ouest............	amènent de la pluie.
Nord-Ouest	amènent des pluies froides ou des giboulées.
Nord	sont les plus froids en hiver, les plus secs en été.
Nord-Est et Est..	amènent du beau temps sec.

Les vents qui viennent de l'Océan et que l'on nomme *vents océaniens* arrivent sur les côtes de la Bretagne, de la Saintonge et de la Guienne, le plus ordinairement avec une grande violence. Ces *vents sont toujours frais et doux*. Par leur température et les pluies qu'ils amènent, ils déterminent une *région spéciale* depuis la pointe du Finistère jusqu'à Bayonne.

Le vent d'ouest, qui arrive dans la Manche et sur les côtes de la Bretagne et de l'Avranchin, est très tempéré, parce qu'il a subi l'influence du grand courant marin appelé *Gulf stream*, et qui vient de l'Amérique méridionale.

L'agitation excessive ou brusque de l'atmosphère rend toujours une contrée difficilement agricole.

Les *vents violents* bouleversent les récoltes, déracinent les arbres, brisent leurs ramifications, détachent leurs feuilles, détruisent leurs fleurs et font tomber leurs fruits.

Les *vents modérés* sont sans cesse favorables à la santé des plantes; ils augmentent leurs forces, fortifient leurs fibres et secondent puissamment la fécondation en disséminant le pollen.

Lorsque le vent est sec et froid ou sec et chaud, ses effets se nomment *hâles*. Ces vents dessèchent le sol, fanent les feuilles et les fleurs des végétaux ; ils viennent de l'est, du nord et du nord-est.

Les *hâles de printemps* sont ceux qui nuisent la plus aux cultures. Ils dessèchent et durcissent les terres argileuses et argilo-calcaires, arrêtent la végétation et le tallement des céréales d'hiver, rougissent l'herbe des prairies naturelles, retardent la germination des semences et nuisent à la fécondation des arbres fruitiers.

Les *hâles d'été* augmentent la chaleur du sol, précipitent la maturité des semences, arrêtent la végétation du maïs, du sarrasin, du tabac, etc.

C'est dans le but de diminuer les fâcheux effets des hâles qu'on répand à la fin de l'hiver des débris de fumier pailleux, de feuilles, etc., sur les semis, etc. Ces *paillis* permettent à la terre de conserver une certaine fraîcheur pendant les sécheresses, ils empêchent les pluies de battre et de durcir la couche arable et ils protègent les jeunes plantes contre les vents desséchants.

Le *froid* est d'autant plus intense qu'on se rapproche des pôles et qu'on s'élève vers les espaces planétaires. Son intensité et sa durée sont très variables. Le plus ordinairement, en hiver, les vents du nord et de l'est présagent de la gelée.

Les gelées ont une heureuse action sur les terres argileuses et argilo-calcaires labourées en automne avant les premiers froids. Par la congélation et l'augmentation de volume de l'eau contenue dans le sol, ce dernier est désuni, soulevé, divisé pour reprendre sa position primitive aussitôt après le dégel et rester meuble.

Par suite de cette action les céréales d'hiver situées sur les terres argileuses ou argilo-calcaires ou argilo-siliceuses à sous-sol imperméable sont très exposées à être déchaussées. Aussi est-il utile à la fin de l'hiver de rouler le plus tôt possible, par un beau temps, les céréales d'automne et souvent aussi les prairies naturelles quand leur gazon n'adhère plus au sol. Les gels et les dégels sont toujours peu nuisibles sur les terres perméables.

Les *faux dégels* sont très pernicieux, en ce qu'ils font périr souvent un grand nombre de plantes.

Le point important, pour éviter de tels désastres, est de bien assainir les terres argileuses, les sols compacts aussitôt après les semailles d'octobre ou de novembre.

Les *gelées tardives printanières* sont parfois aussi très nuisibles. Elles brûlent ou dessèchent les jeunes pousses du mûrier, du châtaignier et de la vigne, les fleurs du seigle, des arbres fruitiers, etc. Les *gelées hâtives d'automne* ont des conséquences aussi fâcheuses; elles arrêtent la maturité du maïs, du sarrasin, du raisin, etc., etc.

La *grêle* se forme dans l'atmosphère et tombe sur la terre avec plus ou moins de violence.

En général, il grêle rarement la nuit. C'est au printemps, mais principalement en été, au moment de la plus grande chaleur diurne, que la grêle se forme le plus abondamment. Ordinairement elle précède les pluies d'orage et elle est plus fréquente, plus redoutable dans les plaines que sur les plateaux et les montagnes.

CHAPITRE II.

LES TERRES LABOURABLES.

Le sol sur lequel l'agriculteur exerce son industrie et dans lequel les végétaux trouvent un point d'appui, varie beaucoup quant à sa nature, ses propriétés agricoles et sa fécondité.

Les terrains agricoles, abstraction faite de leur composition minérale, appartiennent à trois divisions bien distinctes qui peuvent être désignées comme suit :

1. Les terrains légers;
2. Les sols de moyenne consistance;
3. Les terrains compacts.

Ces terrains sont plus ou moins productifs ou fertiles et leur culture est plus ou moins difficile ou coûteuse.

1. — Terres légères.

Les terrains légers, comme les *sols sablonneux, granitiques et volcaniques* et les *terres de bruyères*, ont peu de consistance. On les laboure et on les herse aisément à toutes les époques de l'année, à moins qu'ils soient peu profonds et qu'ils reposent sur un sous-sol imperméable. En général, ces terrains, à cause de leur friabilité ou leur faible consistance, n'obligent pas ceux qui les cultivent à posséder des instruments aratoires d'une très grande solidité et des animaux de travail très vigoureux. Leur couleur est très variable ; les uns sont fauves ou jaunâtres, les autres sont grisâtres, ceux-là rougeâtres et ceux-ci noirâtres.

Les terres sablonneuses se présentent sous deux états :

Les unes sont composées de fragments siliceux ou quartzeux irréguliers et plus ou moins volumimeux qui les rendent très perméables aux eaux pluviales; ces terres sont connues sous les noms de *terres siliceuses*, *terres aréneuses* (Yonne), *sable aréneux* (Nièvre), *boulbènes sableuses* ou *boulbènes légères* (Gers et Lot-et-Garonne), *terre lisse* (Tarn), *terre de Bresse* ou *terre blanche* (Jura), terre *œil de perdrix* (Aisne). Tous ces terrains sont plus ou moins ferrugineux.

Les autres sont formés de fragments de même nature mais très petits et presque arrondis, ce qui les rend presque imperméables. On les désigne sous le nom de *terres sablonneuses;* elles sont plus difficiles à cultiver et moins productives que les *terres graveleuses*. Elles occupent d'importantes surfaces dans le Maine, la Guyenne, la Touraine, la Sologne, l'Ile-de-France, etc.

Les terrains légers perméables que l'on désigne sous le nom de *terres à seigle*, *ségalas* (Gers), etc., ont l'avantage de s'échauffer promptement à la fin de l'hiver sous l'action du soleil et de se refroidir en automne bien moins rapidement que les terres argileuses. De là, la possibilité de les ensemencer tardivement en automne et de bonne heure au printemps.

Les terrains légers ne sont pas toujours formés exclusivement de débris de roches quartzeuses, granitiques ou volcaniques. Dans diverses contrées ils contiennent, outre la silice, plus ou moins de calcaire ou d'argile. Les *varennes* (Charente-Inférieure) sont des terres silico-calcaires; elles reposent sur un sous-sol calcaire. Ces terrains se rapprochent un peu des terres de consistance moyenne. Le *terrain gréveux* (Marne) est formé d'un gros sable calcaire désigné dans le département de l'Aisne sous les noms de *grève*, *grevette* ou *grevelon*. Les *groies sablonneuses* (Charente-Inférieure) sont des sols calcaires-siliceux.

Les terres siliceuses provenant de la désagrégation du granit deviennent à la longue quelquefois un peu argileuses par suite de la décomposition du feldspath. Les *terres sédimentaires fluviatiles* ne possèdent pas cette particularité. Ordinairement, elles conservent leur légèreté et leur perméabilité. Ces *terres alluviales* sont très productives et d'une culture facile.

Les *roches granitiques* en se désagrégeant donnent naissance à du sable plus ou moins grossier chargé de mica et de feldspath. Les *roches gneissitiques* fournissent toujours des grains de moyenne grosseur. Il en est de même des *roches volcaniques*.

En général, tous les terrains provenant de la désagrégation des roches cristallines et situées dans les vallées sont ordinairement un peu alcalines, profondes, perméables et fraîches pendant la belle saison.

Les *terres de bruyères* sont silico-argileuses ou argilo-siliceuses, acides, grises ou noirâtres; elles ne produisent que des bruyères ou des bruyères et le petit ajonc. On doit les utiliser au moyen de la culture forestière. Les *terres de landes* dans lesquelles végètent l'ajonc marin et la fougère sont de bien meilleure qualité.

En général, les terrains légers ne sont pas très productifs, à moins qu'ils soient profonds et qu'on puisse y appliquer de bonnes fumures suivies ou précédées par des engrais calcaires carbonatés ou phosphatés. On les fertilise avec succès à l'aide de fumiers froids produits par les bêtes bovines et porcines. Le principal défaut de ces terrains lorsqu'ils sont peu profonds et qu'ils reposent sur des sous-sols argileux, est d'être humides en hiver et de manquer de fraîcheur pendant l'été. Aussi est-il souvent utile d'y exécuter des *plombages* aussitôt après les semailles printanières et estivales.

Les *dunes* formées sur le rivage de la Manche, de l'Océan et de la Méditerranée par la fureur des flots et l'intensité du vent de mer, sont composées de grains siliceux ou quartzeux plus ou moins fins et blancs-jaunâtres. Elles sont toujours fraîches intérieurement parce que la capillarité s'y fait sentir d'une manière remarquable.

Les terres sablonneuses ont le défaut de produire parfois en abondance des plantes indigènes annuelles nuisibles appartenant à la famille des chénopodées et à celles des caryophyllées et des graminées. L'agrostis traçante, la ravenelle et la petite oseille s'y propagent aussi avec une grande facilité.

On cultive sur les sols légers le seigle, le sarrasin, le millet, la pomme de terre, le topinambour, le navet, la carotte, le haricot, la lentille, la luzerne, la spergule, etc. Les *prairies naturelles* n'y sont pas très productives sans le concours des arrosages, mais quand elles sont en bon état d'entretien on y récolte du foin aromatique de bonne qualité. Le bouleau, le châtaignier, la vigne, le pin maritime, le pin sylvestre, le peuplier, l'épine noire, etc., y végètent facilement quand la couche arable n'est pas trop humide pendant l'hiver.

Les terres siliceuses perméables sont très favorables à l'existence du *genêt à balais* (GENISTA SCOPARIA). Cet arbrisseau, en occupant le sol pendant plusieurs années, contribue par son couvert à rendre le sol herbifère et à favoriser dès lors l'adoption de la culture pastorale mixte dans les localités où le sol est encore peu fertile.

Toutes choses égales d'ailleurs, les terres légères sont plus favorables à la vie des plantes agricoles dans la région septentrionale que dans les provinces appartenant à la région du sud, à moins qu'on puisse, dans ces dernières contrées, y pratiquer à volonté des irrigations depuis le mois de mars jusqu'en septembre.

2. — Terres pierreuses ou caillouteuses.

Les *terres pierreuses* ou *terres caillouteuses* sont parfois très communes. Ces terres arables appartiennent aux terrains sédimentaires, aux sols calcaires, et aux terres granitiques et volcaniques.

La grande quantité de pierres quartzeuses, ou de *cailloux roulés* accumulés par les eaux qu'on y observe contribue dans une large mesure à rendre la couche arable peu humide pendant les saisons pluvieuses. Ces cailloux ont, en outre, l'avantage de plomber le sol et d'y maintenir une certaine fraîcheur pendant les grandes chaleurs estivales.

Les sols calcaires pierreux sont très favorables à la vigne, aux oliviers, aux amandiers, au sainfoin, etc. On y remarque de beaux chênes verts et de magnifiques pins d'Alep dans la région méridionale.

Les schistes et les micaschistes donnent aussi naissance à des terrains pierreux. Le schiste appelé *morgon* ou *roche pourrie* (Ain) produit en se délitant des terrains qui sont favorables à la vigne. On observe le même sol à Chalonnes (Maine-et-Loire).

Les sols calcaires pierreux provenant de roches dures sont presque stériles dans la région du Midi. On n'y voit ordinairement que des *garrigues*, terrains incultes occupés par des arbrisseaux, tels que le *chêne kermès*, le *paliure*, le *romarin*, les *cistes*, etc.

Les pierres de petit ou de moyen volume ne nuisent en aucune manière à la végétation des céréales et des plantes composant les prairies artificielles. Aussi se borne-t-on dans les *épierrements* (voyez ce mot) à enlever les pierres ou les cailloux qui, par leur grosseur, peuvent gêner la marche de la herse ou du semoir ou ne point permettre à la faux d'agir rez terre sur les terres labourables.

Le *sol de grave* (Gironde) se compose de gros sable et de cailloux roulés; il est plus ou moins profond, mais il repose toujours sur du sable inerte et imperméable ou sur une couche aliotique. La *grave blanchâtre* produit peu; la *grave grise* est la plus recherchée; la *grave rousse ou brune* est la plus productive. Ces terrains graveleux sont favorables à la vigne quand ils sont profonds. Les *chaillots* ou *chailloux* (Aisne) sont des terres fortes empâtant des cailloux. Les *terres arêneuses pierreuses* (Yonne) sont des sables très pierreux; on les désigne aussi sous le nom de *terre de gravois*. Les *boulbènes caillouteuses* (Tarn) et les *boulbènes graveleuses* (Tarn-et-Garonne) sont aussi favorables à la vigne.

Les *terres à pierrailles* (Savoie) sont calcaires; elles sont perméables, s'échauffent aisément quand elles ont une consistance moyenne; elles constituent de bons terrains. La *terre de grouaille* (Indre) est calcaire-pierreuse peu profonde; elle craint les sécheresses; les *terres de cailloux* sont formées d'une argile ocracée avec silex. Les *chailles* (Haute-Saône) sont des terres à pierrailles calcaires; elles sont beaucoup plus favorables aux plantes agricoles que les *chaumes* (Charente-Inférieure), qui sont des terres calcaires-pierreuses presque infertiles. Les *grosses groies* (Deux-Sèvres) sont très caillouteuses; les *petites groies* sont composées d'un calcaire à petits grains. Les *terres chaudes* ou *terres varennes* sont aussi calcaires-pierreuses. Les *rougerons* (Aisne) sont des terrains argilo-calcaires avec silex.

Les terrains argileux empâtant des cailloux, comme les *terres fortes pierreuses* (Gers) et les *perrées* (Indre-et-Loire) sont toujours peu perméables et toujours froids ou tardifs; les récoltes y sont souvent peu productives.

En général, les sols sablo-graveleux, les grès quartzeux et les terres calcaires-pierreuses appartiennent à la classe des terres chaudes ou terres hâtives.

3. — Terres de moyenne consistance.

Les terrains de moyenne consistance comme les terres argilo-siliceuses, silico-calcaires, calcaires-argileuses, les terres crayeuses et les terrains d'alluvion sont regardés à juste titre comme les plus favorables quand ils sont profonds.

Ces terrains un peu plastiques ou ayant suffisamment de cohésion pour répondre aux exigences du froment, de l'avoine, de la betterave, du trèfle, du chanvre, du colza, du pavot œillette, de la luzerne, du sainfoin, etc., ont toujours une valeur foncière plus élevée que les sols légers. On y obtient ordinairement de bonnes récoltes quand leur culture est bien comprise et lorsqu'on y applique les matières fertilisantes qui leur sont nécessaires.

Les *chambons* (Nièvre), les *terres panicières* (Ain), les *grouettes* ou *terres franches* (Eure), les *terres franches* (Charente), les *limons* (Aisne), les *chambonnages* (Allier), la *terre de Beauce* (Indre), sont des terrains de bonne qualité. Il en est de même des *terres marneuses* (Jura et Gironde), des *limons jaunâtres* (Oise), des *paluds* (Vaucluse), des terres *fromentales* (Indre), des *crayaux* (Nièvre), des *groies* (Charente-Inférieure), des *aubuis* (Indre-et-Loire). Les *varennes* des environs de Tours sont formées de gros sable.

Les labours, les hersages, les binages, etc., sont généralement d'une exécution facile dans les terres de consistance moyenne, bien que parfois elles se battent et qu'elles se durcissent facilement sous l'action simultanée de la pluie et du soleil. Les *terres battantes* ou *varennes humides* (Charente-Inférieure) produisent peu de grains mais beaucoup de paille. Il en est de même des *terres douces* (Aisne), qui reposent sur une argile qui retient aisément l'eau.

Les terres les plus difficiles à labourer pendant les saisons pluvieuses sont celles dans lesquelles le calcaire existe dans une notable proportion parce qu'elles se prennent en boue et adhèrent alors facilement aux instruments et aux pieds des hommes et des animaux.

Le *terrain blanc* (Marne) est formé d'une craie friable sans silex. La terre végétale n'y a que quelques centimètres d'épaisseur.

Les mottes qu'on observe sur les terres argilo-siliceuses, silico-calcaires, etc., ne sont pas ordinairement très dures pendant le printemps et l'été. Néanmoins, elles exigent souvent pour être divisées l'emploi du rouleau.

Ces terres, le plus ordinairement, sont labourées en petites ou en grandes planches selon que le sous-sol est argileux ou crayeux ou plus ou moins perméable. On leur applique de préférence des fumiers à demi décomposés. Les engrais pailleux ou frais ont l'inconvénient d'augmenter leur légèreté. Les terrains qui ne contiennent pas de calcaire, comme les terres limoneuses de l'Ile-de-France, de la Picardie, de la Franche-Comté, sont chaulés ou marnés ou on y répand du phosphate de chaux.

Les terres de consistance moyenne de bonne qualité peuvent produire toutes les plantes agricoles eu égard à leur latitude et leur altitude. Les prairies naturelles n'y sont ni trop sèches pendant le printemps, ni trop humides durant l'hiver. On y récolte de bons foins. Les irrigations y produisent partout de très bons effets lorsqu'elles sont bien conduites.

Ces terrains sont favorables à tous les arbres à pépins et à noyaux, surtout quand ils reposent sur des sous-sols perméables. Les *terres bâtardes* (Gironde) et les *boulbènes* (Gers) ou sols argilo-siliceux sont assez favorables aux cépages blancs communs. Les cultures forestières sont souvent fort belles sur les terres de consistance moyenne.

Les *terres crayeuses* absorbent rapidement le fumier, et

à cause de leur couleur blanche, elles s'échauffent lentement et se refroidissent rapidement.

4. — Terres fortes.

Les terres compactes, argileuses, argilo-calcaires et calcaires-argileuses sont les plus difficiles à cultiver. Elles sont humides pendant l'automne et l'hiver et elles se durcissent et se fendillent très aisément pendant le printemps et surtout durant l'été. De plus, elles se refroidissent promptement en octobre ou novembre et s'échauffent lentement en mars et avril, comme les *boulbènes fortes* (Tarn), les *terres herbues* (Haute-Marne) les *terres clitreuses* ou glaises rougeâtres (Nord), les *terres fortes* (Eure), les *grosses terres* (Indre), les *mutuaudes* (Deux-Sèvres). C'est pourquoi on les désigne ordinairement sous le nom de *terres froides.* Ces terrains tenaces ou plastiques présentent des colorations très diverses ; les uns, comme le *bri* ou *lais de mer* (Vendée), sont noirs ou bruns ; les autres, comme les *varennes fortes* (Charente-Inférieure), sont ocreux ou rougeâtres parce qu'ils contiennent une notable proportion de fer ; ceux-là sont jaunâtres ou blanchâtres. Ces derniers terrains sont incontestablement les plus froids et les plus ingrats. Les pluies les battent avec une extrême facilité.

Les terres limoneuses ou argilo-calcaires appelées souvent *terres fromentales* (Ariège), *groies argileuses* (Deux-Sèvres), sont peu perméables aux agents atmosphériques à cause de leur nature compacte ; elles doivent être labourées et hersées en temps opportun. Quand elles sont pour ainsi dire saturées d'humidité, les versoirs des charrues lissent les bandes de terre en les renversant en partie sur elles-mêmes et par cette action ils augmentent leur plasticité ou le degré de cohésion de leurs molécules. D'un autre côté, quand elles sont sèches et qu'elles ont acquis naturellement la dureté que la chaleur élevée de l'été leur permet de prendre, ces terres offrent une très grande résistance à l'action des instruments aratoires les plus énergiques. De là, la nécessité de bien saisir le moment de les labourer, de les scarifier ou les herser.

Les terres argileuses ont un autre inconvénient, celui de se prendre en mottes qui acquièrent beaucoup de dureté sous l'action des hâles de mars ou d'avril et du soleil pendant les mois de mai, juin et juillet. Aussi se trouve-t-on souvent dans la nécessité de les émotter avec le rouleau Croskill. Les *terres bâtardes* (Tarn), les *alluvions marines* qui occupent les moëres et les Watteringues (Nord), les marais de la Vendée et du Poitou, les *mates* ou alluvions de la Garonne (Gironde), les *mollières*, terres alluviales de la Somme, les *bournois* (Indre-et-Loire) les *terres tirantes* (Basses-Pyrénées), etc., sont aussi très difficiles à cultiver.

En général, on laboure ces terrains en planches étroites ou de moyenne largeur et on a soin après les semailles d'automne de bien nettoyer les dérayures et d'ouvrir même çà et là des rigoles superficielles dans une direction oblique à la pente de la couche arable, afin de rendre facile l'écoulement des eaux pluviales ou de celles provenant de la fonte des neiges.

Les terres des marais du Poitou, de Dol, etc., sont remarquables par leur grande plasticité. Ces terrains sont productifs. La lumière, la chaleur et la pluie y favorisent au milieu du printemps la végétation d'une manière remarquable.

Ces terrains, comme les Watteringues (Nord), l'ancien marais de Bourgoin (Isère), etc., sont sillonnés par de très grands fossés d'assainissement qui empêchent les eaux pluviales ou de sources d'être nuisibles à toutes les époques de l'année.

Les terres argileuses ou argilo-siliceuses sont presque dépourvues de l'élément calcaire. C'est pourquoi on y emploie avec succès, selon les localités, la chaux, la marne les sables coquilliers, la craie, le phosphate de chaux. Ces terrains, à cause de leur nature froide et compacte, doivent être fertilisés avec des fumiers d'écurie ou de bergerie, engrais qui sont à bon droit désignés sous le nom de *fumiers chauds*. Ces fumiers, toujours un peu pailleux et très actifs, augmentent d'une manière sensible mais temporairement, leur perméabilité. Toutefois, comme les terres argileuses ne précipitent pas la décomposition des matières organiques, il n'est pas nécessaire que les fumures y soient souvent renouvelées.

Les terres argileuses sont favorables au froment, à l'avoine, au maïs, à la féverole, au colza, aux choux, à la betterave, au trèfle, à la vesce, etc. Ces diverses plantes y végètent souvent avec une grande vigueur, surtout quand la couche arable est profonde et fertile.

Ces terrains s'enherbent très aisément. C'est pourquoi on y observe souvent de belles prairies, d'excellents pâturages, de magnifiques herbages dans la Normandie, la Flandre, le Nivernais, etc. Le trèfle blanc, le ray-grass, le dactyle, la houlque, la fléole, le trèfle, etc., y garnissent très bien la couche arable. Toutefois, on doit éviter d'y laisser séjourner les bêtes bovines pendant les saisons pluvieuses si le gazon est naturellement humide. Le bétail qui les pâture quand elles ont été détrempées par les pluies, les pétrit ou y laisse de profondes empreintes qui favorisent la végétation des plantes aquatiques.

L'aubépine, le noisetier, le frêne, le chêne, l'orme, les peupliers, l'aune, les saules, le sapin argenté, y croissent très rapidement. Il en est de même des arbres fruitiers à pépins, comme le coignassier, le poirier et le pommier.

CHAPITRE III.

LE SOUS-SOL.

Le sous-sol doit être étudié avec autant de soin que quand il s'agit de connaître les qualités et les défauts d'une terre labourable.

Cette couche inférieure comprend deux parties bien distinctes auxquelles très souvent on ne fait pas suffisamment attention.

La première embrasse le *sous-sol perméable,* c'est-à-dire celui que les eaux pluviales pénètrent aisément et qui est situé immédiatement au-dessous de la couche arable. Ce sous-sol doit être désigné sous le nom de *sous-sol actif,* parce qu'il est souvent pénétré par les longues racines des plantes herbacées ou des végétaux ligneux.

La seconde comprend le *sous-sol imperméable*, c'est-à-dire celui qui, par sa ténacité, le tassé des molécules terreuses qui le constituent ou la roche qui le compose, s'oppose à la fois à la filtration des eaux pluviales et au développement des racines longues et pivotantes. Ce sous-sol n'ayant aucune influence favorable sur les qualités du sol et le développement des plantes qu'on y cultive, doit être appelé *sous-sol inerte.*

Les terrains agricoles qui reposent directement sur un sous-sol actif profond, soit siliceux, soit schisteux, soit calcaire, ont une valeur foncière ou agricole que ne possèdent pas les terres labourables qui ont pour base un sous-sol inerte argileux, glaiseux ou formé de roches calcaires, schisteuses ou granitiques n'offrant pas pour ainsi dire de fissures.

Les *terrains à sous-sol actif* sont peu humides parce que les pluies pénètrent jusque dans le sous-sol pendant l'automne et l'hiver pour remonter successivement à la surface de la couche arable pendant les chaleurs de l'été par le fait de la capillarité.

Les terres fortes situées dans la Gironde sur les pentes et les coteaux reposent sur un sous-sol calcaire ou pierreux. Les alluvions anciennes de la Bresse ont pour appui une épaisse couche de cailloux roulés.

Les *terrains à sous-sol inerte* sont toujours humides pendant les saisons pluvieuses et très secs pendant l'été. Comme exemple, je signalerai 1° les terres sablonneuses qui, dans les départements de la Gironde et des Landes, reposent directement sur l'*alios,* sorte de poudingue ferrugineux très dur appelé souvent *crasse de fer;* 2° les terrains sablonneux qu'on rencontre en Sologne et qui reposent sur un sous-sol composé d'un véritable *sablon* presque complètement imperméable; 3° les terres des Landes ou de bruyères qui, dans le Berry, la Bretagne, le Limousin, etc., sont situées sur des sous-sols argileux blanchâtres ou jaunâtres très peu perméables à l'eau et aux agents atmosphériques.

Il existe des circonstances où l'on observe à la surface de la terre trois couches terreuses superposées bien distinctes :

1° La couche arable;

2° Le sous-sol actif;

3° Le sous-sol inerte.

De tels terrains sont les plus recherchés, surtout lorsque le sous-sol actif a une certaine épaisseur. C'est incontestablement sur de telles terres qu'on peut opérer des *labours de défoncement* ou des labours profonds avec la certitude de bien réussir si on agit avec prudence (voir *Labours profonds*). Ces labours, en ameublissant et en aérant le sous-sol actif, offrent aux racines pivotantes un milieu qui est très favorable à leur développement.

Les labours profonds ne sont pas toujours possibles lorsque la couche arable repose directement sur un sous-sol inerte. Dans cette circonstance, il faut de toute nécessité les remplacer par des *sous-solages* ou des défoncements opérés à l'aide d'une *fouilleuse* ou *charrue sous-sol* (voyez ces mots), si on veut ne pas amoindrir la richesse initiale de la couche arable.

Un sous-sol inerte calcaire peut contribuer à corriger les défauts de la couche arable, lorsque celle-ci ne renferme que quelques centièmes de carbonate de chaux. Mélangé par des labours profonds à des terrains siliceux ou argileux ayant une épaisseur moyenne, le calcaire ou la craie dans les premiers cas augmente la cohésion de la terre et dans le second il accroît la perméabilité du sol.

Certaines roches en se décomposant augmentent l'épaisseur et du sol et du sous-sol, comme le calcaire grisâtre qui, dans le département de l'Ain, s'exfolie à l'air, la roche schisteuse pourrie qui se délite dans le département de la Manche, etc.

L'*alios,* ou *pierre de fer,* ou *grès maudit,* produit en se désagrégeant une poussière noirâtre ou rougeâtre. Le sol des landes de la Guienne est humide en hiver et brûlant en été, parce qu'il repose directement sur une *couche aliotique. Le grisou* qui compose le sous-sol sur divers points du département de l'Yonne, est un poudingue ferrugineux.

CHAPITRE IV.

CONFIGURATION DU SOL.

Les terrains agricoles sont situés dans les vallées, dans les plaines et sur les collines et les montagnes.

1. — Les vallées.

Les vallées, pour la plupart, sont très remarquables. On y voit de verdoyantes prairies naturelles, de belles cultures et souvent aussi de nombreux arbres fruitiers en plein vent. L'air y est ordinairement plus calme et la chaleur plus élevée que dans les plaines et sur les montagnes.

La largeur de ces dépressions a une grande importance ; il en est de même de leur direction.

Les *vallées larges* présentent à droite et à gauche ordinairement des rampes doucement inclinées et occupées par des vignobles, des terres labourables, des prairies naturelles et des arbres fruitiers ; elles sont toujours plus sèches, plus tempérées et plus éclairées par le soleil que les vallées étroites, bien qu'elles soient parfois arrosées par de grandes et belles rivières.

Les *vallées étroites à escarpements presque verticaux* sont ordinairement fraîches et humides. Si l'herbe y croît aisément, les raisins, les pommes, etc., par suite des brouillards qui y règnent à la fin de l'été et de l'intensité moins grande de la lumière et de la chaleur, n'y arrivent pas toujours à parfaite maturité.

Les *vallées dirigées vers le nord* sont toujours froides,

parce qu'elles ne reçoivent la chaleur que lorsque le soleil est très élevé sur l'horizon. Dans ces vallées, qu'on rencontre dans les Pyrénées, le Morvan, les Vosges, etc., les gelées ordinaires sont plus prolongées, les gelées blanches plus intenses et surtout plus tardives, et les neiges plus persistantes. Les vents y arrivent toujours secs et froids pendant le printemps et l'automne.

Les *vallées ouvertes à l'est* reçoivent les rayons solaires dès l'aurore et durant une partie de la journée, mais la chaleur n'agit pas avec la même intensité sur les deux versants. L'un d'eux, celui exposé au sud, est splendidement éclairé et très échauffé par le soleil, alors que l'autre, exposé au nord, en est presque privé et comme plongé dans l'ombre.

Quant aux *vallées dirigées vers l'ouest*, elles sont toujours humides, à moins qu'elles soient situées près du rivage de l'Océan. Le soleil n'y réchauffe pour ainsi dire que le côté nord.

Les *vallées dirigées vers le sud* sont toujours très tempérées, eu égard à leur latitude.

La vie végétale n'est pas toujours identique dans toutes les vallées ; souvent d'un côté à l'autre on constate des productions très différentes. Cette dissemblance a pour cause la direction de la vallée et la nature des terrains. Dans les vallées dirigées à l'est et à l'ouest, le côté nord est parfois couvert de mûriers, de vignes, d'oliviers, d'amandiers, tandis que le versant sud est occupé par des prairies, des céréales, des pommiers, pruniers, châtaigniers, des essences feuillues ou résineuses. Il n'en est pas de même dans les vallées qui ont leur ouverture au sud et au nord, et au milieu desquelles la température est toujours plus régulière ; ordinairement on cultive sur les deux versants les mêmes végétaux, à moins cependant que l'un des coteaux ait une plus grande inclinaison que l'autre ou que le sol soit d'une nature très opposée.

Les cours d'eau importants entretiennent dans les vallées

une fraîcheur toujours utile à la vie végétale à une distance plus ou moins grande de leurs bords. C'est à l'infiltration durant l'été des eaux de la Loire, de la Saône, de l'Isère, de la Garonne, etc., dans les terres alluviales sablonneuses que traversent ces grandes rivières, qu'on doit attribuer les belles cultures en tous genres qu'on y admire, plutôt qu'à la fertilité du sol et aux façons qu'il reçoit. Malheureusement ces terres d'une grande fertilité proverbiale sont sujettes à être inondées pendant les grandes crues. Sans cette circonstance, leur valeur foncière atteindrait le prix qu'on accorde aux jardins légumiers situés aux environs des grands centres populeux.

Si les débordements des cours d'eau causent parfois de grands désastres dans les vallées, ils augmentent ordinairement la fertilité des terres sur lesquelles les eaux séjournent un certain temps, parce qu'elles déposent à leur surface un limon réparateur de la richesse que la végétation a pu détruire.

Un cultivateur voisin d'une rivière sujette à des débordements ne saurait prendre trop de précautions et ouvrir trop de rigoles ou de fossés, afin que les eaux, après les inondations, puissent se retirer le plus promptement possible. De tels travaux bien exécutés contribuent toujours à diminuer l'action nusible des inondations d'hiver et de printemps.

Un débordement lent de 8 à 15 jours de durée altère peu les champs occupés par les céréales et les prairies naturelles si le sol peut s'égoutter promptement quand le cours d'eau est rentré dans ses limites ordinaires.

2. — **Les plaines.**

Les vastes plateaux, comme les plaines de la Flandre de la Picardie, de la Beauce, du Berry, de la Bourgogne, du Languedoc, de la Guienne, etc., sont tantôt riants, tantôt tristes et monotones. Quelquefois, à l'hiver, on n'y voit que la terre et le ciel et, en été, ou les vagues d'or des céréales arrivées à maturité, ou de vastes tapis roses formés par les fleurs de la bruyère. Souvent même, c'est à l'horizon seulement qu'on aperçoit les bâtiments composant çà et là les exploitations.

L'air dans les plaines est plus sain, plus vif, mais moins humide, que l'air qu'on respire dans les vallées. Le froid y est toujours plus intense en hiver mais moins tardif au printemps. A altitude égale, on y compte quelques degrés de chaleur de plus que dans les vallées. Malheureusement, on y redoute les effets toujours fâcheux des sécheresses prolongées printanières et estivales. De plus, les vents, qui y sont souvent violents, secs et chauds pendant l'été, occasionnent parfois l'égrenage des céréales avancées dans leur maturité. Enfin, dans les grandes plaines les céréales sont, en outre, exposées aux orages et aux grêles, météores qui occasionnent souvent de grands dommages.

Les plaines élevées de la Champagne et de la Bourgogne sont comme brûlées par un soleil ardent pendant l'été et desséchées au printemps par les vents d'est et du nord. La plaine de Crau et les grandes landes de la Guienne sont aussi très sèches, très arides pendant la belle saison.

Les plaines les plus agricoles sont celles qui offrent au cultivateur des terres profondes, légèrement déclives et suffisamment perméables pour que les eaux ne séjournent pas à la surface du sol pendant les saisons pluvieuses.

En général, les grandes plaines renferment peu de prairies naturelles, mais par contre on y observe souvent sur de grandes surfaces de belles prairies artificielles. Suivant leur latitude, la nature et la fertilité de leur sol, on y cultive le seigle, le froment, l'orge, l'avoine, le maïs, le colza, la navette, le colza, le lin, le pavot-œillette, la betterave, le trèfle, le sainfoin, la luzerne, la lupuline, etc.

Les *hautes plaines* sont des plateaux très élevés. Le plateau de Langres est situé à 513 mètres d'altitude, celui du Jura, à 600 mètres et celui de la Planèze (Cantal) à 720 mètres. Les terres de ces plateaux sont généralement fertiles parce qu'elles sont calcaires ou volcaniques. Les plateaux granitiques, comme celui de Gatine (Vendée), sont bien moins productifs.

Les plaines sont parfois protégées par les hautes montagnes ; elles sont alors plus favorables à la vie des plantes et à celle des animaux. Ainsi, la plaine de Toulouse est abritée des vents du sud par les Pyrénées, la plaine de la Bresse des vents d'ouest, par les monts Lyonnais, les plaines de la Franche-Comté des vents du nord-est par le mont Jura. La plaine de l'Alsace est abritée d'une part par les Vosges et de l'autre par la montagne de la forêt Noire. C'est pourquoi, pendant l'été, la température y est élevée et l'air peu agité.

Les *très hauts plateaux* ne sont pas d'agréables localités agricoles. Les *causses* ou plaines étendues calcaires et caillouteuses du Rouergue, du Gévaudan, du Larzac, sont aussi tristes et monotones que la vaste et caillouteuse plaine de la Crau (Bouches-du-Rhône). L'eau et l'herbe y sont rares et les vents y soufflent souvent avec une grande violence. Les causses du Quercy sont un peu boisées.

Ces vastes plateaux nourrissent annuellement de nombreux et beaux troupeaux de bêtes ovines.

Les *plaines basses* sont aussi tristes et humides. Les plaines de la Dombes, du Forez, de la Brême, de la Sologne, de la Camargue, etc., sont malsaines, par suite des effluves que les marais et les étangs produisent quand les matières organiques qu'ils renferment se décomposent.

C'est surtout pendant les grandes chaleurs et lorsque l'air est agité, que ces émanations miasmatiques sont véritablement nuisibles et deviennent la cause des maladies qui nuisent à la santé, à l'énergie des populations qui subissent leur fâcheuse influence.

3. — Les collines et les montagnes.

Les terres en coteaux ou en collines sont nombreuses dans les pays accidentés : le Perche, l'Anjou, la Vendée, le Limousin, les Vosges, la Franche-Comté, la Bourgogne, la Savoie, etc. Ces terres sont plus ou moins déclives et plus ou moins difficiles à cultiver. Elles sont tantôt perméables, tantôt imperméables, selon leur nature et celle du sous-sol sur lequel elles reposent.

Les terres à pente moyennement prononcée sont favorables aux cultures. On les laboure en petites planches ou en billons. Ces ados sont ordinairement dirigés parallèlement à la ligne de plus grande pente de la couche arable. Lorsque le sol est plus déclive, on le laboure avec une *charrue tourne-oreille* en opérant perpendiculairement à son inclinaison.

La déclivité trop prononcée des terres labourables est souvent fâcheuse, en ce sens que les pluies d'orage les ravinent aisément et entraînent à la base des champs des masses de terres plus ou moins considérables, ce qui oblige souvent à les remonter vers la partie supérieure.

Ces terrains, à cause de leur nature, de leur altitude et des haies vives qui les divisent ont généralement une grande aptitude à s'engazonner. C'est pourquoi on y rencontre généralement de nombreuses prairies naturelles plus ou moins bien arrosées. Les haies forestières en rendant ces contrées bocagères, arrêtent les grands vents et empêchent la complète dessiccation de la couche arable pendant l'été.

On cultive sur ces terres inclinées le seigle, le froment, l'avoine, le sarrasin, les choux, les navets, le trèfle, les vesces, etc., suivant leur degré de fertilité et surtout les engrais calcaires ou phosphatés qu'on peut y appliquer.

Beaucoup de collines, dans les montagnes du centre et de l'est, sont occupées par la vigne, le châtaignier, le noyer, les arbres fruitiers, des taillis de chêne ou des essences résineuses.

Lorsque les rampes sont très prononcées on est obligé de disposer le sol en *gradins horizontaux et superposés* (fig. 1).

Fig. 1. — Terrasses étagées avec oliviers et vignes.

Les côtes du Rhône, des Cévennes, de la basse Provence, du Dauphiné, etc., offrent de nombreuses *terrasses* sur lesquelles le sol est travaillé à bras. Ces gradins sont occupés par la vigne, l'olivier, l'amandier, les céréales, etc.

Dans toutes les contrées l'inclinaison prononcée du sol cultivable rend les travaux et les transports pénibles et coûteux.

A mesure qu'on s'élève dans les contrées très accidentées,

l'air devient plus froid, l'humidité atmosphérique diminue, mais la lumière devient plus intense. C'est pourquoi les végétaux qui croissent sur les *hautes montagnes* ont des couleurs plus vives, plus éclatantes que les plantes qu'on rencontre dans les vallées.

Les montagnes sont agréables à parcourir pendant la belle saison, mais elles constituent de tristes séjours durant l'hiver. Non seulement la neige y est très abondante, mais les vents qui y règnent sont violents et glacials.

Les sommets des hautes montagnes dans les Vosges, l'Auvergne, le Velay, le Dauphiné, la Savoie, la Franche-Comté, les Pyrénées, etc., sont généralement couverts de verdoyants pâturages, et c'est accidentellement qu'on y rencontre des terres cultivées. C'est sur ces élévations pastorales qu'a lieu pendant l'été ou la *transhumance des bêtes à laine* ou *l'alpage des bêtes bovines*. Le lait des vaches qui estivent sur les montagnes calcaires du Jura et des Alpes ou sur les élévations volcaniques de l'Auvergne et de l'Aubrac est plus butyreux et moins caséeux que le lait des vaches qui se nourrissent dans les pâturages situés sur les élévations granitiques.

Les bêtes bovines qu'on élève dans les hautes montagnes se distinguent par des qualités exceptionnelles, dues à l'air, qui y est plus vif et aux plantes, qui y sont plus nutritives et plus aromatiques que dans les plaines ou les vallées.

Les forêts résineuses ou *bois noirs* qu'on rencontre dans les hautes montagnes sont fort belles.

Quoi qu'il en soit, les grandes montagnes, en interceptant les rayons solaires dans les vallées, y retardent le jour, avancent la nuit, et nuisent souvent à la maturité des fruits et des céréales que produisent ces dépressions.

CHAPITRE V.

PROPRETÉ ET MORCELLEMENT DU SOL.

Il ne suffit pas d'étudier la nature de la couche arable et du sous-sol lorsqu'on veut apprécier la valeur agricole d'un terrain ; il faut aussi examiner attentivement son *degré de propreté*.

Il existe des terres qui, par suite d'une mauvaise culture, ont le défaut de produire un grand nombre de plantes nuisibles annuelles, bisannuelles ou vivaces. Les terrains que les plantes indigènes nuisibles envahissent chaque année sont d'une culture coûteuse, parce qu'on se trouve dans l'obligation d'y répéter les sarclages et les binages.

Lorsque, par la force des choses, on entreprend la culture de telles terres, il faut de toute nécessité y faire une *jachère estivale* ou *jachère morte* ou y cultiver une ou plusieurs *plantes sarclées* pendant une ou deux années consécutives.

Une jachère estivale bien comprise alors que les labours sont superficiels et exécutés par un temps sec, et que les plantes vivaces déracinées par les instruments aratoires sont rassemblées avec le râteau à cheval et ensuite incinérées, est une opération à la fois très utile et économique. Une telle jachère est souvent nécessaire au début d'une culture. C'est en l'adoptant qu'on peut aisément débarrasser les terres des *agrostis*, du *chiendent*, des *chardons*, de l'*arrête-bœuf*, de la *petite oseille*, etc., qui les envahissent.

Les plantes annuelles comme le *coquelicot*, le *bleuet*, la *sanvre* ou *moutarde sauvage*, la *ravenelle*, la *mercuriale annuelle*, etc., si nuisibles souvent aux céréales d'automne et de printemps, peuvent être détruites par des sarclages ou, ce qui vaut mieux, par des binages répétés et exécutés pendant la croissance des plantes sarclées : betterave, carotte, pomme de terre, maïs, colza, etc. Les labours opérés dans les jachères estivales contribuent aussi à en diminuer le nombre.

Le *morcellement* du sol exerce une grande influence dans le choix des instruments et machines agricoles, des cultures et des spéculations animales.

Les *champs d'une étendue de 2 à 4 hectares au minimum* sont toujours d'une culture plus facile et plus économique que les pièces de terre d'une superficie beaucoup plus limitée. En général, les champs à longs rayages font perdre moins de temps aux attelages que les pièces qui ont seulement 40 à 50 mètres de longueur.

Les champs ayant une grande surface se prêtent bien mieux que les petites pièces à l'emploi du semoir, de la faucheuse et de la moissonneuse mécaniques. Malheureusement l'agriculteur n'est pas toujours libre de choisir les champs qui lui conviendraient le mieux. Heureux est-il quand les champs qu'il cultive ne renferment pas des pièces enclavées ou appartenant à d'autres agriculteurs.

Les *petites parcelles* éloignées les unes des autres ont de très graves inconvénients et elles ne peuvent être utilisées que par la petite culture. Ces parcelles, par suite de l'exiguïté de leurs surfaces et aussi de leur faible largeur, ne peuvent être labourées, hersées ou roulées que dans un seul sens. Souvent même on est forcé de ne pouvoir y faire fonctionner ni un râteau à cheval, ni un semoir mécanique.

Enfin, ces parcelles ont le grave défaut parfois de ne pas aboutir à un chemin carrossable. On y arrive seulement par un sentier, ce qui nécessite de transporter à dos d'homme les engrais et les produits.

Le grand morcellement du sol, dans certaines localités;

oblige souvent l'exploitant à suivre le système cultural adopté par ses voisins, exactement comme si la vaine pâture était en usage dans la contrée.

Il existe une autre cause qui rend souvent aussi la culture difficile et onéreuse, je veux parler de l'*éloignement des terres labourables* des bâtiments d'exploitation.

Un champ est toujours d'une culture peu économique quand deux kilomètres le séparent des bâtiments composant la ferme à laquelle il appartient. Dans cette circonstance les attelages et le personnel ont souvent chaque jour à parcourir inutilement à l'aller et au retour de 6 à 8 kilomètres. Cette distance devient surtout onéreuse lorsqu'on a des fumiers et des produits à transporter de la ferme au champ et du champ à l'exploitation.

Lorsqu'un domaine possède des champs très éloignés du corps de ferme, on a intérêt à remplacer les fumiers que ces terres exigent, par des engrais pulvérulents ou des engrais verts qu'on fait naître sur place comme le lupin jaune, le lupin blanc, le sarrasin de Tartarie, la moutarde blanche, etc. Par ces moyens, on évite des transports nombreux et coûteux. On peut aussi utiliser ces champs en y établissant des prairies artificielles : luzerne, sainfoin, lupuline, etc., destinées à être fauchées ou consommées sur place par des bêtes à laine ou des bêtes bovines attachées à des piquets.

Le parcage est aussi un moyen économique de fertiliser les champs situés à une grande distance des bâtiments d'exploitation.

CHAPITRE VI.

LA FERTILITÉ DU SOL.

La fertilité du sol a pour base les engrais végétaux et animaux que l'homme mêle à la couche arable et les matières organiques que la nature fait naître ou qu'elle dépose sur le sol par les moyens dont elle dispose.

Je crois utile d'examiner : 1° comment s'accroît ou se maintient la fécondité des terres ; 2° les moyens d'apprécier cette même fécondité.

I. — ACCROISSEMENT ET MAINTIEN DE LA FERTILITÉ.

La fécondité est produite par les matières fertilisantes, par les dépôts fluviatiles, les gazons et les agents atmosphériques.

1. — Fécondité produite par les engrais.

C'est par le concours des fumiers, de la poudrette, de l'engrais flamand, etc., qu'on parvient à accroître ou à maintenir la fécondité des sols. Ainsi, lorsque les fumures sont abondantes et répétées, lorsque les engrais appliqués excèdent les besoins des plantes cultivées, les matières organiques et minérales superflues s'accumulent dans le sol et forment cette masse fertilisante que les cultivateurs désignent sous le nom d'*arrière-graisse*, et qui constitue la véritable richesse, la fécondité réelle de la couche arable.

Si les sols des jardins sont gras et substantiels, si les

terres de la Flandre, des environs des villes sont fertiles et sans cesse couvertes de plantes utiles épuisantes, cela tient à ce que les fumures, dans ces localités, y sont toujours très fortes et très répétées.

On peut donc dire qu'il est facile, par le concours des engrais organiques, de maintenir la fécondité d'un sol et de changer avec le temps une terre pauvre en un sol riche et fécond.

Mais si les substances animales et végétales donnent naissance, lorsqu'elles se décomposent, à un terreau doux, si elles maintiennent ou accroissent la fertilité des terres lorsqu'elles sont appliquées dans une proportion bien déterminée, c'est-à-dire en rapport avec les exigences des plantes et la fécondité naturelle de la couche arable, on ne doit pas oublier qu'il est difficile, pour ne pas dire impossible, à l'aide des stimulants ou des engrais chimiques, et même par le concours seul de la tannée, de la tourbe ou de la bruyère, de pouvoir augmenter et même seulement soutenir la fécondité qu'une terre a acquise.

Si les marnes, la chaux, le noir animal, les cendres pyriteuses, les charrées, les nitrates, etc., excitent la vie végétale, si ces substances contribuent au développement des plantes et à leur fructification, elles tendent plutôt à diminuer la fertilité qu'à l'accroître. C'est qu'elles agissent principalement sur la puissance du sol, c'est qu'elles ne peuvent en aucune manière élever la proportion dans laquelle les matières organiques existent dans la couche arable. Agissant au contraire constamment sur la richesse acquise, sur les propriétés physiques et chimiques de la couche arable, elles permettent aux végétaux de croître avec plus de vigueur au détriment de la masse organique, c'est-à-dire de la richesse accumulée. C'est cette prostration de fertilité qui constitue l'*épuisement*. Cela est si vrai, si réel que, jusqu'à ce jour, il a été impossible d'augmenter ou de maintenir la fertilité des terres sur lesquelles le noir animal était seul employé comme matière fertilisante. Si cet engrais, et les marnes, et la chaux exerçaient dans le sol le rôle que jouent partout et toujours les fumiers ou autres engrais analogues, les entreprises de défrichement des terres incultes auraient donné des résultats meilleurs, et on n'aurait pas constaté, d'un autre côté, que l'emploi souvent répété des engrais calcaires, des phosphates, des engrais chimiques, etc., amoindrit sensiblement la fertilité quand cette application n'est pas suivie ou précédée par une forte fumure.

Je crois donc pouvoir dire que les substances végétales et animales constituent seules, en s'accumulant dans le sol, ce que l'on a appelé la *richesse* d'une terre.

Or si cette richesse est alliée à des particules terreuses ou alcalines jouissant de véritables propriétés agricoles, si les matières organiques sont mêlées à du sable, de l'argile, du calcaire ni trop sec en été, ni trop humide en hiver, il faudra naturellement admettre que la terre est féconde, c'est-à-dire fertile. Si, au contraire, la puissance du sol est considérable et si la richesse existe dans une faible proportion, la terre devra être incontestablement regardée comme peu productive.

Nonobstant, c'est en vain qu'on chercherait à élever la fécondité d'une terre pauvre par des marnages, des chaulages, etc., ou à l'aide des engrais chimiques, le fumier peut seul permettre d'obtenir ce résultat.

2. — **Fécondité produite par les eaux.**

Lorsque les fleuves et les rivières épanchent leurs eaux troubles et limoneuses sur les terres arables qui les limitent, le sol augmente presque toujours en fécondité, à moins que les eaux aient laissé sur sa surface une couche de sable pur, de graviers ou de galets. Cet accroissement de fertilité est principalement dû aux matières organiques que les eaux ont déposées. Les parties silicieuses ou calcaires qui forment le limon avec les débris de corps organisés, peuvent bien augmenter la puissance de la couche arable, mais jamais elles ne constituent seules la fertilité. Si les terres qui limitent la Loire, l'Authion (Maine-et-Loire), si celles qui existent sur les rives de l'Isère, de l'Ouvèze (Vaucluse), etc., sont si favorables à la culture du chanvre, à celles du lin, de la garance, etc., cela tient uniquement à ce qu'elles renferment beaucoup de substances organiques dues principalement à l'action des inondations.

Les terres des vallées traversées par des fleuves, des rivières et des ruisseaux, ne sont pas les seules qui doivent presque toujours leur fertilité à des dépôts fluviaux très limoneux. On rencontre assez souvent sur le bord des mers des terrains très fertiles et qui doivent aussi leur fécondité aux matières organiques abandonnées par les eaux. Ainsi il existe sur les rives de l'Océan une étendue considérable d'alluvions marines d'une fécondité presque inépuisable. Ce grand dépôt forme les *marais du Poitou* et les *marais de la Saintonge*. Ces atterrissements sont si fertiles, que depuis leur mise en culture on n'a pas encore reconnu la nécessité d'y appliquer des fumiers. Ceux qu'on y fabrique sont pétris, façonnés en galettes, puis séchés et employés ensuite comme combustible. Les moëres de la Flandre sont aussi formées de dépôts marins. Depuis 1622, époque où Cobergher les dessécha, leur fécondité n'a pas un seul instant diminué parce qu'elles ont toujours été bien cultivées.

Si les irrigations pratiquées depuis l'automne jusqu'au printemps à l'aide d'eaux troubles, d'eaux limoneuses, ont des effets parfois extraordinaires sur les plantes des prairies qu'elles ont arrosées, c'est qu'elles ont laissé sur le gazon un limon riche en matières organiques. Cet effet explique pourquoi les irrigateurs rejettent durant l'hiver les eaux de sources, les eaux limpides, et pourquoi, dans les contrées où les terres sont généralement fumées, soit en automne, soit au printemps, on utilise avec soin les eaux qui ont pu traverser de grandes étendues de terres arables.

Les eaux qui ont ruisselé à la surface des terres couvertes de bruyère et celles qui sortent des forêts sont regardées ordinairement comme mauvaises. Cette infériorité tient à ce qu'elles sont presque toujours acides et qu'elles ne charrient jamais des débris organiques vraiment utiles ou pouvant servir immédiatement pour ainsi dire à l'alimentation des plantes fourragères, céréales et industrielles.

3. — Fécondité produite par les pâturages et par les gazons.

Il est peu de terres qui, une fois abandonnées à elles-mêmes, ne se couvrent pas spontanément de végétaux. Lorsque ces plantes naturelles peuvent servir à la nourriture des animaux domestiques, quand le pâturage qu'elles forment tapisse bien la couche arable, le sol, par le fait du repos qu'on lui accorde, de la croûte humeuse qui prend naissance à sa superficie et qui résulte des détritus des plantes mêmes et de leurs racines, de ceux des insectes et des déjections que les animaux au pâturage ont produites, le sol, dis-je, devient plus fertile. C'est cette augmentation lente et progressive de fécondité qui justifie la culture pastorale mixte dans les localités où le sol est pauvre, dans celles où il a été énervé par une culture épuisante, dans les contrées où les fumiers sont toujours insuffisants. Mais si, comme le dit Schwertz, rien n'est plus propre pour maintenir un champ avec le moins d'engrais possible, en force productive et en état de culture, que de lui donner, après quelques années de production de céréales le temps de repos nécessaire pour se relier, et de le consacrer pendant ce temps au pâturage, il faut, pour que cette augmentation de force productive se manifeste réellement, que les produits herbacés soient pâturés sur place et non fauchés et enlevés. Si les herbages de la Normandie conservent leur productivité, si le sol sur lequel ils existent se maintient au même degré de fertilité depuis un ou deux siècles, ce résultat n'est obtenu qu'à l'aide des déjections que produisent les animaux qu'on y élève, entretient ou engraisse, et que l'on étend chaque jour pour ainsi dire sur le gazon.

Les gazons des pâturages et des prairies naturelles ne sont pas les seuls qui enrichissent le sol et concourent à rendre la croûte supérieure plus foncée, plus brune ; ceux des prairies artificielles de luzerne, trèfle ordinaire, sainfoin, etc., sont aussi très riches en principes fertilisants. Cette force productive est telle même parfois, qu'elle suffit à plusieurs récoltes épuisantes consécutives. Ce résultat est uniquement dû aux parties organiques que le sol renferme et qu'il a acquises parce que la charrue a enfoui une production verte de trèfle ou de luzerne plus ou moins abondante, et parce que ces légumineuses ont développé dans le sol un grand nombre de racines très riches en principes azotés.

4. — **Fécondité produite par les agents atmosphériques.**

Les agents atmosphériques, tels que l'air, la lumière, la chaleur, etc., jouent dans les phénomènes de la végétation, un rôle aussi important que les substances organisées ; mais cette action est très différente de celle des engrais. Si les fumiers, la poudrette, etc., fournissent aux plantes, en se décomposant, du carbone, de l'hydrogène, de l'oxygène et de l'azote, l'eau que la terre reçoit du ciel pénètre dans la couche arable, dissout la plupart des matières organiques et des sels qu'elle y rencontre; la chaleur échauffe le sol, précipite la décomposition des substances animales et végétales, et elle excite le jeu ascensionnel des liquides, etc.; la lumière colore les végétaux et leur donne plus de solidité, permet aux fruits, aux plantes d'acquérir plus de qualités, plus de parfum, plus de saveur, etc.; l'air pénètre la couche arable, fournit aux plantes des gaz, de l'humidité, des substances salines, corps qui sont en dissolution dans le sol ou dans l'eau qu'il contient.

C'est cette action remarquable des agents atmosphériques sur le sol et les plantes qui a toujours conduit le cultivateur à opérer pendant l'été plusieurs labours et hersages sur les terres qu'il soumet à la jachère, afin de donner accès ou de favoriser l'action de l'air, de la chaleur et des pluies. Cette influence, il est vrai, n'est que secondaire par rapport à celle des engrais proprement dits, puisque les agents atmosphériques ne peuvent constituer seuls la fertilité. Cependant, Jethro Tull, vers le commencement du siècle dernier, avait pensé pouvoir suppléer à l'action des engrais en maintenant la terre, par des labours fréquents, en état de pulvérisation parfaite. Comme Duhamel, il croyait que plus on divise les particules de la terre et plus on multiplie ses pores intérieurs, plus on augmente la surface des molécules, plus on met la terre en contact avec la plante, et plus on la rend fertile; mais l'expérience a démontré que ce système laissait beaucoup à désirer, et qu'il est impossible, en aérant seulement le sol, d'élever son degré de fécondité.

Ce système de culture doit être considéré plutôt comme élevant la puissance que la richesse de la couche arable. En effet, si par des labours convenablement exécutés le sol devient plus poreux, plus perméable aux agents de l'atmosphère, naturellement avec une quantité de fumier donnée les récoltes se soutiendront mieux, si elles n'augmentent pas, que lorsque la terre aura été mal préparée. Si les engrais constituent les principaux aliments des plantes, les labours augmentent leur action fertilisante, car ils désagrègent les molécules du sol et augmentent son pouvoir de condensation pour l'air, la chaleur et l'eau.

Ainsi les engrais, par rapport aux besoins directs des végétaux, constituent seuls la richesse, et les corps atmosphériques ne peuvent aider la fécondité, c'est-à-dire la soutenir ou l'accroître, que lorsque les terrains renferment des débris organiques susceptibles d'une prompte décomposition. Une terre pauvre peut recevoir de fréquents labours, être exposée d'une manière incessante à l'air, à la chaleur, à la pluie, sans cependant acquérir cette productivité qui est l'apanage des sols fumés et bien travaillés. Faute de rendre au sol, par des engrais suffisants, les principes fertilisants qu'il a perdus par la végétation, les produits périclitent d'année en année. Pour que, dans les sols pauvres ou mal fumés, les plantes soient susceptibles de donner, sans le concours des engrais, des produits toujours supérieurs, sinon au moins égaux à ceux qu'elles donnent dans les sols riches, il faudrait que les agents atmosphériques pussent restituer au sol la fécondité qui lui a été enlevée. Comme cela est impossible, il s'ensuit que, sans vouloir nier les bons effets des jachères et des labours réitérés, on doit reconnaître que c'est bien à tort que Tull avait espéré baser un système de culture sur les effets que ces façons devaient produire sans le concours, l'activité, l'énergie et l'action des fumiers.

II. — APPRÉCIATION DE LA FÉCONDITÉ.

On a beaucoup écrit dans ces dernières années sur les moyens qui permettent d'apprécier la fécondité des terres. Les méthodes proposées pour effectuer cette évaluation, sont nombreuses ; les unes appartiennent à la pratique, les autres ont été déduites d'observations théoriques ou d'expériences faites sur des sols de qualité différente et sur des systèmes variés de culture. Je vais indiquer dans les lignes qui vont suivre les points qui doivent surtout préoccuper le propriétaire ou l'agriculteur qui se propose d'apprécier la fertilité d'un domaine.

1. — Indices fournis par les plantes indigènes.

Il y a fort longtemps que la végétation naturelle a été regardée comme pouvant fournir les indices nécessaires pour juger la fertilité d'une terre. Cette méthode pratique était fort appréciée déjà au seizième siècle. Voici ce que disait à ce sujet Olivier de Serres : « Si tant est que ne puissiés scavoir au vrai quel rapport fait, par communes années, la terre que désirés vous acquérir, recourés à ceste non trompeuse adresse, qui est au seul regard des arbres de toutes sortes, sauvages et francs, qui vous serviront par leur grandeur et leur petitesse, beauté et laideur, abondance et rareté, à juger solidement de la fertilité et stérilité de la contrée. Sur tous lesquels arbres, les poiriers, pommiers et pruniers sauvages, croissants d'eux-mêmes assurent le terroir estre propre pour tous blés. Sous ceste particularité, que la terre de froment est celle où les poiriers abondent, et celle de seigle, où les pommiers, demeurant les pruniers, de facile venue presque par tout bon lieu, soit argilleux ou sablonneux. Servent aussi à telle adresse, les chardons, qui marquent les poiriers ; et la feugère, les pommiers : ces plantes-là supportans l'argile, et celles-ci le sablon selon le divers naturel de tels blés... Les bons et menus herbages croissans naturellement ès champs, vous aideront beaucoup à ceci ; car jamais bonnes et franches herbes, que les bestes mangent avec appétit, ne viennent abondamment ès terres de peu de valeur ; adresse particulière pour les terres découvertes n'ayant aucuns arbres. »

Ces remarques sont très judicieuses ; elles sont fondées sur la véritable nature des choses, mais elles laissent à désirer et demandent à être complétées. Je vais les reprendre une à une et chercher à leur donner une valeur plus significative, plus pratique.

Lorsque les *arbres* que produit une terre sont chétifs, rabougris et envahis par la mousse, ils témoignent, au dire de Varron, que le sol est pauvre ; quand, au contraire, les arbres présentent des pousses allongées, un feuillage abondant, une écorce lisse, dépourvue de mousse et de lichens, la terre peut être classée parmi les bons terrains. Ces observations ont conservé jusqu'à ce jour leur caractère de vérité, quand il est question d'essences feuillues qui ne croissent avec vigueur que sur des terres saines et profondes, et il est peu d'agriculteurs qui, ayant à juger la fertilité d'une terre par induction tirée de l'état physique des arbres et des arbustes qu'elle produit, n'examinent pas avec attention si les rameaux sont allongés ou courts, droits et tordus, si les couches de bois sont écartées ou pressées, si l'écorce est lisse ou unie, rugueuse ou gercée.

Toutefois je ferai observer que les terres qui produisent des *bouleaux* ou des *châtaigniers* ayant une belle venue ne sont pas toujours favorables à la culture des plantes céréales et des plantes industrielles. Ces terrains, à moins que le châtaignier y forme de très beaux taillis depuis fort longtemps, ont alors, on peut le dire, une grande puissance pour ces deux essences, à cause de leur nature ; mais il ne faut pas trop se hâter de les regarder comme de bons terrains agricoles.

Après les végétaux ligneux à grandes dimensions, se rangent les arbrisseaux et les plantes à racines vivaces.

Les sols qui ne produisent que de la *bruyère* sont ordinairement bien mauvais. Il est vrai qu'ils offrent superficiellement une couche plus ou moins épaisse de terreau noirâtre ; mais quelle influence peut avoir sur l'existence des céréales et des plantes légumineuses fourragères cette couche humeuse qui est toujours acide et qui repose sur des sols très peu profonds ? Ces *terres sauvages* sont fort communes dans les provinces où il existe encore des landes, et, dans la plupart des cas, on les abandonne, à moins qu'on ne comprenne la possibilité de les utiliser par la *culture des essences résineuses* ou *des essences feuillues*. Bosc a eu raison de dire que cette terre si stérile ne devient productive qu'entre les mains d'un horticulteur. Elle sert, en effet, dans les jardins et les pépinières, avec un succès remarquable, à la multiplication de plantes spéciales d'ornement ou d'utilité : le camélia, le rhododendron, l'azalée, l'aucuba, l'héliotrope, les bruyères, etc., etc.

Si la *bruyère*, lorsqu'elle végète seule, caractérise toujours de très mauvais terrains, elle indique, quand elle croît avec l'*ajonc marin* (Ulex Europæus), des terres toujours moins humides, moins acides et plus profondes. En Bretagne, on accorde à ces terrains une plus grande valeur foncière ou locative qu'aux sols qui se couvrent uniquement de bruyères. Cela tient à ce que les *terres à ajoncs* sont susceptibles de produire, après qu'elles ont été défrichées, de bonnes récoltes de froment, tandis que les *terres à bruyères* donnent à peine des récoltes passables de seigle.

La *fougère* est plus caractéristique encore que l'ajonc ou genêt épineux. Lorsqu'elle croît dans un terrain, elle indique que le sol est bon, profond, perméable. En général, les *terres à fougères* produisent de bonnes récoltes de blé, et elles ne demandent que des engrais calcaires ou alcalins pour produire des trèflières et des luzernières. Dans les régions de l'Ouest, on leur accorde toujours la préférence sur les *terres à bruyères et les terres à ajoncs*.

La fougère croît rarement seule : le plus ordinairement, elle se marie au *genêt à balais* (GENISTA SCOPARIA, L.), à l'ajonc épineux et aux bruyères.

Je ne parlerai pas des terrains qui, dans la région du Midi, se couvrent de *lavande* (LAVANDULA SPICA), de *romarin* (ROSMARINUS OFFICINALIS), de *thym* (THYMUS SERPYLLUM), etc. Olivier de Serres ne veut pas qu'on y perde son travail. On sait que ces terres sont ordinairement sèches, arides, caillouteuses ou remplies de rochers, et qu'on ne peut y semer que du *chêne vert* (QUERCUS ILEX), *du Pin d'Alep* (PINUS ALEPENSIS), etc. Ce n'est que très accidentellement qu'on peut les utiliser à l'aide de l'olivier, du mûrier, de l'amandier et de la vigne, après les avoir défoncées ou disposées en terrasses.

Les garrigues sur lesquelles on remarque le *chêne kermès*, des *lentisques*, des *cistes*, etc., sont aussi souvent des terrains bien arides.

Au dire de Palladius, les *ronces aux baies succulentes* (RUBUS FRUTICOSUS, L.), le *sureau yèble* (SAMBUCUS EBULUS, L.), indiquent une terre propre au blé. Cette observation a été justifiée depuis dans toutes les localités. La *ronce commune* (RUBUS FRUTICOSUS, L.) et la *ronce bleuâtre* (RUBUS CÆSIUS, L.) croissent le long des haies et dans les champs incultes, mais, comme l'aubépine, elles ne végètent que dans les terres profondes et de bonne qualité.

Ces arbrisseaux sont toujours rares dans les sols secs et pauvres. On ne rencontre sur ces terrains pour ainsi dire que l'*épine noire* (PRUNUS FRUTICANS, Reich.). En Provence, la ronce n'est commune que dans les champs où la terre est encore fraîche pendant le printemps et surtout l'été.

Le *sureau yèble* est commun dans les terres calcaires et argilo-calcaires fraîches et fertiles. Il est vivace, mais ses tiges sont herbacées et annuelles.

Ces plantes ne sont pas les seules qu'il faut signaler parmi celles qui sont l'indice d'un sol de bonne qualité; après elles viennent naturellement les végétaux annuels.

Il est peu de plantes qui soient aussi caractéristiques que le *mouron des oiseaux* (ALSINE MEDIA, L.), le *séneçon commun* (SENECIO VULGARIS, L.), le *laitron ordinaire* (SONCHUS OLERACEUS, L.) et le *pissenlit* (TARAXACUM DENS LEONIS, L.). Ces plantes sont très communes dans les jardins et les champs qui ont été bien cultivés et fumés. C'est en vain qu'on chercherait le *mouron des oiseaux* dans les sols secs et pauvres. Plus une terre est fertile, plus cette plante y est abondante. Le *séneçon vulgaire* végète rarement dans les terres sèches et arides ; il n'est abondant que sur les sols frais et riches; il en est de même du *laiteron commun*, qui ne croît, pour ainsi dire, que dans les sols gras et frais. Quant au *pissenlit*, qui végète aussi bien dans le Nord que dans le Midi, il est peu de plantes qui soient plus communes que lui dans les prairies fertiles. On le voit croître aussi dans les jardins.

La *mercuriale annuelle*, que l'on désigne sous le nom de *romberge, ramberge* (MERCURIALIS ANNUA, L.), ne croît que dans les terres cultivées, et elle est d'autant plus abondante que la fertilité du sol est plus élevée. Dans les jardins à sol riche, elle est toujours très commune, bien qu'elle soit sans cesse détruite par les cultures d'entretien : binages, sarclages, etc.

Ces diverses plantes indigènes se rencontrent en Europe sous toutes les latitudes. Heureusement, nul spéculateur de biens ne peut les faire naître à son gré sur les terres qu'il désire vendre ou louer.

Tous les végétaux précités, ainsi que le *grand plantain* (PLANTAGO MAJOR, L.), que l'on trouve en abondance dans les prairies riches, les terres fertiles piétinées, indiquent d'une manière certaine, ainsi que le *trèfle blanc* (TRIFOLIUM

REPENS, L.) et la *luzerne maculée* (MEDICAGO MACULATA, L.), que les terres qui les produisent sont de bonne qualité, qu'elles peuvent, à l'aide de labours et des fumures rationnelles, produire d'excellentes récoltes de froment, de trèfle et même de colza.

Après ces divers végétaux, il n'est pas inutile de signaler les noms des plantes qui sont l'indice de terres arables bien pauvres, bien médiocres.

Ainsi les terres sur lesquelles croissent en abondance : l'*agrostis traçante* (AGROSTIS VULGARIS, L.), la *vinette* ou *petite oseille* (RUMEX ACETOSELLA, L.), la *pédiculaire des forêts* (PEDICULARIS SYLVATICA, L.), la *crête de coq* (RHINANTHUS CRISTA GALLI, L.), l'*euphraise officinale* (EUPHRASIA OFFICINALIS, L.) et le *genêt anglais* (GENISTA ANGLICA, L.), sont généralement peu productives. Les unes sont acides et demandent des engrais calcaires : chaux, marne, falun, etc., les autres sont humides, et exigent des travaux d'assainissement bien entendus, et celles-là ont besoin de recevoir de fortes fumures pour produire des récoltes satisfaisantes.

La petite oseille est la plante indigène qui caractérise le mieux les terrains acides.

Je devrais, pour compléter cette énumération, dire un mot de l'*ortie commune* (URTICA DIOÏCA, L.) et de la *bardane* (ARCTIUM LAPPA, L.), qui ne croissent que sur les terres riches et profondes ; mais ces plantes n'existent qu'accidentellement dans les champs et les prairies ; le plus ordinairement on les rencontre au pied des murs, le long des chemins et des haies, à une très faible distance des habitations.

2. — **Indices fournis par les animaux et les insectes.**

Les plantes indigènes ne sont pas les seuls êtres sauvages

qu'il soit utile d'étudier lorsqu'on veut apprécier la valeur des terrains. Aujourd'hui il est difficile de nier les indices qu'il est possible de tirer de la présence de certains animaux pour déterminer la fertilité du sol.

Les *lombrics*, connus sous les noms de *vers de terre* ou *d'achées*, vivent de préférence dans les sols frais, et comme ces annélides se nourrissent d'humus, on doit induire naturellement de leur présence dans le sol que ce dernier est fertile. Ce fait explique pourquoi les vers de terre sont si communs dans les jardins, les terres très riches, dans les sols féconds et frais.

Les *courtilières communes* (GRYLLUS GRYLLOTALPA, L.), habitent aussi les jardins et les bonnes terres; elles se creusent des galeries dans le sol, et elles vivent de vers, d'insectes et de racines. Si elles sont moins communes que les *limaces* (LIMAX AGRESTIS, L.), et les *limaçons* ou *escargots* (HELIX ASPERA, L.) que l'on rencontre principalement dans les lieux frais et humides, et qui vivent de préférence de matières végétales, il n'en est pas moins démontré que les unes et les autres sont rares ordinairement dans les lieux secs, les sols arides. Les courtilières n'abondent que dans les terres riches en terreau.

La *taupe* est un animal très commun, mais on ne la rencontre que dans les terres qui renferment des insectes. On a souvent dit que les taupes ne vivaient que de végétaux, cette opinion est le résultat d'une erreur! Ces animaux sont principalement carnivores, et ils poursuivent sans cesse les larves et les insectes eux-mêmes qui viennent se réfugier dans les galeries qu'ils creusent. Or, pour que leur appétit, qui est extraordinaire et qui, au dire de Geoffroy Saint-Hilaire, est sans cesse exalté, puisse être satisfait, il faut naturellement que le sol où ils viennent se réfugier soit abondamment peuplé d'insectes ou de larves. Comme ces êtres ne peuvent vivre que dans les terres qui renferment des parties organiques anciennes et susceptibles de se décomposer et de disparaître du sol, il s'ensuit naturellement qu'on doit regarder comme bonne la terre sur laquelle on remarque des taupinières en grand nombre. La faible quantité d'insectes, de larves que l'on rencontre dans les terres de bruyères, les sols tourbeux, même dans ceux qui ont été desséchés et dans les terres sèches, explique pourquoi les taupes sont ordinairement peu communes pour ne pas dire très rares, dans ces sortes de terrains. On sait que ces terres sont pauvres et qu'elles ne deviennent fertiles que lorsqu'elles ont été défrichées, qu'elles ont reçu des chaulages, des marnages et des fumures pendant un certain nombre d'années.

Il ne faut pas conclure toutefois que tous les terrains envahis par les taupes sont de première qualité. Dans certaines contrées, comme dans les vallées de l'Eure et de l'Armançon, les prairies situées sur les bords de ces cours d'eau sont envahies, à la fin de l'hiver et pendant l'été, par un grand nombre de taupinières. Le sol de ces prairies est-il d'une grande fécondité ? Non; mais il est toujours frais et sans cesse habité par une foule d'insectes.

On rencontre encore dans les champs le *mulot*, le *campagnol*, etc., mais ces animaux ne sont pas assez sédentaires pour que leur présence puisse permettre de regarder le sol où ils vivent comme fécond. Les vers blancs, qui se nourrissent presque exclusivement de jeunes racines, de détritus de végétaux et de fumier, fourniraient, sans contredit, de meilleurs indices pour apprécier la fertilité du sol, que la plupart des animaux rongeurs.

3. — Indices tirés des propriétés géologiques et physiques des terres.

La nature des terrains a une influence considérable sur

leur fertilité. En général les sols de nature intermédiaire entre les terres très argileuses, très calcaires et très siliceuses, sont toujours celles qui arrivent plus aisément et plus promptement à un grand degré de fertilité. Ainsi les glaises, les craies, les sables purs, etc., n'acquièrent une grande productivité qu'à l'aide de fumures très fortes et répétées pendant de longues années. Si les terres de la Flandre et de l'Alsace sont aujourd'hui si fécondes, c'est qu'elles étaient d'une nature plutôt légère que compacte.

Les sols composés d'argile, de sable et de calcaire sont ceux que l'on regarde à bon droit comme les plus favorables à la culture des plantes agricoles. Ces terres, de consistance moyenne, sont connues sous le nom de *terres franches* ou *loams;* elles s'approprient aisément les engrais et les conservent parfaitement, surtout lorsqu'elles sont profondes.

Les propriétés physiques ont peut-être plus d'importance; mais c'est à tort qu'on jugerait fertiles tous les sols qui ont une couleur noirâtre, une teinte foncée. Les terres de bruyères présentent toujours une teinte très brune, principalement après une pluie; mais cette coloration ne peut, en aucune manière, les faire regarder comme aussi favorables que les terres de jardins. Les terres calcaires et les terres crayeuses prennent aussi une nuance brune quand elles ont été détrempées par la pluie. Par contre, elles blanchissent quand le soleil les dessèche.

Pour que la couleur d'une terre soit un indice positif de la fertilité, il faut qu'elle soit due à la présence du terreau doux. A part les sols de bruyère et de tourbe, la couleur normale de la couche arable, quand cette coloration est véritablement le résultat de l'accumulation dans la terre de substances organiques susceptibles de servir naturellement d'aliments aux plantes cultivées, est d'autant plus apparente que sa fertilité est plus grande. Suivant Virgile et Palladius, une terre n'est véritablement fertile et favorable à la culture du blé, que lorsqu'elle est *noirâtre et pleine de sucs fertilisants.*

Si Chaptal, Davy, John Sainclair, Thaër, etc., ont attribué une trop grande influence à la couleur du sol, Pline, Columelle, Olivier de Serres, reconnaissent que la coloration d'une terre n'est pas toujours une marque certaine de sa bonté, puisque souvent une teinte très brune révèle un sol humide ou marécageux, et qu'il existe des sols riches ayant une couleur un peu claire.

Les terres douées d'une odeur douce, d'une bonne senteur, doivent-elles être regardées comme bonnes ? Ce caractère est complètement insuffisant pour qu'on puisse en tirer quelques inductions utiles. Les terres, le plus ordinairement, ne dégagent pas d'odeur. Pour qu'elles exhalent une odeur sensible, il faut qu'elles soient un peu argileuses, qu'elles aient été ameublies et qu'elles reçoivent une pluie. Souvent, dit Pline, dans une soirée calme, avant le coucher du soleil, après une pluie précédée par une sécheresse, la terre exhale une odeur divine et qui est d'une douceur incomparable ! C'est l'odeur d'une bonne terre retournée par la charrue, et à laquelle personne ne peut se tromper. Cette observation est pleine d'exactitude, mais suffit-elle pour qu'on puisse distinguer une bonne d'une mauvaise terre ? Je ne le pense pas. Toutefois, je crois qu'il faut se garder de confondre l'odeur que développe, après un orage, un sol nouvellement labouré, avec ces odeurs putrides et nauséabondes que produisent les terres marécageuses, humides et malsaines.

Autrefois on attachait une très haute importance au goût et à la saveur des terres; ainsi celles qui étaient amères, au dire de Virgile, étaient des sols ingrats. D'après M. de Gasparin, la tradition des terres amères subsiste encore parmi les cultivateurs du Midi. Ce savant agronome a trouvé des terres très amères dans les alluvions de la Durance ; elles contenaient du sulfate de magnésie qui s'effleurissait à leur surface sous l'action de la chaleur. Là où ce sel était surabondant, la végétation était entièrement nulle.

Les terres acides sont toujours de mauvaise qualité ; celles qui renferment beaucoup de sel marin sont aussi très peu propres à la vie des plantes. Columelle et Palladius soumettaient à un lavage la terre qu'ils croyaient amère ou acide ; l'eau, s'imprégnant de la saveur que possédait la terre, décelait facilement le goût particulier qui la caractérisait, et qui était exactement celui du sol soumis à l'expérience.

La nature humide ou marécageuse des terres a aussi une très grande influence sur leur qualité. Ce défaut, qui nuit d'une manière très apparente à leur fertilité, se décèle ordinairement par les plantes qui croissent à la surface du sol. Une terre humide ne peut devenir un bon sol qu'après avoir été desséchée, assainie ou drainée.

4. — Indices fournis par l'analyse chimique.

L'analyse des terres est fort utile, non seulement pour connaître les éléments constituants des terrains et savoir dans quelles proportions ils existent, mais pour pouvoir apprécier la quantité de matières organiques qu'elles renferment. Une bonne analyse n'est pas facile à faire. Pour l'exécuter avec succès, non seulement il convient d'être un peu initié à la chimie et aux manipulations, mais il faut aussi pouvoir disposer d'une balance très sensible.

Mais, qu'on ne s'y trompe pas, l'analyse d'un sol, quelque bien faite qu'elle ait été exécutée, ne peut permettre de juger d'une manière définitive du degré de fécondité de la couche arable. Si la terre était partout homogène, si, sur tous les points et à des profondeurs diverses, la couche arable présentait la même composition, si le sous-sol, l'exposition, les agents de l'atmosphère, n'exerçaient pas sur la couche arable des influences très diverses, on conçoit qu'il serait possible de déduire des faits constatés par l'analyse quel doit être le degré de fertilité qui peut lui être assigné ; mais il s'en faut de beaucoup que la couche arable ait, sur tous les points de l'étendue d'un champ la même texture, les mêmes propriétés physiques, qu'elle comporte à des profondeurs différentes la même quantité d'humus. Cet élément varie naturellement en proportion, d'abord suivant la texture naturelle du sol, le plus ou moins de régularité apportée lors de la conduite, la répartition et l'enfouissement de la dernière fumure, et ensuite selon que les plantes ont bien ou mal végété, qu'elles ont enlevé au sol plus ou moins de parties organiques, et que la fumure était formée de fumier plus ou moins avancé dans sa décomposition.

Si la composition minéralogique se décèle assez aisément au toucher, au moyen de la lévigation, par l'emploi d'un acide et à l'aide des plantes indigènes que l'on remarque sur le sol ; si le cultivateur doit rejeter bien loin les formules de composition normale des terrains agricoles données par Giobert, Drapier, Girardin, Thaër et tant d'autres, il peut néanmoins rechercher ou faire constater la quantité de carbonate de chaux ou de magnésie et de sels de soude ou de potasse, et surtout la quantité de parties organiques que recèle la terre arable et juger approximativement la valeur fertilisante qu'elle possède, en se rappelant, toutefois, que cette détermination ne peut être que relative. Vouloir l'admettre comme absolue, ce serait commettre une erreur très grave.

Les terres les plus fécondes contiennent, en moyenne, rarement au delà de 10 pour 100 de terreau doux ou parties organiques; celles que l'on regarde comme pauvres en renferment à peine 1 pour 100. Quelques exemples justifieront ces principes.

1°. — *Sols riches.*

Terre *franche*, de West Drayton (Angleterre)......	11 p. 100
Terre *silico-argileuse*, vallée d'Avon (Angleterre)....	7 —
Terre *silico-calcaire*, alluvion de la Loire............	7 —
Terre *siliceuse*, vallée de Melun..................	6 —
Terre *silico-argileuse*, alluvion marine de Furnes....	4,50 —
Terre *argilo-calcaire*, vallée de la Loire............	5 —
Terre *argilo-calcaire*, alluvion du Rhône............	4 —

2°. — *Sols de moyenne fertilité.*

Terre *calcaire-siliceuse*, ferme de Grignon..........	3,56 —
Terre *silico-argileuse*, plaine des Puiseaux..........	2,20 —
Terre *silico-argileuse*, Lieuvin (Normandie).........	2,50 —
Terre *silico-calcaire*, plaine des Puiseaux...........	1,40 —

3°. — *Terres pauvres.*

Terres *crayeuses*, des environs de Rouen.............	0,60 —
Terres calcaires, des environs de Montargis.........	0,50 —

Les terres de bruyères renferment de 10 à 40 pour 100 de terreau, mais on sait que ce dernier a toujours une saveur astringente et qu'il est très acide. La même remarque concerne le terreau noir qui constitue les terrains tourbeux ou les *tourbières*.

Si les terres des environs de Lille, analysées par Berthier, n'ont donné que des quantités extrêmement faibles de terreau, et si néanmoins elles produisent chaque année des récoltes abondantes, c'est qu'elles reçoivent annuellement de l'engrais flamand (engrais liquide) en abondance.

En général, 1 *pour* 100 *d'humus accumulé dans le sol* représente, pour les terres arables non morcelées ou très divisées, *une valeur foncière* qui varie par hectare entre 400 et 600 francs, suivant les localités. Sans l'humus, la terre reste une matière inerte, et elle a une très faible valeur vénale.

On ne doit pas oublier que l'humus ne se rencontre qu'interposé entre les molécules terreuses de la couche arable et qu'il n'existe pas dans le sous-sol. Il donne naissance en se décomposant à des produits gazeux et assimilables. Sous l'action de l'oxygène il se transforme en *ulmique* ou *acide humique*, qui est assez soluble dans l'eau alcaline. Enfin, quand il est humide, il absorbe l'azote de l'air et se transforme en ammoniaque.

Toutes les plantes sèches ou vertes qui sont en voie de décomposition dans un lieu frais, où l'air, la lumière et la chaleur agissent sur toutes les parties qui les composent, donnnent toujours naissance à un terreau doux.

Suivant M. Joulie, les bonnes terres doivent contenir par hectare :

Acide phosphorique...........	4.000	kilogr.
Potasse.......................	10.000	—
Chaux.........................	100.000	—
Magnésie......................	5.000	—
Azote.........................	4.000	—

Un sol qui contient par 100 kilogr. :

Acide phosphorique...........	56	grammes.
Potasse.......................	198	—
Chaux.........................	1.670	—
Magnésie......................	318	—
Azote.........................	140	—

renferme par hectare :

Acide phosphorique...........	2.137	kilogr.
Potasse.......................	7.125	—
Chaux.........................	65.900	—
Magnésie......................	1.270	—
Azote.........................	5.640	—

CHAPITRE VII.

LE COLMATAGE.

Le colmatage est une opération au moyen de laquelle on élève le niveau d'un sol marécageux ou d'un terrain caillouteux, afin qu'il puisse être regardé comme un terrain agricole. Cet exhaussement s'exécute en introduisant sur le sol qu'on veut modifier des eaux limoneuses pendant l'époque des crues, c'est-à-dire lorsque les eaux sont troubles, et en les maintenant stationnaires ou en arrêtant leur mouvement. Quand ces mêmes eaux sont devenues limpides, lorsqu'elles ont déposé les matières terreuses qu'elles tenaient en suspension sous l'action de leur cours rapide, on les fait écouler et on recommence l'opération si les circonstances le permettent. Le terrain a été préalablement entouré d'une *petite digue,* ou d'une *levée,* ou d'un *bourrelet de terre* haut de 30 à 40 centimètres et muni d'une *éclusette.*

L'écoulement de l'eau n'a pas toujours lieu suivant le désir ou la volonté de l'opérateur. Le plus ordinairement la vidange des *bassins de retenue* n'a lieu que quand le cours d'eau torrentiel est rentré dans ses limites ordinaires.

Cette manière d'exhausser la superficie des bas-fonds ou de couvrir de terre des couches de graviers ou de galets au moyen du limon que les eaux charrient, est simple et facile. Toutefois, l'exhaussement du sol par *le colmatage est lent* et peu sensible chaque année si l'opération est faite à l'aide d'un petit volume d'eau. De là il résulte qu'il faut bien connaître, avant d'exécuter les levées nécessaires pour arrêter le cours et le mouvement des eaux, la fréquence des crues, leur durée et la quantité de matières que le terrain peut recevoir à chaque colmatage. Il existe des rivières en France, celles qui ont un cours peu étendu et peu rapide et des crues très faibles et peu nombreuses, qui ne conviennent nullement pour cette opération. Un propriétaire commettrait évidemment une faute si, dans de telles circonstances, il exécutait des levées, des écluses, des fossés d'écoulement avec l'espérance d'élever promptement le niveau de son terrain. Cette espérance ne peut être conservée que par les agriculteurs dont les propriétés limitent des cours d'eau entraînant beaucoup de limon pendant leurs crues.

Le colmatage, malgré ses *grands* avantages, est une opération qui ne peut être exécutée que par un propriétaire. Les fermiers, le plus généralement, ont des baux trop courts et des capitaux trop faibles pour pouvoir espérer retirer de cette opération des avantages analogues à ceux qui ont été obtenus d'une manière si remarquable sur les bords de la Durance, de la Sorgue, du Virdoule, de l'Aude, de la Moselle, etc.

Nonobstant, le colmatage permet parfois au cultivateur de recueillir du limon destiné à modifier la ténacité de certains champs très argileux. A cet effet, on ouvre des fossés sur les terres que les inondations couvrent pendant l'automne et l'hiver. Ces fossés sont remplis en quelques années de sable. C'est par ce moyen que divers cultivateurs des rives de la Loire se procurent le limon avec lequel ils modifient la ténacité des terrains trop argileux pour être facilement cultivés à bras.

CHAPITRE VIII.

L'ASSAINISSEMENT DU SOL.

Une fraîcheur constante au sein de la terre arable est utile et même nécessaire à la végétation, mais une humidité surabondante lui est toujours nuisible. Lorsque l'eau séjourne à la surface du sol, elle paralyse l'action des rayons solaires, fait périr les racines d'un grand nombre de végétaux et disparaître une partie des meilleures plantes dans les prairies naturelles : en outre, elle diminue les effets des matières fertilisantes et retarde les opérations culturales.

L'opération principale à exécuter, avant de vouloir augmenter la richesse du sol par les engrais, est donc de l'assainir, de faciliter l'écoulement des eaux nuisibles par des travaux spéciaux. Lorsqu'on parvient à enlever l'humidité surabondante d'une terre, les travaux s'exécutent toujours alors avec moins de dépenses et plus de célérité, la germination des semences est plus parfaite et les produits meilleurs et plus abondants.

L'assainissement des terres labourables ou des prairies n'a pas lieu partout de la même manière. Le système à adopter, les travaux à exécuter varient suivant la configuration du terrain, la nature du sol et du sous-sol, les couches qui produisent un excès d'humidité, la position de l'exploitant et les capitaux dont on dispose.

Lorsque les eaux surabondantes et nuisibles proviennent des pluies ou de la fonte des neiges, alors que le sol et le sous-sol sont peu perméables et la pente de la couche arable très faible, on doit labourer celle-ci en billons. Ce labour peut être regardé comme un bon *assainissement superficiel*. La *pente factice* que l'on donne au sol, les dérayures qui séparent les billons, les rigoles d'écoulement que l'on dirige obliquement à la direction des ados, permettent facilement aux eaux de s'écouler et de ne pas séjourner sur la partie cultivée ou ensemencée.

La *largeur et la hauteur des billons sont très variables*. Dans beaucoup de localités le billonnage est fait à l'aide de quatre bandes de terre, comme dans l'Anjou, le Poitou, le Limousin, etc.; ailleurs, dans la Lorraine, la Brie, etc., par exemple, les billons ont l'aspect de petites planches et ils sont formés de dix, douze bandes et quelquefois davantage. Ces derniers ados sont préférables aux premiers. Ainsi dans le *petit billonnage* l'ados présente toujours la même convexité ou la même hauteur, et si l'eau vient à séjourner dans les sillons qui séparent les billons, elle détrempe ces derniers à cause de leur faible élévation et peut nuire à beaucoup de plantes.

Le *gros billonnage* ne présente pas l'inconvénient que je viens de signaler. Dans ce mode de labourage, le soleil, au printemps, a moins d'eau à évaporer et il réchauffe plus promptement la couche arable. On peut donc, dans les sols imperméables et humides, doubler, tripler la largeur et la hauteur des petits billons avec la certitude qu'on augmentera très heureusement l'assainissement de la couche arable.

On peut aussi assainir un terrain en l'entourant de *fossés de clôture* ou en le divisant en plusieurs parties par d'autres fossés.

Pour que ces fossés servent efficacement à l'égouttement de la couche arable, il est nécessaire qu'ils soient ouverts dans les parties du champ qu'on se propre d'assainir, c'est-à-dire où les eaux restent stagnantes, où il existe des sources. La *relevée* des fossés ne peut pas être placée arbitrairement à droite ou à gauche des tranchées. Pour que la partie humide puisse être assainie aussi parfaitement que possible, il faut que la terre de déblai soit accumulée, sous forme de rejet, en deçà de la tranchée du fossé, c'est-à-dire du côté de la partie inférieure du champ. Si le jet de terre était placé de l'autre côté de la rigole ou de la partie supérieure du champ, les eaux pluviales, celles qui sourdent et qui coulent à la surface du sol, pourraient rester stagnantes contre l'ados et nuire beaucoup aux cultures.

Toutefois, pour que la rigole du fossé ne soit pas promptement comblée par la terre que les eaux enlèvent à la couche arable et déposent en s'écoulant ou en séjournant dans cette même rigole, il est nécessaire d'établir sur la partie labourée de petites rigoles qui auront l'avantage de diminuer la vitesse que les eaux peuvent acquérir. Ces *rigoles artificielles* seront ouvertes avec la pelle ou au moyen d'un buttoir.

Ces rigoles sont faites obliquement à la direction des dérayures et elles doivent être d'autant plus nombreuses que les eaux courantes ou stagnantes sont abondantes et que la pente du sol est sensible. Si toutes les dérayures aboutissaient dans le fossé, si la pente des terres supérieures était très forte et les eaux à écouler très abondantes, le fossé serait dégradé et bientôt rempli par les terres de la berge et les alluvions déposées par les eaux.

Pour que les fossés contribuent le plus possible à l'assainissement d'un champ, il faut que la largeur de la rigole, sa pente et sa profondeur soient en rapport avec le volume de l'eau qu'elle peut recevoir. Si la rigole n'est pas assez grande pour contenir toute l'eau qui s'écoulera de la partie supérieure, elle pourra rester dormante sur plusieurs points du champ et s'infiltrer à la longue dans la couche arable et augmenter son humidité. Lorsqu'un fossé ne peut présenter qu'une faible pente et que le volume d'eau est très important, on doit augmenter la largeur et diminuer la profondeur, à moins qu'il soit avantageux de recueillir le limon entraîné par l'eau. Enfin dans les sols très peu déclives le fond du fossé sera aussi profond que le permettra le point où il doit aboutir, afin que le niveau de l'eau soit toujours en contre-bas de la partie inférieure de la couche arable.

Les fossés sont aussi créés parallèlement à la pente des champs qu'ils enclosent. Alors, pour les faire servir à l'assainissement du sol qu'ils limitent, il est nécessaire de pratiquer, après les semailles et avant la germination des semen-

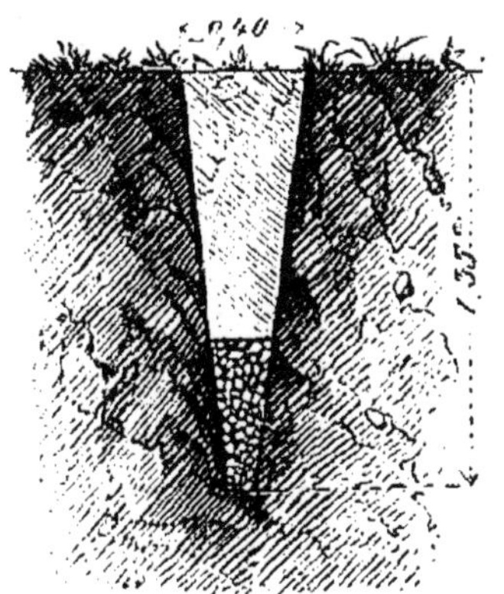

Fig. 2. — Drain rempli de cailloux.

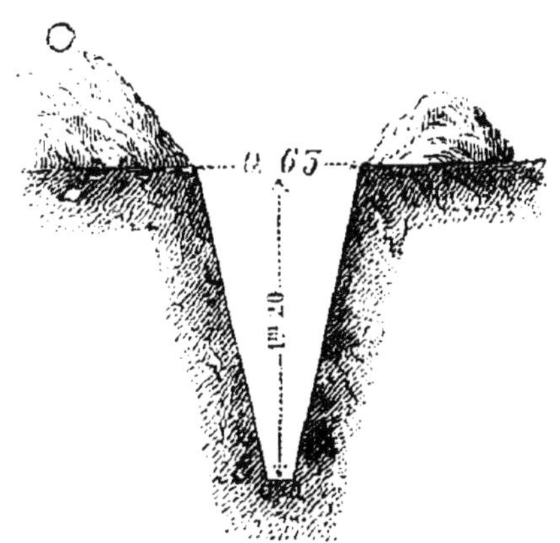

Fig. 3. — Drain devant recevoir des tuyaux.

ces, des rigoles superficielles obliques qui y versent les eaux qu'elles reçoivent.

Le mode d'assainissement des champs enclos par des fossés est très en usage dans les localités bocagères ; il est rare qu'il ne détermine pas l'écoulement complet des eaux pluviales surabondantes, si les rigoles transversales sont bien ouvertes et si leur direction a été bien déterminée.

Les *fossés et les rigoles ouvertes*, malgré tous les avantages qu'ils possèdent, ne suffisent pas partout et toujours pour assainir complètement les terrains que les eaux pluviales et les sources rendent humides et même marécageux ; souvent il est utile d'y pratiquer des *rigoles souterraines* ou *drains*.

Ces tranchées, pour produire les meilleurs effets possibles, doivent être profondes et pénétrer jusque dans le sous-sol inerte. On leur donne suivant les circonstances 80 centimètres, 1 mètre, 1m,20 de profondeur : on les remplit en partie avec des gros cailloux irréguliers (fig. 2), des rondins et des ramilles fournis par les essences résineuses, ou on y pose une ligne de tuyaux en terre cuite (fig. 3). Ces drains aboutissent à un *collecteur* qui déverse les eaux qu'il reçoit dans un fossé d'écoulement.

Les *drains* possèdent des avantages dont ne jouissent pas les fossés ou les rigoles d'assainissement. Ainsi ils ne laissent aucun point de la couche arable qu'on ne puisse labourer ou ensemencer, et ils n'ont pas les inconvénients qui caractérisent les rigoles d'écoulement, ceux de laisser sur-le-champ des traces qu'on ne peut pas toujours effacer à l'aide du travail opéré par les instruments aratoires.

Le drainage, il est vrai, nécessite des dépenses assez importantes ; mais si l'on prend en considération, d'une part, sa durée d'action qui est pour ainsi dire éternelle, et, de l'autre, l'augmentation des produits et la plus-value qu'acquière la valeur foncière et par suite la valeur locative, on reconnaîtra que tout propriétaire peut et doit entreprendre de tels travaux en demandant à son fermier un intérêt de 4 pour % pour les dépenses faites. Un fermier ne doit pas hésiter à payer un excédent de valeur locative de 10 à 12 francs par hectare quand les travaux ont été bien exécutés, persuadé qu'il doit être qu'il réalisera annuellement un bénéfice supplémentaire excédant cette dépense.

Le drainage a été pratiqué, depuis trente ans, sur d'importantes surfaces, dans la Brie, la Picardie, l'Ile-de-France etc. Partout où il a été bien exécuté, il a augmenté la productivité des terres.

DEUXIÈME PARTIE.

LES OPÉRATIONS CULTURALES.

Sous le nom d'*opérations culturales*, je comprends tous les travaux que l'on exécute dans le but de préparer la terre à être ensemencée en froment, seigle, avoine, maïs, trèfle, luzerne, carotte, navet, betterave, chanvre, lin, etc., ou plantée en pommes de terre, colza, choux, etc.

Après les labours en planches ou en billons, les labours exécutés avec les charrues tourne-oreilles et les défonceuses, les labours de jachère et de semaille, les labours croisés, superficiels et profonds, etc., etc., je parlerai des hersages, des roulages et du défrichement des landes ou des prairies.

C'est en étudiant la pratique des semailles que je signalerai les hersages, les roulages et les labours qui servent à couvrir les semences, et c'est examinant les diverses cultures d'entretien que réclament les plantes cultivées que je parlerai des binages, des hersages et des déchaumages que l'on exécute pour ameublir le sol et détruire les mauvaises herbes qui l'envahissent.

Je terminerai cette seconde partie en indiquant les travaux journaliers qu'on peut obtenir d'un attelage et en donnant la nomenclature des termes en usage dans les travaux du sol.

CHAPITRE PREMIER.

LES LABOURS.

Les labours sont des opérations que l'on exécute avec des outils à main ou à l'aide des instruments auxquels on attelle des animaux de travail.

En les exécutant, on se propose :

1° De diviser ou ameublir la couche arable à une profondeur plus ou moins grande ;

2° D'aérer le sol en y facilitant l'accès de l'humidité, de la chaleur et des gaz atmosphériques ;

3° De détruire les plantes indigènes nuisibles ou mauvaises herbes ;

4° D'enfouir les matières fertilisantes ;

5° De couvrir quelquefois certaines semences.

La profondeur des labours varie suivant :

1° L'épaisseur de la terre végétale ;

2° La nature du sous-sol ;

3° La quantité d'engrais qu'on peut appliquer ;

4° La longueur des racines des plantes qu'on doit cultiver.

Les labours à bras sont *intermittents.*

Les labours à la charrue sont *continus.*

Les uns et les autres se font tantôt à plat, tantôt en billons plus ou moins larges et plus ou moins convexes.

I. — LABOURS A BRAS.

1. — Labours à la bêche.

Les *labours à bras* les plus usuels se font au moyen de la bêche ; on les exécute dans les jardins ou sur les terres très morcelées, riches et faciles à travailler.

Bêcher est synonyme de *labourer à la bêche*.

La *bêche* est la charrue du jardinier ou du petit cultivateur.

En Bretagne, on la nomme *pelle ;* en Flandre, on l'appelle *louchet*, etc.

On connaît deux sortes de bêches : 1° la bêche ordinaire, 2° la bêche fourchue.

La *bêche ordinaire* (fig. 4) se compose de trois parties : 1° de la *lame* ou *fer* dont la forme, la longueur et la largeur varient suivant les localités ; 2° de la *douille*, dans laquelle s'implante le manche ; 3° du *manche*, dont la partie supérieure est tantôt arrondie, tantôt terminée par une poignée transversale.

La lame, qui est ordinairement trapézoïdale, a de 20 à 35 centimètres de long, et 18 à 22 de large. Le manche a de 75 centimètres à 1 mètre de longueur en dehors de la douille.

La *bêche fourchue* (fig. 5) est une fourche à dents plates, pointues, en biseau ou carrées. On l'emploie pour diviser le sol dans les cultures d'asperges et de garance ; elle sert aussi pour labourer les terres argileuses à grosses mottes, les terres qui ont été déjà bêchées, et qu'on ne veut pas retourner de nouveau sur elles-mêmes ; enfin on l'utilise encore pour ameublir les sols envahis par les plantes à racines traçantes. Hors ces circonstances, le labour à la fourche à dents plates est inférieur, sous tous les rapports, au labour pratiqué avec la bêche ordinaire.

Lorsqu'un ouvrier doit labourer un carré avec la bêche ordinaire, il le divise en planches de $1^{m},50$ environ de lar-

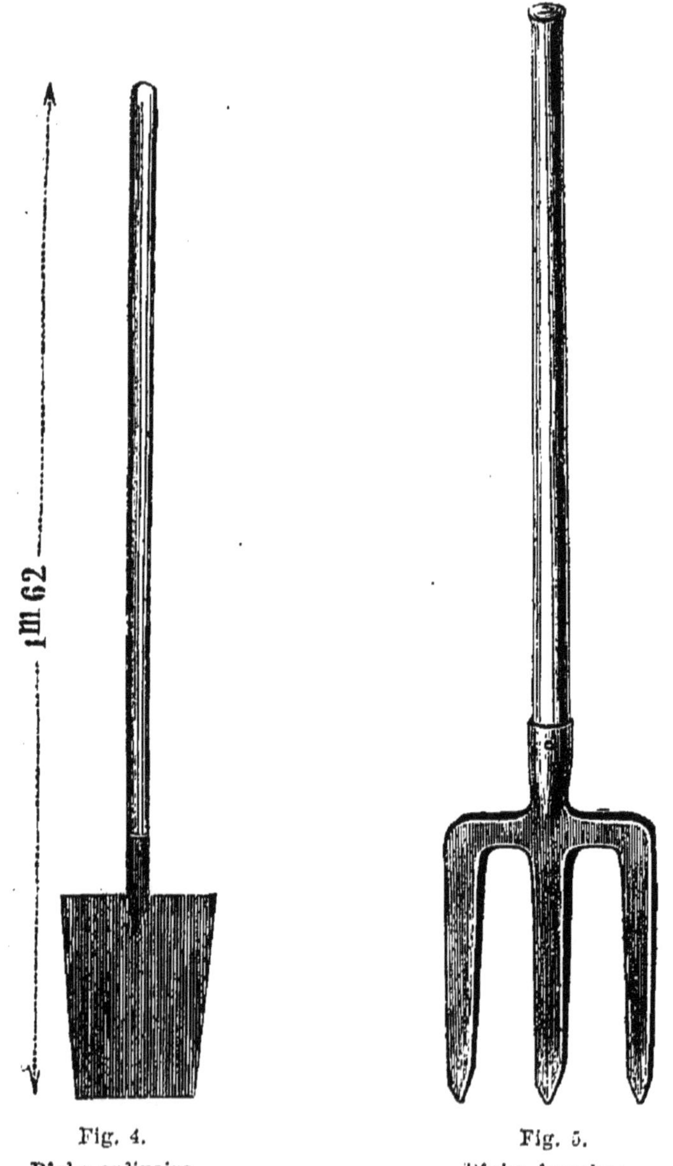

Fig. 4. Bêche ordinaire.

Fig. 5. Bêche fourchue.

geur et ouvre une *jauge* profonde d'un bon fer de bêche en tête de la première planche. La terre qui provient de cette tranchée est portée, à l'aide d'une brouette, sur le point où le travail doit être terminé. Cette terre est destinée à remplir la dernière jauge. Si l'ouvrier n'agissait pas ainsi, il serait forcé, en commençant, d'élever le niveau de la couche arable ou de n'avoir pas de jauge devant lui, et de prendre plus tard, dans un des carrés voisins, une certaine quantité de terre pour terminer son travail. C'est pour éviter ces embarras qu'il doit porter la terre qu'il soulève pendant les premières *bêchées* sur l'endroit qui sera labouré en dernier lieu.

Lorsque la jauge a été ouverte en tête de la première division de la surface à labourer, l'ouvrier, sa bêche en main, fait un pas en arrière, plonge le fer de l'outil dans le sol, soulève une portion de la couche arable, la renverse sur l'autre bord du sillon et la divise ou l'émiette aussitôt avec la partie tranchante de la bêche ou l'un des côtés de cet outil. Il doit avoir le soin que la terre soit bien retournée sens dessus dessous. Cela fait, il enfonce de nouveau la bêche dans le terrain et soulève une nouvelle bêchée de terre qu'il renverse contre la première, et ainsi de suite jusqu'à ce qu'il soit arrivé à l'endroit où la terre de la première jauge a été placée.

Ainsi il y a dans le labour à la bêche quatre temps :

1° Enfoncer la bêche avec ou sans l'aide du pied ;

2° Détacher une motte de terre ;

3° Soulever la tranche et la renverser ;

4° Émietter la motte de terre.

L'ouvrier qui laboure avec la bêche est droit et marche à reculons.

Lorsqu'on laboure un terrain couvert de mauvaises herbes ou de fumier, on a soin, à chaque bêchée, de pousser les plantes ou l'engrais dans le fond de la jauge pour qu'ils y soient bien enterrés.

Si, pendant le travail on aperçoit des racines de *chien-*

dent, d'*agrostis*, de *liseron* ou des *pierres*, on ne doit pas négliger de les extraire et de les jeter sur la surface du labour ou dans les sentiers ou les allées. Ces racines et les pierres seront enlevées quand le labour sera terminé.

Quand le carré qu'on laboure renferme des arbres fruitiers, on agit avec précaution près des endroits où ces arbres existent, afin de ne pas endommager leurs racines.

On doit labourer de préférence les terres fortes ou argileuses par un beau temps, afin de ne pas tasser trop fortement la surface du sol avec les pieds.

On distingue les labours à la bêche exécutés à la fin de l'automne de ceux que l'on opère au printemps ou en été.

Les *labours d'automne* ou *labours d'hiver* se font toujours à grosses mottes, afin d'exposer le plus possible la terre à l'action simultanée des gelées et des dégels.

Les *labours de printemps* et les *labours d'été* sont plus complets, parce qu'on a pour but, quand on les exécute, d'ameublir le plus possible la couche arable.

Le labour auquel on donne le nom de *labour à un fer de bêche* a de 25 à 30 centimètres de profondeur, suivant la longueur de la lame. La profondeur du labour qu'on désigne sous le nom de *labour à un demi-fer de bêche* varie de 10 à 15 centimètres.

Un bon ouvrier laboure, en moyenne, 2 ares par jour si le terrain n'est pas pierreux.

Il faut, pour labourer un hectare à un fer de bêche :

48 à 52 journées, si le sol est facile à diviser ;

78 à 85 journées, si la terre est argileuse.

Le labour à la bêche est principalement exécuté sur les sols homogènes, profonds, frais, un peu argileux, à surface unie et peu pierreux.

2. — Labour à la houe.

Les *labours à la houe* sont expéditifs ; ils sont en usage

sur les champs appartenant à la petite culture, dans les vignes, les pépinières et les mûreraies.

Houer est synonyme de *labourer à la houe.*

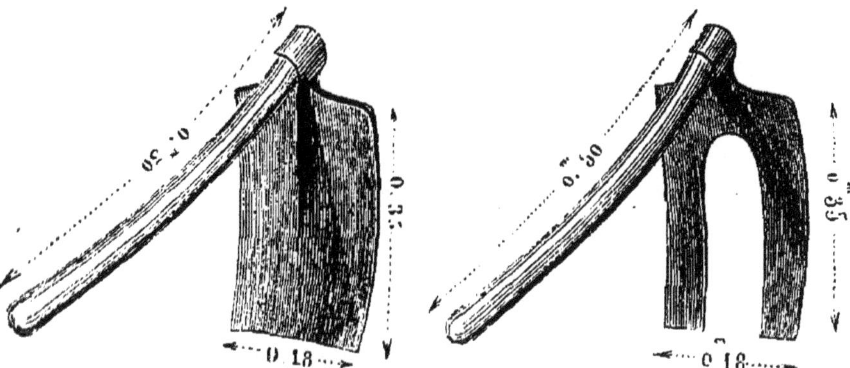

Fig. 6. — Houe pleine. Fig. 7. — Houe à dents carrées.

On distingue plusieurs sortes de houes : 1° la *houe plate ou pleine* (fig. 6), qui sert à labourer les terrains légers et dépourvus de cailloux ; 2° la *houe à deux dents carrées* ou

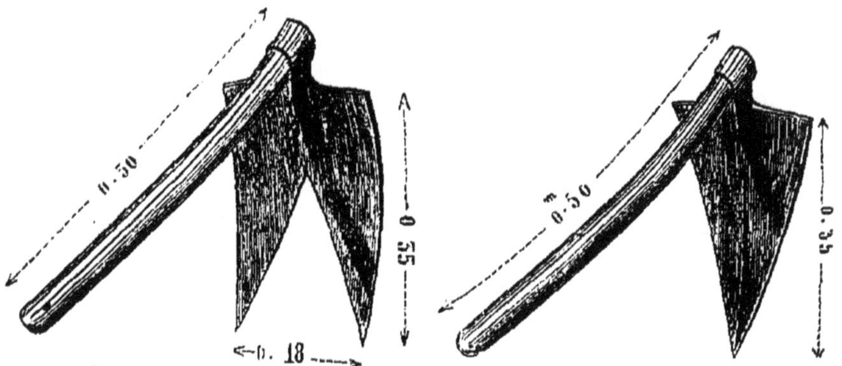

Fig. 8. — Houe à dents aiguës. Fig. 9. — Houe à lame triangulaire.

obtuses (fig. 7) ; 3° la *houe à deux dents aiguës* (fig. 8) ; 4° la *houe à lame triangulaire* (fig. 9). Ce dernier outil convient spécialement aux sols rocailleux ou très pierreux. On désigne souvent le deuxième et le troisième instrument sous les noms de *houes fourchues* ou *crochets ;* ces deux houes servent aussi à labourer les terrains légers, graveleux ou caillouteux.

Les houes plates à lame étroite sont connues sous le nom de *tranches*. Les lames ou les dents des houes fourchues sont plus ou moins rapprochées ; elles ont de 25 à 40 centimètres de longueur.

Les manches s'ajustent dans les douilles suivant un angle qui varie de 45 à 50 degrés, selon qu'il est droit ou courbe ; ils ont de 50 centimètres à 1 mètre de long.

La houe ne se manœuvre pas aussi facilement que la bêche. L'ouvrier qui l'emploie est courbé en deux ou très près de terre, et il travaille en avançant. Il tient l'outil à deux mains (l'une d'elles est rapprochée de la douille), écarte les jambes et enfonce obliquement dans le sol la partie agissante de la houe ; puis il attire la terre vers lui-même et, par *un coup de main particulier*, il la renverse sens dessus dessous entre ses jambes et un peu en arrière des points qu'elles occupent. Alors, si cela est nécessaire, il divise la terre ou brise les mottes avec la tête de la lame et fait un pas en avant, ou à droite ou à gauche, en ayant la précaution de bien placer son pied gauche hors de la portée de la lame ou des dents de l'outil, afin de ne pas s'exposer à être blessé.

L'ouvrier doit toujours avoir devant lui une sorte de jauge ou tranchée large à demi comblée.

Ordinairement l'ouvrier qui laboure avec la houe agit sur une largeur d'un mètre seulement et divise la terre en agissant à deux fois. Ainsi, en premier lieu, il attaque la couche arable à la moitié de son épaisseur ; ensuite, par un second coup de houe, il atteint la seconde partie et la renverse aussi d'un seul coup sur la première.

La houe a l'inconvénient de fatiguer beaucoup les ouvriers qui s'en servent, et même de les déformer en enkylosant leurs vertèbres. C'est pour ce dernier motif qu'on voit souvent dans les vignobles des vieillards voûtés ou très courbés.

La *houe fourchue* est employée de préférence à la *houe pleine*, quand les terres sont sèches ou pierreuses et difficiles à entamer avec la bêche, lorsqu'elles présentent des pentes rapides, ou qu'elles sont infestées des plantes à racines traçantes.

Un ouvrier habitué à manier la houe laboure par jour de 3 à 5 ares, suivant la nature du sol et l'épaisseur de la couche divisée.

Bien exécutés, les labours à la houe sont plus favorables au développement des végétaux que les labours à la bêche, parce qu'ils divisent mieux la terre. Ils sont aussi plus expéditifs dans les terres légères.

Quand les terres sont déclives, l'ouvrier opère de la base des champs vers le sommet ou en suivant une ligne oblique à la ligne de plus grande pente.

II. — LABOURS A LA CHARRUE.

Dans tous les labours le cultivateur doit chercher à obtenir le plus de travail possible avec la plus faible dépense. Il doit aussi se rappeler qu'un labour bien exécuté favorise toujours l'action des agents atmosphériques sur le sol et la végétation.

Un labour est bon quand la couche arable a été soulevée, renversée et divisée et lorsque la charrue a donné au sol la disposition que commande sa composition, sa situation et la nature du sous-sol sur lequel il repose.

Dans les labours bien exécutés les raies ou bandes de terre sont parallèles, ont la même largeur et la même épaisseur, et elles sont renversées les unes contre les autres d'une manière uniforme. La surface du labour ainsi exécuté n'a pas alors l'aspect d'une véritable crémaillère formée par les ongles saillants que présentent les bandes de terre.

1. — Araires et charrues.

La charrue latine appelée par Palladius *aratrum simplex,* et que l'on emploie encore dans le Languedoc et le Dauphiné, n'avait pas de roues. Celle avec avant-train désignée par les Romains sous le nom de *planaratrum,* et qui est aujourd'hui si répandue dans le centre et l'ouest de la France, prit naissance, au dire de Pline, lorsque les habitants de la Gaule cisalpine se firent agriculteurs, après avoir soumis définitivement les Romains.

Cette charrue si grossière dans sa forme, si défectueuse dans sa construction, a toujours été regardée comme un mauvais instrument. Augustin Gallo, dans ses *Journées d'agriculture,* dont la traduction parut en 1572, engagea les populations européennes qui s'en servaient encore à la remplacer par la charrue virgilienne, mais ses conseils ne furent pas écoutés de nos laboureurs. Ce fait n'a rien qui étonne. Au seizième siècle, on était, dans toutes les campagnes, imbu de la maxime de Caton, trop connue malheureusement de nos laboureurs actuels : *Ne change point ton soc!* En outre, les écrivains agricoles de cette époque ne cessaient de dire à l'homme des champs en lui parlant des instruments aratoires signalés comme nouveaux et perfectionnés : *Aie pour suspecte toute nouvelleté.* Pour ces auteurs, et surtout pour Estienne et Ligier, qui accréditèrent tant d'erreurs par leurs ouvrages intitulés : *Maison champestre* et *Maison rustique,* il n'y avait de salut en agriculture qu'en suivant les anciennes coutumes. D'après Ligier, la forme de la charrue importait peu, pourvu qu'elle labourât la terre!

Mais, alors que la France agricole, si peu secondée par la renaissance des lettres, restait attachée à la charrue des

Latins ou des Gaulois, l'Angleterre comprenait la nécessité de modifier celle qu'elle employait. Il y avait longtemps, du reste, qu'elle avait en partie renoncé à la charrue à roues pour adopter la charrue simple. Ainsi lorsque le concile général de Latran se fit, en 1177, le protecteur de l'agriculture, l'araire à age droit et n'ayant qu'un seul mancheron était préféré partout en Angleterre à l'ancienne charrue saxonne. C'est cet araire que Walter Blith modifia en 1630.

Quoi qu'il en soit des tentatives faites par Blith pour rendre la charrure meilleure, ce ne fut que vers le milieu du siècle dernier qu'on s'occupa réellement de sa construction sous le point de vue mécanique. Arbuthnot formula le premier la théorie du versoir. Le mémoire qu'il publia en 1774 attira l'attention de tous les hommes instruits en Europe, et il fixa l'attention de Jefferson, l'ancien président des États-Unis. Aussi fut-il cause que l'Amérique, qui reçut la charrue d'Europe, nous la renvoya toute perfectionnée. Ce sont les théories émises par ces savants qui conduisirent Small à construire l'excellente charrue qui porte son nom.

Ces faits ne passèrent pas inaperçus en France. Ils engagèrent François de Neufchâteau à demander, en 1801, qu'un prix important fût proposé pour la charrue la plus simple et la meilleure. Chaptal, qui était alors ministre de l'intérieur, partagea cette heureuse idée et fixa ce prix à 10.000 francs.

Cette haute récompense ne fut pas décernée, mais elle eut d'heureuses conséquences. D'abord elle engagea Guillaume à modifier l'ancienne charrue de Brie, perfectionnement qui lui valut une récompense de la part de la Société nationale d'agriculture; ensuite elle conduisit un grand nombre de constructeurs à substituer des versoirs en fonte aux versoirs en bois, ainsi que cela se pratiquait en Angleterre et dans l'Amérique septentrionale.

Le concours ouvert par Chaptal eut un autre résultat. Il engagea Mathieu de Dombasle à étudier aussi les perfectionnements que réclamaient nos instruments aratoires. Le remarquable mémoire qu'il publia en 1820 fit espérer à la France agricole qu'elle aurait bientôt aussi des instruments perfectionnés et appropriés à son sol et à ses systèmes de culture. Son attente ne fut pas longue, car 1822 vit naître l'école de Roville, et quelques années suffirent pour que l'araire Dombasle triomphât dans toutes les luttes où il se présenta.

Le succès obtenu par Mathieu de Dombasle éveilla l'attention d'un grand nombre d'hommes, et çà et là on vit naître des fabriques d'instruments aratoires modernes. Malheureusement, dans beaucoup de ces ateliers on ne se borna pas à construire la charrue de Roville ; on voulut la modifier afin de la désigner sous un nom nouveau ; c'est ainsi que chaque constructeur a eu sa charrue. Cette fièvre de l'amour-propre n'a pas diminué de nos jours. Il en est résulté souvent que, loin de perfectionner l'araire de Roville, on l'a défiguré et rendu aussi mauvais que les anciennes charrues. Les hommes qui n'ont pas su créer des choses nouvelles ont eu recours à d'autres moyens pour faire parler d'eux : ils se sont bornés au rôle d'imitateurs, en ajoutant au nom de l'instrument qu'ils construisaient leur nom propre.

Je vante les araires, je sais que ces charrues ne plaisent pas toujours et qu'on leur préfère souvent les charrues avec avant-train. Cette prédilection ne saurait être justifiée. La charrue avec avant-train n'est utile que lorsqu'il s'agit de labourer des terres pierreuses et disposer le sol en petits sillons. Toutes les fois que les labours doivent être faits à plat sur des terres ordinaires, il faut l'abandonner pour adopter l'araire. Cette charrue simple est d'un prix moins élevé et d'une plus grande solidité ; puis elle exige moins de frais d'entretien et ne nécessite que deux animaux. Il est vrai qu'on conduit d'abord moins aisément un araire qu'une charrue munie de roues, mais cette objection est sans valeur. Tout laboureur intelligent, en quelques jours seulement, s'initiera parfaitement à sa conduite sans se fatiguer davantage. Les Flamands, qui se servent de l'araire depuis des siècles, ne voudraient pour aucune couronne lui substituer une des charrues avec avant-train, pour lesquelles tant de personnes se passionnent aujourd'hui encore si aveuglément.

Le plupart des charrues anglaises portent en avant du coutre un *soc écroûteur* que l'on peut élever ou abaisser à volonté. Ce soc opère avant la charrue même, mais il ne fait qu'un labour très léger et tout à fait superficiel. Agissant à quelques centimètres seulement de profondeur, il renverse dans la raie que suit la charrue les diverses plantes que l'on veut détruire et qui se trouvent par ce fait toujours bien enterrées sur la bande de terre. Cet écroûteur a été adapté en Flandre à plusieurs charrues.

Toutes choses égales d'ailleurs, l'araire a été inventé pour les terres douces, argilo-siliceuses, argilo-calcaires. Sur de tels terrains, il a toujours une supériorité marquée sur les charrues avec avant-train ; car il exige moins de frais d'entretien et ne nécessite que deux chevaux.

Sur les sols caillouteux, l'araire est inférieur à la charrue à roues, si le charretier qui le conduit n'est pas habile à le diriger et si son soc n'est pas terminé par une pointe. Ceci s'explique aisément. Dans les terres graveleuses, les charrues qui n'ont pas un point de support à leur partie antérieure oscillent toujours à droite ou à gauche, en bas et en haut, quand elles fonctionnent. Alors, ou elles détachent et renversent une bande de terre trop large, ou elles ne *piquent* pas assez, ou elles labourent trop profondément. Ce sont ces inconvénients qui ont conduit nos meilleurs constructeurs à adapter aux araires un avant-train particulier.

Mais ce n'est pas à dire pour cela qu'on ne puisse exécuter de très bons labours sur les sols pierreux avec l'araire. En Provence, on ne laboure les terres caillouteuses qu'avec l'araire. Les labours n'y laissent rien à désirer. Pourquoi? parce que l'araire Armelin a un soc armé d'une pointe. Un soc américain, c'est-à-dire sans pointe, fonctionnerait mal sur de semblables terrains.

Les charrues dites *double brabant* remplacent chaque année avec succès les anciennes charrues à avant-train.

2. — Animaux de travail.

Les animaux qu'on attelle aux instruments aratoires appartiennent aux espèces chevaline, mulassière, asine et bovine.

ESPÈCE CHEVALINE. — Le cheval est l'animal de trait des contrées où les terres sont fertiles et productives, où l'on se livre à la multiplication ou à l'entretien de l'espèce chevaline, où l'on transporte à de grandes distances et sur des routes pavées ou macadamisées des produits ou des engrais.

Le cheval se distingue du bœuf par son intelligence, son adresse, sa souplesse, son agilité et la promptitude avec laquelle il obéit à la voix de l'homme.

S'il coûte plus à acheter que le bœuf, il convient mieux que ce dernier quand il s'agit de rentrer les produits des champs à la ferme ou de conduire des denrées agricoles sur les marchés, parce qu'il marche plus vite et traîne des fardeaux plus pesants.

Le cheval travaille facilement pendant les grandes chaleurs, et peut rester plus longtemps que le bœuf attelé à une charrue.

La taille, la masse et la force des chevaux doivent être

en raison directe de la ténacité des terres sur lesquelles on veut les employer.

1° *Chevaux entiers.* — Les chevaux entiers ne sont acceptés, comme chevaux de labour, que dans les contrées où l'agriculture a de nombreux transports à effectuer sur des routes, et où les terres sont argileuses ou compactes.

Un cheval entier est plus vigoureux, plus agile et plus robuste qu'une jument.

2° *Juments.* — Les juments sont communes dans les localités où l'on multiplie l'espèce chevaline.

Si elles sont dociles et faciles à conduire sur les routes ou dans l'intérieur des villes, elles n'ont jamais la vigueur ni la rusticité qui caractérisent à un si haut degré les chevaux entiers.

3° *Chevaux hongres.* — Les chevaux hongres sont des animaux de trait secondaires. Ils ne peuvent être utilisés avantageusement et économiquement que par la petite culture ou lorsque les terres sont légères et faciles à labourer.

ESPÈCE MULASSIÈRE. — L'espèce mulassière est répandue dans la plaine du Poitou, les plaines de la Gascogne, les montagnes du Limousin et de l'Auvergne, les plaines et les montagnes du Languedoc, de la Provence et du Dauphiné.

Les mules et les mulets sont employés à labourer la terre et à traîner des véhicules. Ils supportent mieux les grandes chaleurs que le cheval, mais ils résistent moins bien que ce dernier aux froids, et surtout aux pluies et aux brouillards.

Ces animaux sont agiles, et parcourent librement les chemins les plus accidentés et les rampes les plus rapides.

Les mules et les mulets de taille moyenne sont les plus recherchés.

ESPÈCE ASINE. — L'âne et l'ânesse servent aussi au labourage des terres. La petite culture les considère, dans diverses contrées, comme des animaux très utiles.

Espèce bovine. — L'espèce bovine fournit trois sortes d'animaux de trait : le bœuf, la vache et le taureau. Ce dernier sert rarement au tirage des voitures.

1° *Bœuf.* — Le bœuf est le moteur agricole par excellence; il est très employé dans les contrées où le métayage est en usage, où l'on multiplie en grand l'espèce bovine, dans les pays à grandes foires et dans ceux où l'on spécule sur le dressage des jeunes bœufs et l'entretien ou l'embauche des mêmes animaux ayant atteint l'âge adulte.

Le bœuf est plus docile, plus patient, mais moins adroit que le cheval ; il est aussi plus sobre et se nourrit de substances alimentaires ayant toujours une faible valeur vénale. La lenteur de sa marche le rend précieux pour certains travaux, par exemple, les labours que l'on exécute sur des champs garnis de pommiers et de mûriers, et elle lui permet de parcourir plus facilement les chemins à ornières profondes.

En outre, il n'oblige pas à des dépenses annuelles de ferrure et de harnachement aussi considérables que les frais que nécessite l'entretien d'un cheval. Enfin, s'il est blessé ou si on le réforme parce qu'il est trop âgé, on peut, en le vendant, rentrer dans une partie du capital que son acquisition a forcé de débourser.

2° *Vaches.* — La vache laitière est souvent l'animal de trait de la petite culture ou des métayers pauvres.

La vache n'a pas la force du bœuf, mais elle le remplace très bien sur les petites fermes lorsque les terres sont sablonneuses ou granitiques, et quand elle ne travaille chaque jour que pendant une demi-attelée ou, au plus, une attelée. Si elle est convenablement nourrie, cet exercice n'est nullement contraire à la production lactifère. Sa marche est généralement rapide.

Les génisses qui ont été castrées parce qu'elles étaient *taurelières* sont souvent de bons animaux de travail; elles sont intermédiaires, quant à leur force, entre le bœuf et la vache laitière.

3. — Harnais des animaux.

On attelle les animaux de travail aux instruments aratoires et aux véhicules, à l'aide de harnais.

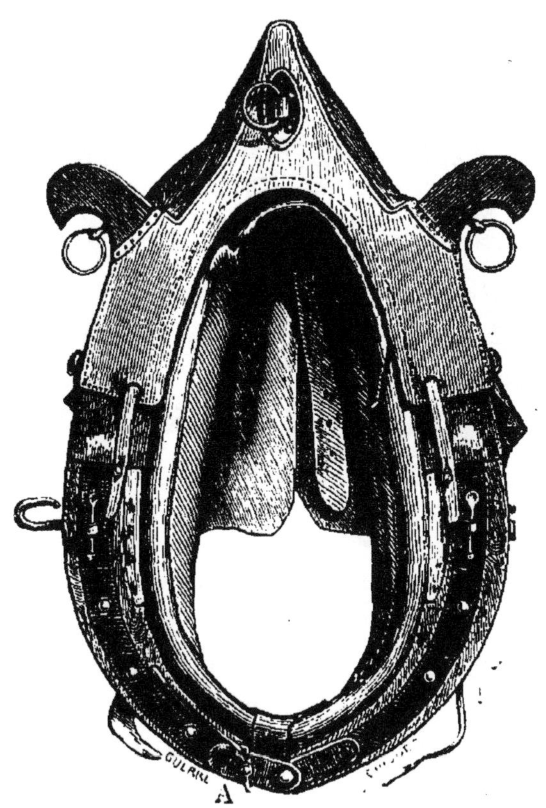

Fig. 10. — Collier à deux branches.

HARNAIS DU CHEVAL. — Le harnais ordinaire du cheval de labour se compose :

1° De la bride et des guides ou cordeaux;

2° Du collier;

3° Des traits et de leurs étuis.

Le *collier* (fig. 10) est tantôt ouvert ou brisé, tantôt fermé ou rond. Le collier brisé bien fait, léger et solide, est préférable au collier rond, parce qu'il permet de harnacher plus promptement les animaux.

Les *traits* sont en chanvre ou en fer. Les premiers sont moins coûteux et plus solides, mais ils sont plus sujets à

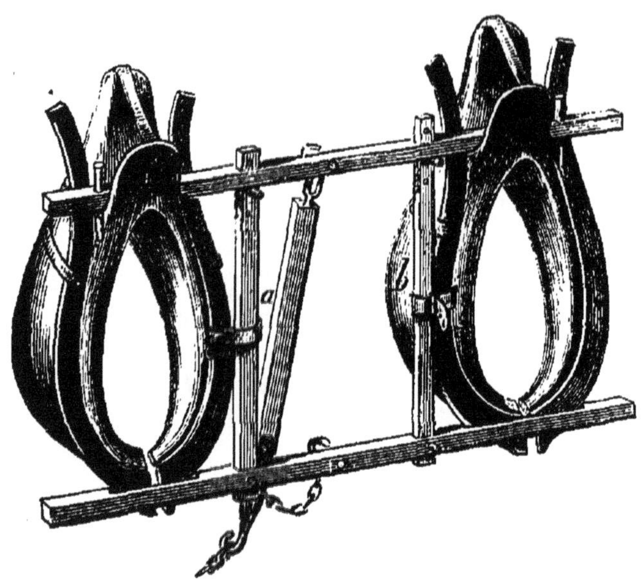

Fig. 11. — Joug pour l'attelage de deux chevaux ou de deux mules.

se détériorer lorsqu'on les emploie sur des terres argileuses et humides. Les chaînes ne sont supérieures aux traits en corde que lorsqu'elles ont été faites avec du fer doux et d'excellente qualité.

Les traits peuvent être soutenus par de petites courroies attachées à la croupière, ce qui empêche les animaux de s'empêtrer dans les tournées.

Les harnais des chevaux qui tirent et portent à la fois comprennent :

1° La bride et les guides ;

2° Le collier muni de chaînes ou de chaînettes de tirage ;

3° La sellette, la dossière et la sous-ventrière;

4° L'avaloire munie de courroies de reculement.

Dans quelques localités de la région du Midi, on attelle les chevaux deux à deux à l'aide d'un *joug double* qui rappelle par sa disposition le joug décrit par Homère.

La *couralive* en usage dans le Sud-Est (fig. 11) se compose de deux traverses horizontales et de deux montants. La traverse supérieure est mobile. On la fixe au moyen de chevilles. Les colliers *b* sont construits de manière que la traverse mobile repose dans l'échancrure qu'on observe à

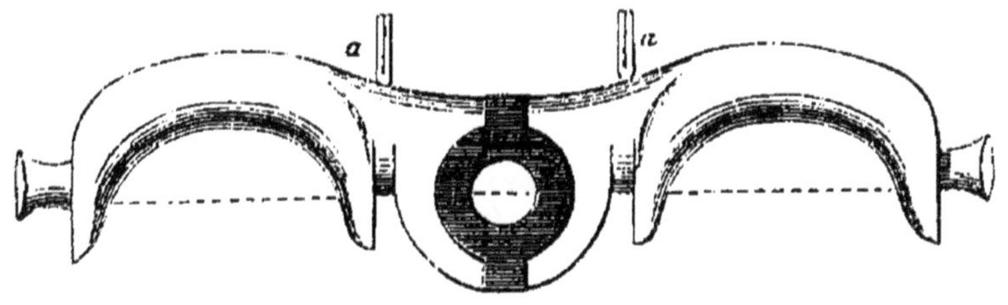

Fig. 12. — Joug double de tête.

leur partie supérieure. La chaîne de tirage est fixée à la pièce *a*.

HARNAIS DES MULES ET MULETS. — Les harnais des mules, mulets, ânes et ânesses sont semblables à ceux des chevaux, mais souvent ils sont plus grossiers ou plus économiques.

HARNAIS DU BŒUF. — Le bœuf tire à l'aide du joug double, du joug simple ou au moyen d'un collier.

Le *joug double* ou *joug double de tête* (fig. 12) varie de forme suivant les contrées. Les mieux confectionnés sont ceux qu'on emploie dans la Bretagne, l'Anjou, le Nivernais et l'Auvergne. L'un et l'autre s'appuient sur la nuque et embrassent très bien le sommet de la tête des animaux. Leur partie médiane est munie antérieurement et postérieurement de deux anneaux dans lesquels on engage l'extrémité antérieure du timon du véhicule ou de la charrue ou d'un timonet, ou elle présente simplement une ouverture, ou bien encore elle porte un crochet auquel on attache la chaîne de tirage.

L'usage du joug à tête est très ancien. Ce harnais est économique et très utile dans les pays où l'on spécule sur l'entretien des bœufs ; il rend la marche de l'attelage plus régulière, maîtrise les animaux indociles et empêche que l'un des deux bœufs se porte plus avant que l'autre. Enfin il établit l'égalité entre deux bœufs inégaux, maintient

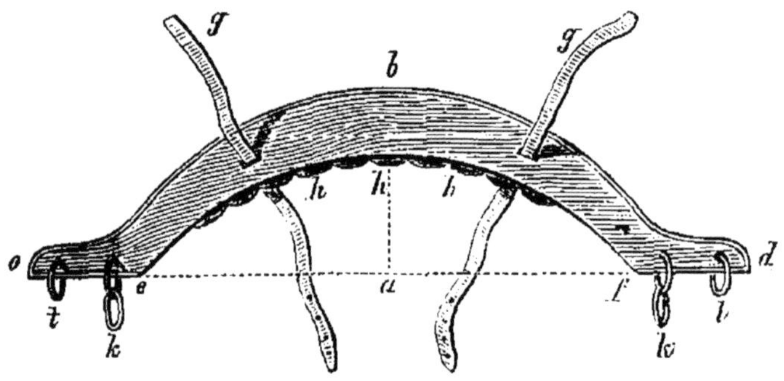

Fig. 13. — Joug simple frontal.

ceux-ci à égale distance et les place sous la dépendance directe du conducteur. C'est à tort qu'on a considéré ce mode d'attelage comme très pénible pour les bœufs, parce que ceux-ci sont obligés de marcher le cou baissé. Les animaux attelés à un joug bien fait ne souffrent nullement. L'expérience prouve chaque jour, dans la Bretagne, le Limousin, la Franche-Comté, etc., que les cornes sont solidement implantées au sommet de la tête du bœuf et qu'elles résistent aux chocs les plus violents.

On fait usage, mais plus rarement, d'un *joug frontal* (fig. 13) *obd*, qui s'applique sur le front des bœufs et qu'on fixe ainsi à l'aide de courroies *gg*. Ce joug est garni intérieurement d'un coussinet *hh*. Les traits sont fixés aux anneaux placés aux extrémités du joug *kll*. On les écarte plus ou moins selon la grosseur de l'animal. Le joug frontal est regardé bien à tort comme le meilleur.

Un joug double exige deux bœufs bien appareillés, c'est-à-dire de même taille, de même force et de même vitesse.

Un joug coûte de 7 à 11 francs; les deux courroies se vendent de 9 à 12 francs.

Le *joug de cou*, *joug de garrot* ou *sauterelle double*, s'appuie sur l'encolure et contre le garrot du bœuf. Il se compose d'un joug double ordinaire qu'on fixe en avant des épaules au moyen de courroies ou de deux verges en

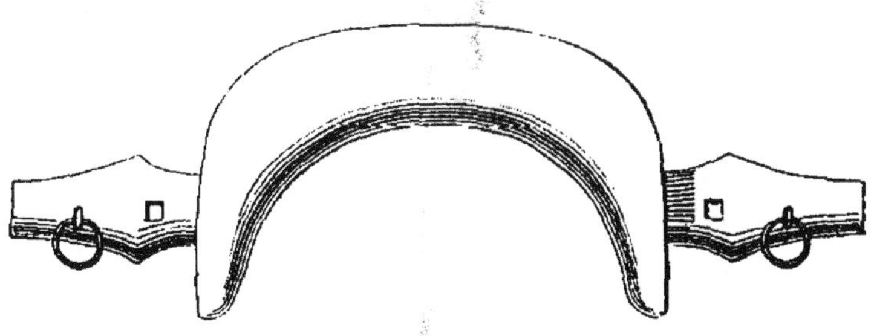

Fig. 14. — Joug simple de tête.

fer ou baguettes en bois courbées sur elles-mêmes et formant deux colliers. Ce harnais, que les Romains ont employé, est mauvais parce qu'il oscille facilement à droite ou à gauche, est fixé trop haut, gêne les bœufs dans leurs allures et ne permet pas d'utiliser toutes leurs forces. On doit l'abandonner. Il est en usage dans la Normandie et dans le Midi.

Le *joug simple de tête* (fig. 14) est souvent employé en Alsace, en Lorraine et dans les cantons de Lucerne et d'Argovie (Suisse). Il ne présente qu'une seule courbure et ne s'applique qu'à un seul bœuf. Il a l'avantage de moins fatiguer les animaux que le joug double. On s'en sert pour atteler des bœufs à un manège ou un seul de ces animaux à une charrue légère ou à une limonière d'un chariot, d'un tombereau ou d'un

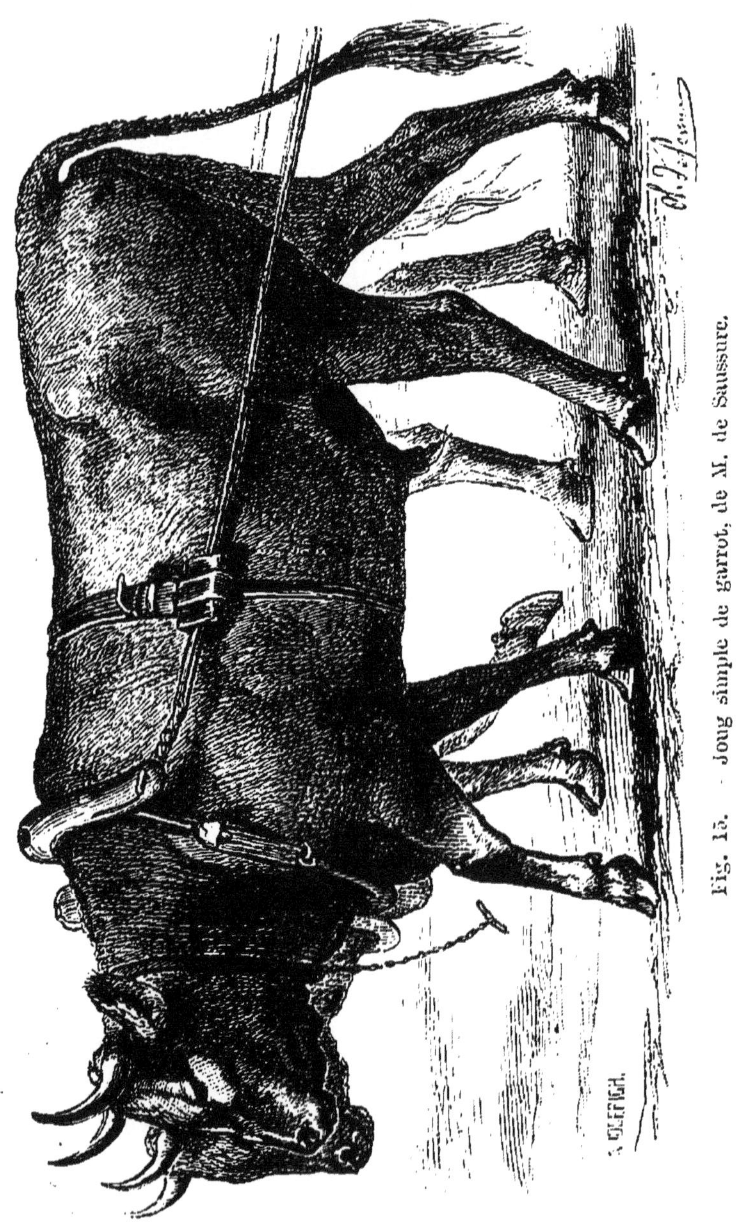

Fig. 15. — Joug simple de garrot, de M. de Saussure.

rouleau. Il a l'inconvénient de rendre très ouvert l'angle formé par les traits.

On remplace quelquefois le joug simple de tête par une *sauterelle simple*. Ce joug présente les avantages que possède le collier, à l'exception qu'il a moins de fixité. Un des meilleurs est incontestablement celui qu'emploie en Suisse M. de Saussure et qui est représenté par la figure 15.

Le *collier* du bœuf est plus allongé, plus ovale que le collier du cheval ; il est ouvert tantôt à la partie supérieure, tantôt à la partie inférieure. L'angle qu'il présente à son

Fig. 16. — Bœuf avec avaloire et dossière.

sommet est plus aigu, moins arrondi que l'angle qu'on observe à la partie supérieure de l'ouverture du collier du cheval. Ce harnais est peu usité en France, bien qu'il rende la marche des animaux plus accélérée, plus sûre sur les sols humides, et facilite l'emploi d'un seul bœuf. Il a l'inconvénient d'être coûteux, d'exiger chaque année des dépenses d'entretien, de gêner la respiration du bœuf quand ce dernier traîne un lourd fardeau dans une montée, de laisser trop de liberté aux animaux indociles. Il ne convient qu'à des fermes spéciales.

Le collier flamand s'ouvre à la partie inférieure; le collier suisse s'ouvre et se ferme à la partie supérieure.

J'ajouterai que les épaules de bœufs habitués au collier et que l'on engraisse ensuite, se chargent plus difficilement de graisse.

La bride du bœuf n'a pas de mors et l'avaloire (fig. 16)

Fig. 17. — Harnachement du bœuf suisse devant être attelé à un véhicule.

n'a point de croupière. Les traits sont soutenus à l'aide d'un surdos.

Il n'est pas inutile de signaler ici le harnais que porte le bœuf suisse quand on l'attele à un véhicule dans le canton de Schwitz (fig. 17).

Un collier de bœuf se vend tout garni de 20 à 30 francs.

Couvertures. — Les couvertures des chevaux sont formées d'une basane ou d'une toile; elles sont fixées au collier et couvrent le dos et les reins des animaux. Elles ont pour effet de prévenir chez les chevaux des maladies de poitrine, parce qu'elles les protègent, lorsqu'ils sont en sueur, contre les pluies froides.

Dans les régions de l'Ouest et du Sud-Ouest, on couvre souvent les bœufs d'une grande toile pour les protéger contre les intempéries, les fortes chaleurs, et les garantir des mouches. Ces toiles sont nouées sous le cou et fixées, à l'aide d'une corde qui passe sous la queue, à la partie postérieure de l'animal.

4. — Harnachement des animaux.

Harnachement du cheval. — Le harnachement du cheval de labour ou du cheval de cheville se fait dans l'ordre suivant :

1° On met le collier, 2° on le bride.

Si le cheval doit être attelé entre les deux brancards d'une limonière, on agit comme il suit :

1° On met le collier, 2° on place la sellette, 3° on met l'avaloire, 4° on le bride.

Pour mettre le collier, il faut saisir ce harnais avec les mains, s'approcher de l'épaule gauche du cheval, élever le collier au-dessus du garrot, écarter les deux attelles ou les deux branches, laisser tomber légèrement le collier sur l'encolure et le fermer au moyen des ferrures situées à la base de chaque attelle. Dès que le collier est placé, on rassemble avec soin les crins de la queue dans une seule main, on retrousse la queue et on la passe, à l'aide de l'autre main, dans la croupière. On fixe ensuite la courroie de ce harnais au collier. Alors on prend la bride de la main gauche, on introduit quelques doigts de la main droite entre les lèvres et les barres, et lorsque l'animal ouvre la bouche, on y entre le mors en engageant dans la muserolle l'extrémité inférieure de la tête. Ensuite on fait passer avec précaution les oreilles entre le frontal et la têtière, et l'on fixe la sous-gorge et la gourmette. On doit avoir le soin de ne pas laisser aucun crin sous les courroies.

Quand on doit harnacher ou *garnir* un *cheval limonier*, il faut mettre la sellette dès que le collier a été placé. On saisit ce harnais en plaçant la main droite sur le trousquin et la main gauche au pommeau, on l'élève, et on le pose sur le dos de l'animal. Alors on serre la ventrelle, et l'on fixe la courroie du collier à la boucle qui est attachée au pommeau de la sellette. Ensuite on prend l'avaloire en plaçant la main gauche à l'extrémité antérieure de la croupière et la main droite à la partie médiane de la courroie fessière, on l'élève et on la pose sur la partie postérieure du cheval. On passe ensuite la croupière sous la queue, et l'on attache l'avaloire à la partie postérieure de la sellette au moyen de la courroie qui est fixée à ce harnais. On termine le harnachement du cheval en le bridant.

Harnachement du bœuf. — Le harnachement du bœuf attelé au *collier* se fait de la même manière que le harnachement du cheval. Toutefois, lorsque le collier est ouvert à sa partie supérieure, on le place en avant des jambes antérieures du bœuf, on écarte les attelles, on l'élève pour qu'il enveloppe l'encolure, on le maintient dans cette position avec l'un des genoux, et l'on réunit ensuite les pattes des attelles au moyen des courroies ou couplières.

On fixe le *joug double de tête* à l'aide de *liens* ou *courroies* de cuir ayant chacune 2 ou 3 mètres environ de longueur.

Quand on doit *lier* deux animaux au joug, on en fait sortir un de l'étable, celui de droite ou celui de gauche, et on lui attache le joug en opérant comme il suit : on place le joug de manière que l'*enfoncement* ou l'*écuelle* ou la *cuiller* s'adapte parfaitement sur la tête, et l'on fixe l'extrémité de la courroie ou *jougle* portant une boutonnière à la cheville (*a* fig. 12), au clou ou au crochet situé à droite et à gauche sur le côté postérieur de la partie qui sépare les écuelles. Alors, si on *lie* le bœuf de droite, on ramène la courroie sur le front, qu'on a garni d'un morceau de peau de mouton, d'une tresse de paille ou d'un coussin, on la passe en arrière de l'extrémité du joug, on la relève pour qu'elle embrasse cette partie, on la ramène devant le front, on la passe derrière le joug pour la ramener de nouveau sur la région frontale et une seconde fois autour de l'extrémité du joug, et la fixer par un nœud sur le front ou sur l'un des côtés de la tête. On attelle ensuite et de la même manière le bœuf de gauche.

Dans quelques contrées, on se sert d'une seule courroie qui embrasse aussi deux fois les cornes et passe encore trois fois sur le front de chaque bœuf, qu'elle croise diagonalement en allant et revenant d'une corne à l'autre.

En Bourgogne, les jougs doubles portent en arrière et de chaque côté deux écuelles, deux billots auxquels sont fixés, d'une part, une courroie très courte et terminée par un anneau ; de l'autre, une courroie longue de plusieurs mètres et portant vers le tiers de sa longueur un boucleton.

Quand le joug a été placé sur la nuque d'un bœuf, qu'on a préalablement garnie d'une peau de mouton ou d'un coussin qui enveloppe aussi une partie du front, on passe la longue courroie fixée sur le côté gauche de la tête dans l'anneau de la petite courroie, et on la ramène vers le côté droit pour la fixer dans le boucleton à l'aide de l'ardillon.

On a dit et on repète encore souvent que le joug est un appareil de la plus affreuse barbarie en ce qu'il blesse et prive les animaux de la liberté de leurs mouvements. En outre, on ajoute que la charpente osseuse du bœuf, fortement relevée à ses épaules, démontre visiblement que le siège de la force réside principalement non pas dans la tête qui est presque isolée du corps, mais bien dans la partie la plus large et la plus antérieure de sa charpente. Enfin, on observe que le regard morne et farouche du bœuf attelé au joug indique bien que cet animal est continuellement soumis à une contrainte ou à une servitude.

En présence de toutes ces observations on conclut que l'emploi du joug est le résultat de la routine et que le moment est venu de le bannir de toutes les exploitations pour le remplacer par le collier, qui permet aux animaux d'avoir plus de liberté et une allure plus séduisante.

Ces remarques, il faut le reconnaître, sont justes et elles confirment la pratique des agriculteurs de l'Alsace, de la Suisse, etc.; mais elles ne suffisent pas pour engager les cultivateurs à abandonner l'emploi du joug dans les contrées du Centre et de l'Ouest, où l'on élève l'espèce bovine, où l'on spécule sur l'entretien ou l'engraissement du bœuf. On ne doit pas oublier que l'emploi du collier engage un capital beaucoup plus élevé que le joug et que l'entretien de ce dernier n'occasionne annuellement presque aucune dépense.

5. — **Manière d'atteler les animaux aux charrues.**

Lorsqu'on laboure des terres siliceuses, crayeuses, granitiques ou volcaniques, on n'attelle souvent qu'un seul cheval à la charrue. Cet animal marche dans la raie.

On laboure ordinairement avec deux animaux les terres qui ont une consistance moyenne. Alors l'animal de droite marche dans la raie et l'animal de gauche sur le guéret. Ces deux animaux sont attelés de front à des palonniers accrochés à une balance.

On attelle trois ou quatre animaux sur la charrue lorsqu'on doit labourer des terres fortes ou exécuter des défrichements ou des défoncements.

ATTELAGE DE DEUX ANIMAUX DE FRONT AU COLLIER. — Les chevaux (fig. 18) portant des colliers peuvent être attelés à des palonniers mobiles ou à un grand palonnier fixe.

Les mouvements si prononcés des épaules des bœufs obligent d'accrocher leurs traits à des palonniers mobiles. Si les traits étaient attachés à des palonniers fixes, les animaux seraient considérablement gênés dans leur marche et les colliers ne seraient pas poussés en avant par les épaules, tantôt par les unes, tantôt par les autres, comme ils le sont toujours. On sait que les épaules du bœuf

Fig. 18. — Attelage de deux chevaux placés côte à côte

forment un rayon plus court que le rayon déterminé par le déplacement des épaules du cheval.

Les traits de l'animal qui marche sur le guéret doivent être un peu plus courts que les traits du cheval ou du bœuf qui suit la raie.

Nonobstant, on doit avoir soin que les traits de l'animal de droite et de l'animal de gauche soient égaux en longueur. Quand l'un des deux traits d'un cheval est plus court que l'autre, cet animal est gêné dans sa marche, parce que les traits exercent une pression continuelle sur les côtés externes de ses membres postérieurs ; alors, il est exposé à se blesser dans les tournées.

Les traits sont munis à chacune de leurs extrémités d'une boucle ou d'un crochet. Dans le premier cas, on attache les traits aux deux palonniers d'une balance (fig. 19) plus solidement, mais moins promptement ; dans le second, ils se décrochent souvent quand l'attelage tourne sur lui-même à l'extrémité du rayage. Les traits qui ne portent pas de crochets doivent être plus longs que ceux auxquels on en a fixé.

Les traits des animaux attelés à un araire ne doivent

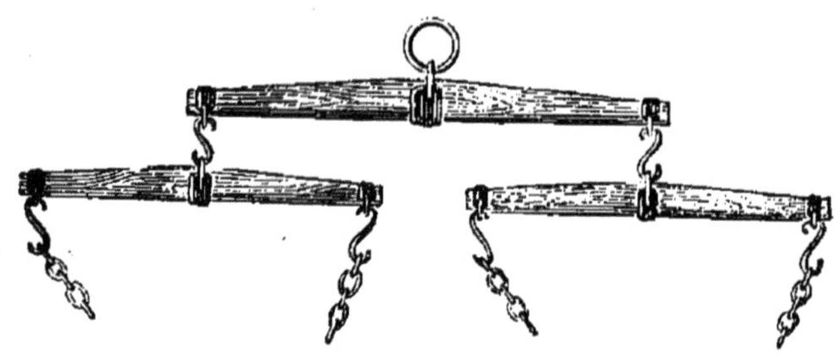

Fig. 19. — Balance pour deux chevaux.

être ni trop longs ni trop courts. Dans le premier cas, ils obligent la charrue à labourer plus profondément ; dans le second, ils diminuent l'entrure du soc et rendent les tournées plus difficiles. En général, la longueur des traits varie entre 2m,75 et 3 mètres, et il doit exister une distance de 75 à 90 centimètres entre les jarrets des animaux et les palonniers de la balance.

Quand les palonniers sont trop courts ou lorsqu'on emploie des juments pleines, on écarte les traits au moyen d'un bâton dont les deux extrémités sont engagées dans deux mailles situées à 30 centimètres environ des palonniers. Ce bâton excède en longueur les palonniers de 8 à 12 centimètres.

Lorsque les traits ont été attachés aux palonniers, on

accouple les deux chevaux ou les deux bœufs à l'aide d'une courroie. Cette *longe* est fixée d'une part à la bride de l'animal qui marche sur le guéret, et de l'autre au collier du cheval ou du bœuf qui suit la raie ouverte. Cette courroie oblige l'animal de gauche, quand la *charrue est à bout de raie,* à suivre l'animal de droite que dirige le laboureur à l'aide des guides ou des cordeaux.

Souvent on maintient les animaux à une distance de 75 centimètres environ l'un de l'autre à l'aide d'un bâton que l'on appelle *quenouille* (fig. 20). Ce bâton présente un

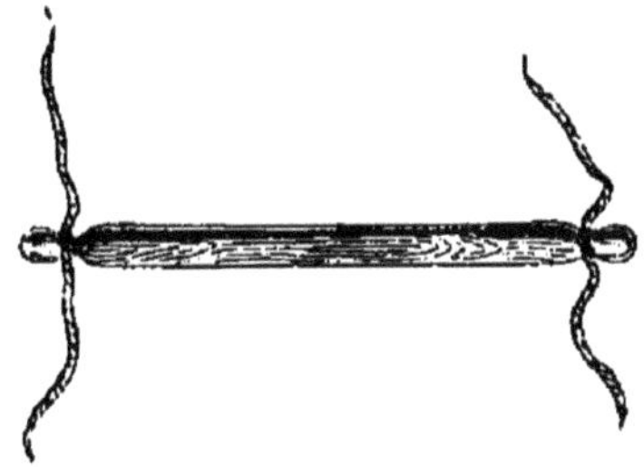

Fig. 20. — Quenouille pour réunir les animaux d'attelage.

trou à chacune de ses extrémités; les ficelles qu'on passe dans ces trous servent à l'attacher aux brides des deux animaux.

Quelquefois la quenouille a pour effet de maintenir les animaux à une certaine distance et de remplacer la longe. Alors on l'attache obliquement d'un bout à la bride de l'animal de gauche et de l'autre à la clef ou à la partie inférieure du collier de l'animal de droite.

Si le versoir était situé sur le côté gauche de la charrue, comme cela a lieu dans les plaines de Montauban et de Toulouse, il faudrait fixer inversement et la courroie et la quenouille.

Quand ces deux pièces ont été fixées, on attache les *guides* ou les *cordeaux*. Lorsque les animaux ont été accouplés à l'aide d'une longe, on fixe les deux guides à l'animal qui marche sur le guéret et qui doit exécuter la tournée la plus courte, lorsque la charrue change de rayage. Si l'on n'emploie ni longe, ni quenouille, l'un des cordeaux est attaché à la partie droite de la bride de l'animal qui suit la raie, et l'autre est fixé à la droite du mors de l'animal de gauche.

On agit inversement lorsque la charrue a son versoir à gauche.

L'emploi des charrues tourne-oreille ne permet pas de se servir de la courroie ou de la quenouille. Lorsque par nécessité on doit employer la quenouille, on attache celle-ci par ses deux extrémités aux colliers ou aux brides des deux animaux. Si on emploie de préférence la longe, on la fixe aux deux brides des animaux. Ainsi disposés, les animaux tournent facilement de droite à gauche et de gauche à droite.

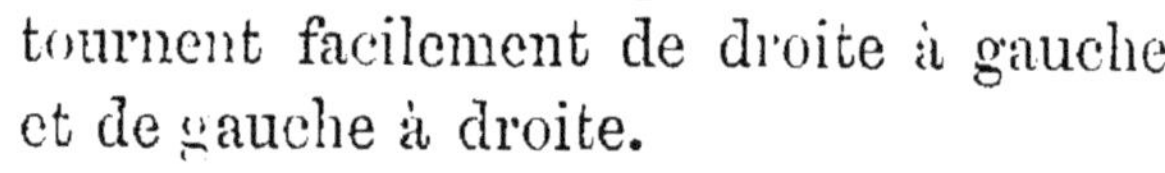

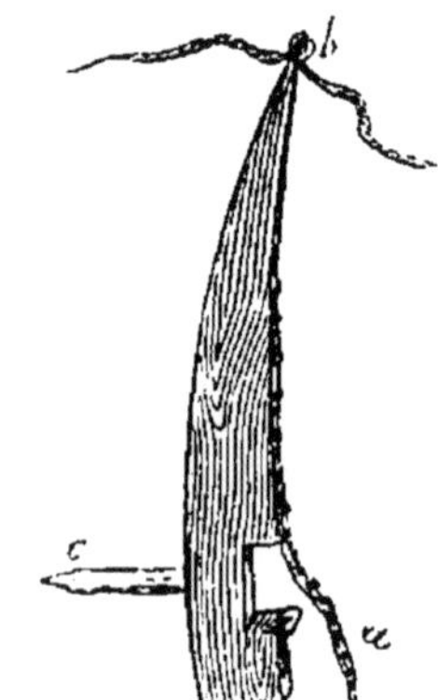

Fig. 21. — Piquant pour empêcher les animaux de se presser l'un contre l'autre.

Quand les chevaux ou les bœufs formant l'attelage se rapprochent trop l'un de l'autre, il est utile de fixer sur le côté droit ou gauche de l'animal qui marche bien une planchette légèrement courbe portant à sa base ou à sa partie médiane petit bâton de 15 centimètres environ de long, muni à son extrémité d'une pointe en fer ou d'un *aiguillon c*. Ce *piquant* (fig. 21) blesse l'autre animal quand ce dernier pousse son compagnon soit sur la partie labourée, soit sur le guéret, et l'oblige à marcher à une distance convenable et à suivre le rayage.

On attache le piquant à l'aide d'une courroie *a* et *b* qui ceint le corps de l'animal, ou on le fixe à la dossière qui soutient les traits si les animaux sont attelés au collier.

Ce moyen n'est guère en usage que dans les pays où l'on emploie les bœufs comme animaux de trait.

On doit veiller à ce que les animaux tirent uniformément. Si l'animal de gauche développe plus de force que l'animal de droite, le tirage s'effectue comme si le point d'attache était placé plus à droite et le point de tirage plus à gauche. Le contraire a lieu si l'animal de droite tire plus que l'animal de gauche.

Lorsqu'on observe de tels faits, c'est-à-dire quand les forces des animaux sont inégales, on remplace la balance ordinaire par une balance spéciale pour 2 ou 3 animaux que l'on désigne sous le nom de *balance à compensation* (fig. 22). Cette volée d'attelage permet de rapprocher la résultante des forces de l'animal le plus vigoureux ; elle permet, en outre, d'augmenter la longueur des bras du levier sur lequel agit l'animal le plus faible.

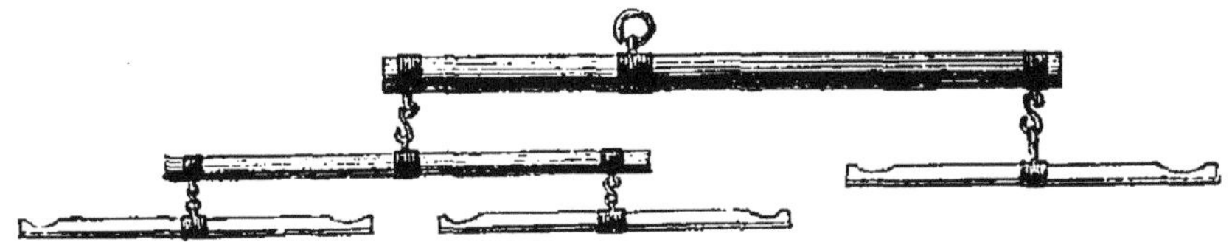

Fig. 22. — Balance à compensation pour trois animaux.

Quand on ne peut disposer d'une balance à système compensateur, on croise les traits des animaux. Ainsi on fixe le trait de gauche de l'animal qui marche dans la raie à la droite du palonnier de l'animal de gauche, et l'on attache le trait de droite du cheval qui marche sur le guéret à la gauche du palonnier de l'animal de droite.

J'ajouterai qu'il est souvent utile, quand on enterre des engrais verts ou lorsqu'on défriche en septembre un trèfle ou un sainfoin, d'emprisonner la partie inférieure de la tête des animaux dans un panier à claire-voie ou au moyen d'un filet. Ces appareils les empêchent de manger l'herbe et, par conséquent, de s'arrêter de temps à autre.

Attelage de deux animaux de file. — Lorsqu'on

Fig. 23. Attelage de deux animaux de file ou placés l'un après l'autre.

termine le labour d'un champ contigu à une pièce étrangère ou ombragé par une plante en végétation, on attelle les deux animaux de file l'un devant l'autre (fig. 23).

Fig. 24. — Attelage de deux bœufs réunis à l'aide d'un joug de tête.

On adopte aussi ce mode d'attelage quand on laboure des terres argileuses à sous-sol imperméable et saturé d'humidité. Dans ces cas, les deux animaux marchent sur le guéret.

Quoi qu'il en soit, dans ces deux circonstances, on fixe les traits de l'animal de devant aux crochets du collier du cheval qui précède la charrue ou, ce qui vaut mieux à l'une des mailles de ses traits, c'est-à-dire à 20 ou 30 centimètres en arrière du collier.

ATTELAGE DE DEUX BŒUFS AU JOUG. — Les bœufs qui tirent à l'aide d'un joug de tête (fig. 24) ou d'un joug de garrot agissent sur la charrue et la herse à l'aide d'une seule chaîne, d'un timon ou d'un timonet et d'une petite chaîne.

La *chaîne de tirage* est fixée au crochet que présente le joug à sa partie médiane ; le *timonet* est attaché au joug à l'aide de deux *anneaux en fer ou en osier* qu'on y a fixés. Quant à l'extrémité du *timon* ou de l'*age*, elle passe tantôt dans les deux anneaux, tantôt dans l'ouverture qu'on observe dans quelques jougs entre les deux courbures.

On fixe le timon ou le timonet au joug à l'aide de deux chevilles en bois ou en fer : l'une de ces chevilles s'engage dans le trou du timon ou du timonet placé en avant du joug, l'autre se met dans le trou situé en arrière.

Les bœufs attelés au joug sont dirigés uniquement au moyen de l'*aiguillon*. Toutefois, dans quelques contrées de la région du Sud-Ouest, on se sert de cordeaux qu'on attache au joug après leur avoir fait embrasser, au moyen d'un nœud coulant, l'oreille droite du bœuf situé à droite, et l'oreille gauche de l'animal qui marche dans la raie.

ATTELAGE DE TROIS CHEVAUX. — Lorsqu'on est forcé d'atteler trois chevaux à une charrue (fig. 25), on place le troisième en avant des deux autres. Cet animal, que l'on nomme *cheval en arbalète*, marche ordinairement dans la raie et dirige les deux autres chevaux ; ses traits doivent être fixés à un palonnier ; on doit éviter de les attacher au collier du cheval de droite.

Le palonnier est accroché à l'extrémité d'une longue

Fig. 25. — Attelage de trois chevaux dont un en arbalète.

chaîne en fer ou d'une grosse corde ayant de 3 à 5 mètres de longueur. Cette *prolonge* passe sous la volée d'attelage et dans l'anneau de cette balance ; on la fixe au crochet de la chaîne de tirage de la charrue, et on la soutient à l'aide d'une longe fixée aux colliers des deux animaux attelés directement sur la charrue. Dans quelques cas la prolonge passe dans un anneau soutenu par la longe précitée.

Par cette disposition, la prolonge n'est pas flottante dans les tournées, et elle ne gêne pas la marche du premier animal.

Lorsqu'on fait une *dérayure* ou quand on termine le labour d'un champ limité par une pièce étrangère ou une culture de colza, de blé, etc., on attelle les trois *animaux de file*. Ce mode d'attelage ne doit être adopté que quand les circonstances l'exigent, car il a l'inconvénient de rendre les tournées très longues et de placer le troisième cheval hors de la portée du fouet.

Attelage de deux bœufs et un cheval. — Lorsque l'attelage se compose de deux bœufs et d'un cheval, on met le dernier en *arbalète*. La prolonge est soutenue par une longe attachée aux colliers ou au joug des bœufs. Ce mode d'attelage est parfois adopté quand il est question de faire fonctionner une faucheuse ou une moissonneuse mécanique. Le cheval rend la marche des bœufs plus accélérée.

Attelage de quatre animaux. — Quand on attelle ensemble à une charrue quatre chevaux (fig. 26) ou quatre bœufs portant des colliers, on emploie deux volées d'attelages, et les animaux sont accouplés deux à deux de front les uns devant les autres. Les animaux de gauche marchent sur le guéret ; les animaux de droite suivent la raie ouverte précédemment par la charrue.

La prolonge est aussi soutenue par une longe fixée aux colliers des deux animaux postérieurs ; quand l'on doute de

Fig. 26. — Attelage de quatre chevaux deux par deux, la volée des deux premiers animaux étant reliée à l'araire par une grande chaîne de tirage.

la solidité de la charrue, on fixe cette chaîne de tirage à l'étançon antérieur de l'instrument.

Dans ce mode d'attelage comme lorsqu'on attelle à une charrue quatre bœufs au joug, on place en avant les animaux les plus forts ou les plus actifs.

Le plus ordinairement, quand on laboure avec quatre bœufs, le conducteur est accompagné d'un aide qu'on appelle *toucheur*, parce qu'il est chargé de diriger ou de conduire les animaux.

Attelage de trois chevaux de front. — Lorsqu'on attelle trois chevaux à un scarificateur ou à un extirpateur ayant un palonnier fixe, on les met toujours de front, à moins que la longueur du palonnier oblige à agir autrement. Alors on fixe l'un des bouts des cordeaux à la partie droite du mors du cheval de droite, et l'autre extrémité à la partie gauche du mors de l'animal situé à gauche. On réunit ensuite les trois animaux au moyen de deux longes : l'une sert à accoupler le cheval de droite avec l'animal du milieu; la seconde est attachée d'une part au cheval médian, et de l'autre à l'animal de gauche.

C'est à tort qu'on attelle à un scarificateur trois animaux de front à l'aide d'une balance mobile (fig. 27), car l'on perd une partie des forces de l'attelage.

Lorsqu'on attelle trois chevaux de front à une charrue, l'animal de droite marche dans la raie et les deux autres sur le guéret. Dans cette circonstance, il y a avantage à se servir d'une balance à compensation si les animaux ne développent pas la même force.

6. — Durée de la journée de travail des attelages.

Le temps pendant lequel les animaux labourent ou hersent chaque jour varie suivant les époques de l'année et les animaux de travail qu'on emploie.

Au *printemps* et en *automne*, les chevaux quittent la ferme au plus tard à six heures du matin et y rentrent à onze heures. L'après-midi, ils s'en éloignent de nouveau à une heure et y rentrent le soir vers six ou sept heures.

En *été*, le départ des attelages a lieu à cinq heures, et la rentrée à onze heures du matin. L'après-midi, les animaux ne vont aux champs qu'à une heure et demie, deux ou trois heures, suivant les contrées ; ils ne rentrent le soir à la ferme que vers sept ou huit heures.

En *hiver*, les charretiers ne quittent l'écurie qu'à huit ou neuf heures du matin, y rentrent vers onze heures

Fig. 27. — Balance à trois palonniers.

et demie, s'en éloignent de nouveau vers une heure, et y reviennent vers quatre ou cinq heures.

Pendant l'été, dans les provinces de l'Ouest et du Midi, les bœufs ne vont aux champs, lorsque la chaleur est très forte, que vers trois heures de l'après-midi. Alors ils rentrent à la ferme le soir une heure plus tard.

Ainsi la durée de la journée des animaux de travail varie comme il suit :

Au printemps, elle est de dix heures ;

En été, de onze heures ;

En automne, de dix heures ;

En hiver, de huit heures.

La durée du travail effectif varie suivant l'éloignement des champs. Lorsque les terres sont situées à une distance de 1.000 mètres des bâtiments d'exploitation, les animaux parcourent le matin et le soir, pour l'aller et le retour, environ 4 kilomètres, qui exigent environ une heure. Cette perte de temps ramène la durée de la journée réelle de travail aux chiffres suivants :

Printemps, neuf heures;

Été, dix heures;

Automne, neuf heures;

Hiver, sept heures.

Le temps pendant lequel les animaux travaillent, le matin depuis cinq ou sept heures jusqu'à onze heures, et l'après-midi depuis une ou deux heures jusqu'à cinq ou huit heures du soir, constitue ce qu'on appelle les *attelées*. Chaque attelée est donc plus ou moins longue selon les saisons, et chaque attelage fait ordinairement *deux attelées par jour*.

Dans les départements du nord de la France, les charretiers laissent reposer les attelages pendant une demi-heure, le matin à huit heures, et l'après-midi vers cinq heures.

Un attelage fait une *demi-attelée*, lorsqu'il travaille le matin ou l'après-midi pendant deux ou trois heures seulement, comme cela a lieu souvent quand les animaux traînent une faucheuse ou une moissonneuse mécanique.

Les agriculteurs qui entretiennent un grand nombre de bœufs ne font souvent travailler ces animaux qu'une seule attelée par jour, afin de les conserver en bon état.

En hiver, saison pendant laquelle les jours sont très courts, les attelages ne font souvent qu'*une seule attelée par jour*. Ainsi ils quittent la ferme vers neuf heures du matin, pour n'y rentrer que vers trois heures de l'après-midi. L'attelée, dont la durée est de cinq et sept heures, est interrompue à midi par une *halte d'une demi-heure*.

Le cheval fait toujours des attelées plus longues que le bœuf.

7. — Moyens régulateurs du travail.

Le laboureur possède trois moyens pour rendre le travail des animaux d'attelage aussi fructueux que possible.

MOYENS ACTIFS. — Les aliments très nutritifs exercent une puissante influence sur tous les animaux de travail : ils les rendent plus actifs, plus énergiques et plus infatigables. Un cheval ou un bœuf bien nourri travaille plus régulièrement et plus longtemps.

La nourriture principale des chevaux est l'avoine. Ce grain leur est donné dans la proportion d'un litre à un litre et demi par heure de travail, selon la consistance des terres, la multiplicité des travaux qu'on leur demande et les charrois qu'ils ont à faire sur les routes. Le bœuf consomme ordinairement du foin de bonne qualité.

MOYENS PASSIFS. — La voix de l'homme stimule le cheval ou le bœuf. Le laboureur qui aime les animaux qu'on lui a confiés se sert souvent de la voix pour les exciter à marcher plus vite ou pour qu'ils continuent à déployer leurs forces.

En Vendée, en Suisse, les laboureurs chantent très fréquemment en dirigeant leur attelage. Ils savent par expérience que le chant de l'homme plaît aux bêtes à cornes, les rend plus dociles, excite leur ardeur et leur marche.

Dans d'autres localités, on remplace le chant par le sifflement.

MOYENS COERCITIFS. — Le laboureur qui conduit et dirige un attelage est toujours armé d'un instrument de correction.

Le *fouet* est utile lorsqu'on sait le faire claquer. Le bruit qu'il cause rend les animaux plus dociles, plus craintifs, et il les oblige à développer plus de vigueur ou plus de vitesse. Aussi est-il utile, quand on conduit un attelage et lorsqu'on constate que les animaux marchent trop lentement, de faire résonner le fouet de temps à autre.

Nonobstant, on ne doit l'employer comme moyen coercitif que lorsque la nécessité le commande. Un charretier qui fait claquer son fouet à chaque instant, ou qui s'en sert sans motifs plausibles pour frapper ou châtier ses animaux, rend ces derniers insensibles et surtout indociles. La douceur doit être le partage de tout laboureur.

L'*aiguillon*, longue gaule armée à son extrémité supérieure d'une pointe de fer courte et aiguë, sert au laboureur à piquer très légèrement les bœufs au train postérieur pour les corriger ou les exciter et les rendre plus actifs. C'est aussi l'aiguillon ou *pique-bœuf* qu'il emploie pour les faire tourner soit à droite, soit à gauche : dans le premier cas, il pique l'animal de gauche ; dans le second, il aiguillonne le bœuf de droite.

8. — **Conduite des araires et des charrues.**

L'araire ou charrue simple ne se dirige pas de la même manière que la charrue ayant un avant-train ou deux roues.

CONDUITE DE L'ARAIRE ORDINAIRE. — L'araire (fig. 28) se compose d'un age A, de deux mancherons B, d'un versoir, de deux étançons C, d'un sep D, d'un versoir E, d'un soc F, d'un coutre G, et d'un régulateur I, O, P.

On conduit l'araire de la ferme aux champs en se servant d'un *traîneau en bois* (fig. 29).

Pour bien conduire cet instrument, il faut, après l'avoir réglé suivant le labour qu'on veut faire, saisir les deux mancherons avec les mains en plaçant les pouces sur la partie supérieure des poignées, et marcher en arrière de la charrue en se tenant droit. On doit éviter de raidir les bras ; ceux-ci doivent être à demi tendus, afin qu'on puisse

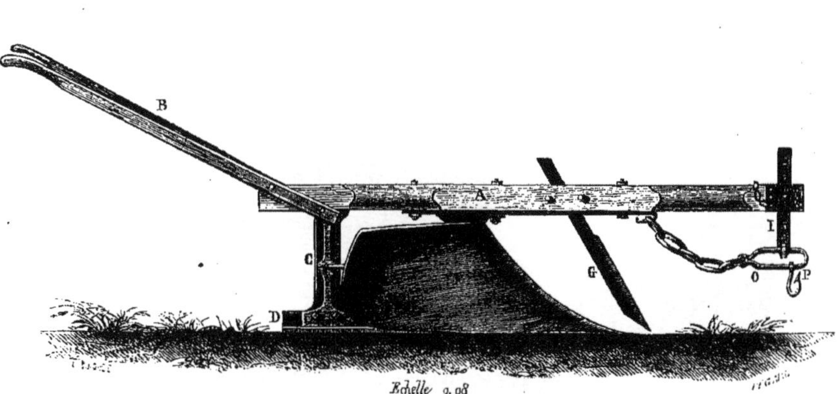

Fig. 28. — Araire de Dombasle à age droit.

au besoin incliner la charrue promptement et aisément à droite ou à gauche.

Pendant la marche de l'attelage, il faut tenir l'instrument d'aplomb, c'est-à-dire bien verticalement, à moins qu'il soit utile de le pencher soit sur le côté gauche, soit sur le côté droit. Quand, par des causes inhérentes à la nature ou à l'état du sol ou bien encore à la forme du versoir, la terre tend à s'amasser au-dessus du soc et gêner la marche de la charrue, on agite les mancherons de droite à gauche et de

Fig. 29. — Araire à age courbe placé sur un traîneau.

gauche à droite, afin de dégager le soc, faciliter son accès dans le guéret ou obliger la terre à glisser sur le soc et contre le versoir. On agit de la même manière lorsque des pierres d'un volume ordinaire ou des racines que le coutre et le soc peuvent facilement rompre ou couper, rendent plus difficile l'action de la charrue.

L'homme qui conduit un araire doit diriger son regard de temps à autre sur l'attelage et la dernière raie ouverte par la charrue, afin de s'assurer si les animaux suivent bien le rayage précédent, et s'il ne sera pas obligé, à un moment donné, d'augmenter ou de diminuer çà et là la largeur de la bande de la terre. Il doit aussi jeter un coup d'œil en arrière pour voir le labour qu'il exécute, et juger de la régularité rectiligne que présente le guéret.

Pour faire dévier son attelage sur la gauche, il crie en accentuant : *Dia! à dia! dia hau!* Lorsque les animaux doivent obliquer à droite, il prononce clairement les mots suivants : *Hue hau! à hue hau!* Enfin, pour exciter l'attelage à marcher plus vite, mais en ligne droite, il dit simplement : *Hue! Bengali! Prytane!* etc., c'est-à-dire il prononce après le mot *hue* le nom de l'animal qu'il veut gourmander.

Il faut éviter de crier *hue! dia! hau!* sans motif, afin de ne pas ahurir les animaux. Un bon laboureur est sobre de paroles; aussi lorsqu'il parle à son attelage, celui-ci le comprend facilement et lui obéit aussitôt.

Le laboureur peut aussi se servir des guides ou cordeaux si l'attelage en possède. Sans abandonner complètement les mancherons de la charrue, il tire le cordeau de droite ou le cordeau de gauche, selon que l'attelage doit aller à droite ou à gauche.

Lorsque ses animaux suivent le rayage, mais quand ils semblent sommeiller, il saisit les deux guides, les tire doucement à lui pour que les mors les obligent à plus d'activité.

Si l'attelage n'obéit pas, le conducteur saisit son fouet et le fait claquer pour lui rappeler qu'il peut le corriger. Quand ce moyen passif est impuissant pour exciter l'ardeur des animaux, il quitte le mancheron de droite, ramasse une motte de terre et la lance à l'animal. Ce procédé réussit très souvent. Enfin, si la marche des animaux, malgré l'emploi de ces divers moyens, n'était pas satisfaisante, le laboureur prendrait de nouveau son fouet, et le ferait sentir modérément à l'un ou aux deux animaux.

Le conducteur qui punit son attelage à l'aide du fouet ou de l'aiguillon doit être sur ses gardes et bien maintenir sa charrue, car les animaux, par le coup de collier qu'ils donnent ou l'effort brusque qu'ils font après avoir été touchés, font vivement osciller l'instrument, et souvent ils le tirent hors du guéret.

Si, pendant le rayage, la charrue tend à sortir de raie, on l'incline légèrement sur le côté du versoir, afin de diriger la pointe du soc plus avant dans la partie qu'on doit labourer. Lorsqu'on a maintenu la charrue dans cette position pendant quelques instants, on la relève pour la tenir de nouveau aussi verticalement que possible. Si, par contre, elle avait une tendance à détacher une bande de terre très large, il faudrait la pencher un peu sur le côté gauche pour que le soc puisse se rapprocher de la raie.

On agit de même lorsqu'on doit augmenter ou diminuer momentanément la largeur de la bande de terre, dans le but de redresser la raie précédente.

On donne au labour plus de profondeur en élevant le régulateur et en allongeant les traits. On augmente la largeur de la bande de terre en portant à droite la chaîne du régulateur. On agit inversement lorsqu'on veut diminuer la profondeur du labour et la largeur de la bande de terre.

Lorsque la charrue, à un moment donné, *pique* trop profondément, on appuie plus ou moins sur les mancherons. Alors on fait pivoter la charrue sur le sep, et on élève un peu ou fortement la pointe du soc. On la maintient dans cette position jusqu'à ce qu'elle reprenne l'entrure qui lui avait été donnée primitivement. Quand l'instrument agit d'une manière opposée ou lorsque le labour n'est plus assez profond, on soulève progressivement les mancherons. En agissant ainsi, on augmente temporairement plus ou moins, à volonté, l'entrure du soc. Dans les deux cas, on n'arrête pas l'attelage.

On opère de la même manière quand la charrue rencontre dans le sol un obstacle qu'on ne peut détruire, comme une roche, par exemple, ou lorsqu'elle est pour ainsi dire arrêtée dans sa marche par une racine qu'on ne peut aisément couper ou rompre, parce qu'elle est très résistante ou très volumineuse. Ainsi, dans le premier cas, on appuie encore sur les mancherons; dans le second, on les soulève de bas en haut. Lorsque l'obstacle a été franchi ou détruit, on laisse la charrue reprendre son assiette ou la position qu'elle avait auparavant.

Le conducteur marche dans la raie ouverte par la charrue. Les laboureurs qui posent le pied gauche sur le guéret fatiguent beaucoup et n'ont pas cette liberté d'allure que possèdent les charretiers qui ont pris l'habitude de suivre la charrue en marchant dans la raie.

Quand la charrue renverse mal la bande de terre qu'elle a détachée et soulevée, le laboureur doit soutenir et pousser cette bande de terre avec le pied droit contre les bandes précédentes, afin qu'elle ne retombe pas dans la raie.

L'attelage continuant sa marche, la charrue ne cesse de labourer jusqu'à l'extrémité du rayage, si elle est bien maintenue et convenablement dirigée. Lorsqu'elle est arrivée près de la *forière*, le laboureur pèse sur les mancherons pour la faire sortir de terre, il arrête l'attelage et nettoie le versoir et le soc, c'est-à-dire les débarrasse de la terre qui y est adhérente, en se servant d'une *curette* (fig. 30), appelée aussi *curon* et *curoir*. Alors il renverse la charrue sur le versoir, soit à droite, soit à gauche, suivant le côté qu'il occupe, et

Fig. 30. Curette pour nettoyer les versoirs des charrues.

la laisse traîner sur le tranchant du soc et sur l'extrémité postérieure du versoir. Quand la tournée est faite, le laboureur place la charrue sur le guéret à 20 ou 25 centimètres de la raie, soulève les mancherons, afin de faciliter l'entrure du soc, et il fait aussitôt avancer l'attelage en criant : *Bengali! Prytane! hue!* Il continue ainsi jusqu'à ce qu'il soit arrivé près de la forière située à l'autre extrémité du champ. Alors il arrête encore l'attelage afin de nettoyer le versoir, si cette opération est nécessaire.

Le laboureur ne doit pas, lorsqu'il laboure des terres calcaires détrempées par les pluies ou des sols argileux ou argilo-silicieux humides, exécuter la tournée avant d'avoir nettoyé le corps de la charrue. Lorsqu'il néglige de suivre cette règle, la terre qui adhère au versoir se détache quand la charrue est renversée sur le côté, et elle accroît l'élévation de la forière ou *tournière* ou *chaintre*.

On doit aussi, pour la même raison, ne pas négliger d'appuyer sur les mancherons lorsque l'extrémité antérieure de l'age s'est avancée sur la forière : si l'on ne *dépiquait* pas la charrue, elle pousserait sur le chaintre, à chaque rayage, une certaine quantité de terre qui surélèverait son niveau, ce qui nuirait, si le sol était peu perméable, à l'écoulement des eaux qui ruissèlent dans les dérayures pendant les saisons pluvieuses ou après la fonte des neiges. Quand les laboureurs méconnaissent l'importance de ce principe, lorsqu'ils labourent des terres déclives, on se trouve dans la nécessité, tous les quatre ou six ans, de piocher ou ameublir la terre des chaintres pour l'enlever ensuite plus aisément et la répandre sur le champ.

Toutes choses égales d'ailleurs, l'araire exige un conducteur plus habile, plus intelligent que la charrue avec avant-train.

Son soc plat coupe horizontalement, tandis que le soc pointu de l'areau déchire et agit à la manière d'un coin.

Fig. 31. — Araire flamand ayant un patin ou sabot, qui sert de point d'appui à la partie antérieure de l'age.

Les socs pointus et aciérés ne sont véritablement utiles que dans les terrains pierreux.

CONDUITE DE L'ARAIRE AYANT UN SUPPORT A SA PARTIE ANTÉRIEURE. — *L'araire flamand* (fig. 31), *la charrue du Brabant, l'araire belge*, etc., ont aussi un age, un corps de charrue, un coutre et un régulateur, mais ils ne sont munis que d'un seul manche ou mancheron ; en outre, ils ont à leur partie antérieure un support mobile consistant en un *pied* ou *sabot* ou *patin*.

Ce *point d'appui* donne à la charrue plus d'assiette, plus de fermeté, et il rend sa marche plus régulière sans augmenter d'une manière sensible la résistance qu'elle doit vaincre.

La conduite des araires ayant antérieurement un point d'appui, a beaucoup de rapport avec la conduite des charrues avec avant-train. Ainsi, lorsque ces araires ont été réglés, le laboureur saisit la poignée du mancheron, qui est unique, avec la main gauche et fait avancer l'attelage en tenant son fouet dans la main droite. Lorsqu'il veut augmenter ou diminuer l'épaisseur de la bande sans hausser ou abaisser le patin faisant office de régulateur, il appuie ou soulève le mancheron : alors le soc pénètre plus profondément dans le sol, ou il se rapproche de la surface de la terre.

Les charrues du Brabant fonctionnent bien sur les terres exemptes de pierres et ayant une consistance plutôt légère que compacte ; elles doivent être munies de deux mancherons lorsqu'elles sont destinées au labourage de terres argilo-calcaires ou argilo-siliceuses contenant une notable quantité de pierres ou de cailloux.

Les *araires de Molard* et *d'Osborn ayant une roulette sous l'age* doivent être dirigés comme les charrues du Brabant.

CONDUITE DES ARAIRES AYANT UN AGE OBLIQUE TRÈS ALLONGÉ. — L'*araire du Languedoc* et l'*araire de la Provence* se distinguent des autres charrues simples par la longueur de leur age, qui varie entre 3 et 4 mètres. Cette

Fig. 32. — Ancienne charrue du centre de la France.

charrue simple est ordinairement traînée par des bœufs attelés au joug ou par des mules ou des mulets portant des colliers ou un joug de garrot. Dans les deux cas, l'extrémité antérieure de l'age est attachée au joug d'une manière presque fixe. Ce point d'appui rend la conduite de la charrue très facile. Dans le pays toulousain, le versoir est fixé sur le côté gauche des étançons, ce qui oblige, lorsqu'on arrive à l'extrémité du rayage, de tourner de droite à gauche.

On règle ces charrues, qui n'ont qu'un seul mancheron, en élevant ou en abaissant la vis située au-dessus de la mortaise qui sert à réunir la charrue à l'age. (Voir fig. 39.)

CONDUITE DES CHARRUES AYANT UN AVANT-TRAIN. — Les *charrues avec avant-train* sont plus faciles à conduire que les araires, parce que leur age a un point d'appui antérieurement et qu'elles ont, par conséquent, plus de fixité.

Les charrues avec avant-train forment deux catégories : la première comprend les charrues ayant un age oblique : l'ancienne *charrue des environs de Paris* (fig. 32), la *charrue de Brie* perfectionnée (fig. 33), la *charrue de Norfolk*, la *charrue Pluchet*, etc. Dans la seconde sont comprises les charrues qui ont un age presque horizontal : la *charrue de Roville*, la *charrue Rosé* (fig. 34), la *charrue Howard* (fig. 35), etc.

A. — On règle les charrues de la première catégorie suivant leur disposition. Quand le corps de la charrue est attaché à l'avant-train par une chaîne portant un anneau dans lequel passe l'extrémité de l'age, on rapproche ou l'on éloigne l'avant-train du soc et du versoir, selon que l'on veut labourer superficiellement ou à une grande profondeur. Dans le premier cas, l'age devient plus oblique ; dans le second, il se rapproche plus ou moins de la ligne horizontale. Quand la charrue a été réglée, on fixe l'anneau de la chaîne de tirage, à l'aide d'une cheville en fer que l'on

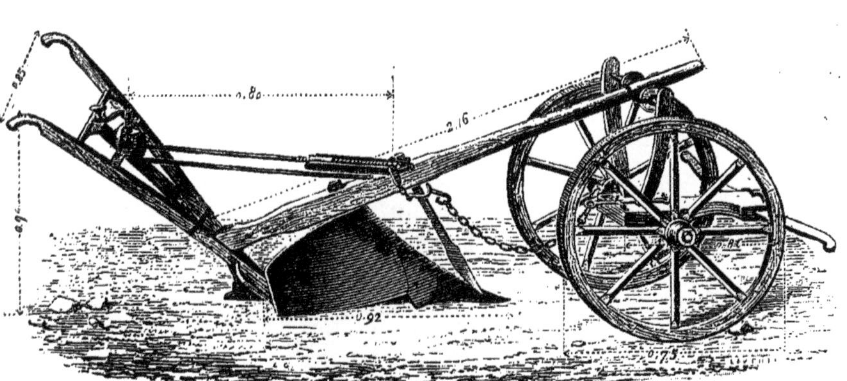

Fig. 33. — Charrue de Brie perfectionnée à age oblique.

engage dans un des trous que l'on observe sur la partie médiane de l'age. Dans l'ancienne charrue de l'Ile-de-

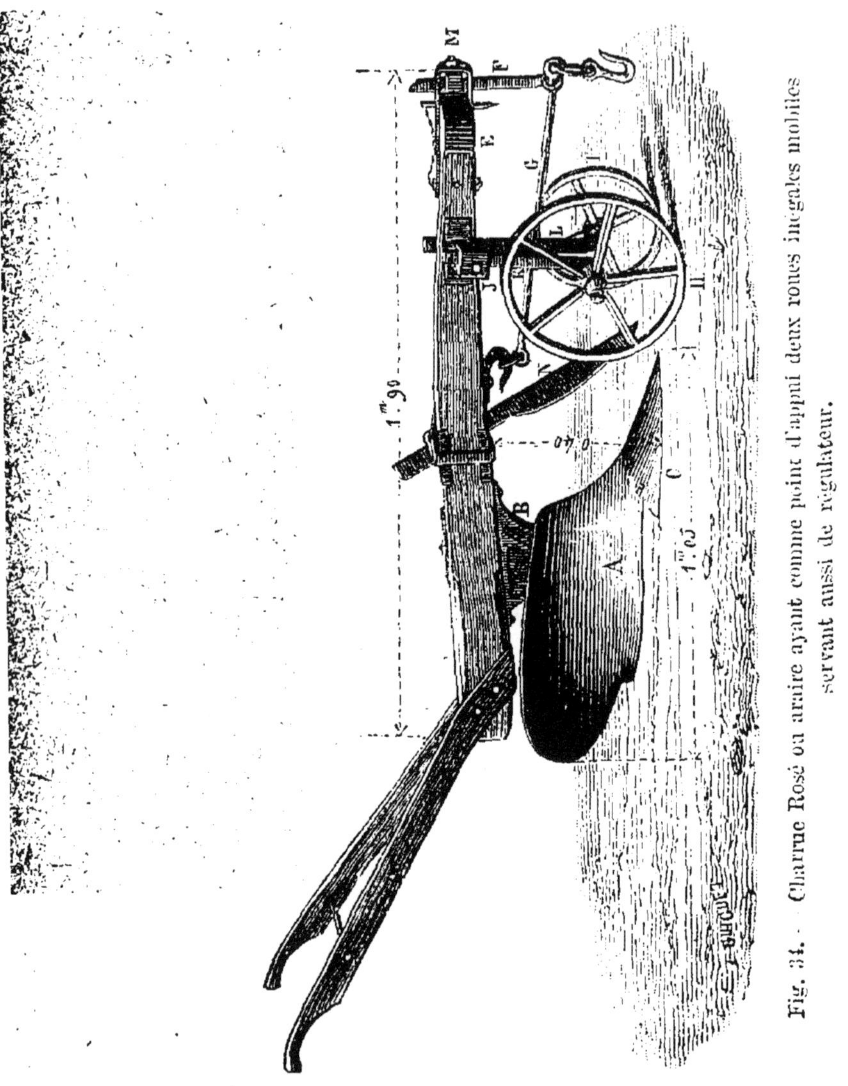

Fig. 31. — Charrue Rosé ou araire ayant comme point d'appui deux roues inégales mobiles servant aussi de régulateur.

France (fig. 32), on augmente ou on diminue l'entrure du soc à l'aide de la vis de rappel G. Le conducteur ne quitte pas les mancherons K. Il existe un porte-guide I à la partie antérieure de l'avant-train. C'est à l'aide d'une bride en fer D que le corps de charrue est relié à l'avant-train.

Les charrues avec avant-train à age oblique ou brisé se règlent au moyen d'une vis de rappel ayant aussi une direction oblique : cette vis est fixée à l'avant-train, et sa tête est à la portée du laboureur, pour qu'il puisse régler la charrue sans arrêter l'attelage. Quand le charretier veut augmenter l'entrure du soc, il *dévisse,* afin d'abaisser l'age et le soc ; en opérant en sens inverse, il élève le support de l'age, rend celui-ci plus oblique, et il laboure plus superficiellement.

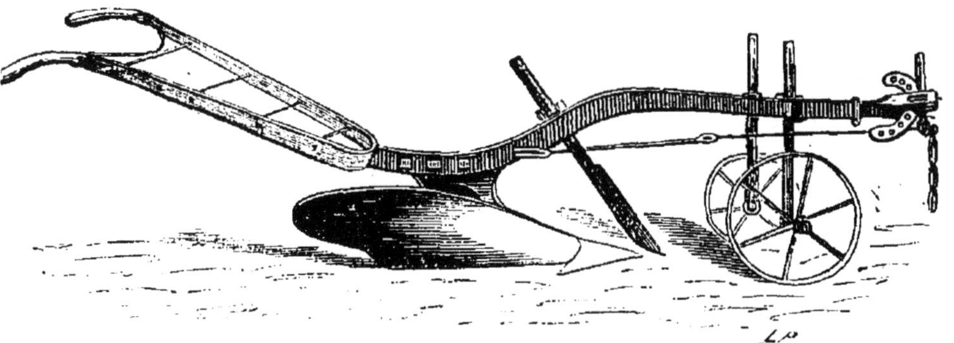

Fig. 35. — Charrue Howard à versoir très allongé.

Dans les deux circonstances, on porte l'age sur la sellette de l'avant-train, soit à droite, soit à gauche, selon que l'on veut détacher et renverser une bande de terre large ou étroite.

B. — Les charrues de la seconde catégorie ne se règlent pas de la même manière. Leur avant-train est disposé de telle sorte qu'on peut élever ou abaisser les roues, ou pour mieux dire élever ou abaisser l'age, selon la profondeur que doit avoir le labour. On règle la largeur de la bande à l'aide d'un régulateur fixé à l'extrémité antérieure de la charrue.

Les charrues avec avant-train et à age horizontal portent quelquefois des *roues inégales et mobiles* (fig 35). Ces roues servent aussi à régler l'entrure du soc. La roue de gauche, dont le rayon est moins grand que le rayon de la roue de droite, roule sur la terre à labourer; l'autre roue circule dans le fond de la raie.

Les avant-trains à roues fixes et ayant un même diamètre ont toujours leur sellette inclinée de gauche à droite. Cet inconvénient n'est qu'apparent quand les ages peuvent tourner en partie sur eux-mêmes.

Ainsi l'age de la charrue avec avant-train de Dombasle (fig. 36), que l'on règle à l'aide d'une vis verticale, et celui de la charrue avant-train de Parquin, ont une mobilité telle que l'on peut très facilement incliner le soc et le versoir, soit à gauche, soit à droite.

On règle la charrue Rosé, la charrue Howard, etc., en élevant ou abaissant les roues et le régulateur de manière à rapprocher ou à éloigner la ligne de tirage (chaîne ou tige en fer) de la ligne de terre.

9. — Époque des labours.

Les terres perméables peuvent être labourées très aisément pendant toutes les saisons. Il n'en est pas de même des terres argileuses, des sols argilo-calcaires et des terres argilo-siliceuses à sous-sol imperméable. Ces terrains sont ordinairement difficiles pour ne pas dire impossibles à labourer quand ils ont été détrempés par la pluie, alors qu'ils n'ont pas été drainés. En outre, les terres argileuses ou argilo-calcaires très durcies en été par une sécheresse prolongée se laissent difficilement pénétrer par la charrue.

En général, on doit en automne labourer le plus tôt possible les terres humides, froides et exposées au nord pour ameublir en dernier lieu les sols perméables et légers et exposés au sud.

Au printemps, on agit toujours d'une manière inverse.

Fig. 36. — Araire de Dombasle muni d'un avant-train et relié à ce dernier à l'aide d'un goujon mobile Q engagé dans deux pitons RR, fixés sur l'age.

Ainsi, on laboure d'abord les sols perméables ou secs pour continuer ensuite par les terrains argileux ou compacts, qui sont beaucoup plus tardifs.

Toutes choses égales d'ailleurs, il faut éviter de trop ameublir les terres argileuses en automne et profiter, si on veut les labourer avec facilité, des pluies légères qui détruisent toujours plus ou moins la force de cohésion que leurs molécules acquièrent par les temps secs.

10. — **Profondeur des labours.**

La profondeur des labours varie suivant :

1° L'épaisseur de la couche arable;

2° La nature du sol;

3° La quantité de fumier qu'on peut appliquer par hectare ;

4° La force des animaux de travail;

5° La manière d'être des racines des plantes que l'on cultive.

Ici le soc ne pénètre pas dans la terre au delà de 10 ou 12 centimètres; ailleurs il ameublit la couche arable jusqu'à 18 et même 25 centimètres; enfin, dans certains cas, il attaque la couche arable ou le sous-sol jusqu'à 35 et même 45 centimètres.

Dans les circonstances ordinaires, l'épaisseur de la bande de terre soulevée et divisée par la charrue varie entre 18 et 22 centimètres.

Il faut cultiver des terrains riches ou des alluvions, ou pouvoir répandre d'abondants engrais, pour que l'on puisse, sans inconvénient, faire pénétrer la charrue à 25, 30 ou 35 centimètres. Quand on laboure à une aussi grande profondeur, dans la plupart des terres arables on ramène à la surface du sol une partie plus ou moins grande du sous-sol; alors le labour que l'on exécute n'est pas un labour ordinaire; il appartient à la classe qui comprend les *défoncements*.

Les *labours usuels*, par rapport à leur profondeur, ont été divisés en quatre classes :

1° Les labours superficiels ayant de 5 à 10 centimètres;

2° Les labours ordinaires de 12 à 22 centimètres;

3° Les labours de défoncement de 25 à 35 centimètres;

4° Les sous-solages.

On exécute les premiers lorsqu'on veut : 1° rompre un pâturage ou défricher une lande; 2° labourer en février ou mars une terre qui a été labourée à la fin de l'automne,

Fig. 37. — Petit araire ou petite charrue pour les sols légers.

c'est-à-dire avant les fortes gelées à glace, et qui doit être ensemencée à la fin de l'hiver en pavot-œillette, avoine, orge, etc.; 3° exécuter, en juillet ou août, un déchaumage, afin d'ensemencer le sol en navets, trèfle incarnat, etc.; 4° détruire des plantes annuelles ou vivaces ou faire germer des graines de colza, de moutardon, de ravenelle, etc.

Ces *labours superficiels* ou de *déchaumage* sont exécutés avec la charrue, le bisoc ou le scarificateur (voir n° 27, *Labours de déchaumage*).

Il existe de petits araires (fig. 37) avec ou sans avant-train qui conviennent très bien pour labourer les terres légères ou sableuses.

Les *labours ordinaires* sont ceux que l'on opère pour préparer les terres que l'on destine à la culture des plantes fourragères, céréales et industrielles.

Les *labours de défoncement* ont pour but l'ameublissement du sol dans toute son épaisseur. On ne les exécute que dans des circonstances déterminées et avec des charrues spéciales ou de fortes dimensions.

Les céréales ayant des racines fibreuses n'exigent pas des terres labourées très profondément, mais les plantes à racines pivotantes se développent toujours mieux sur des terrains profonds que lorsque l'épaisseur de la couche arable est faible.

Sous tous les climats, les labours profonds permettent aux plantes de mieux résister à un excès d'humidité et à une sécheresse prolongée.

11. — Largeur et épaisseur des bandes de terre.

La largeur des bandes de terre varie suivant la forme du soc et le but du labour.

Dans les labours ordinaires, on règle la charrue de manière qu'elle détache et renverse des bandes de terre ayant les dimensions suivantes :

1°	Épaisseur :	$0^m,17$;	largeur :	$0^m,25$
2°	—	$0^m,20$	—	$0^m,28$
3°	—	$0^m,23$	—	$0^m,30$

Ainsi, en général, l'épaisseur : largeur : : 1 : 1,40 ou 1,50.

Ce rapport n'est pas constant. Quelquefois les charrues renversent des bandes qui ont de 6 à 9 centimètres d'épaisseur avec une largeur presque invariable de 30 centimètres. Ainsi, lorsqu'elles labourent pour la première fois un terrain gazonné, un pâturage ou une prairie, elles soulèvent souvent des bandes fort larges et très peu épaisses.

Lorsque la largeur égale une fois et demie environ l'épaisseur, les bandes renversées par un versoir bien construit forment un demi-angle droit avec le fond de la raie. Cette inclinaison de 45 degrés n'existe pas quand l'épaisseur est plus grande que la largeur ou lorsque la largeur est double au moins de l'épaisseur. Dans le premier cas, la bande de terre n'est pas retournée et reste debout ; dans le second, elle est renversée à plat, c'est-à-dire sens dessus dessous.

Ainsi, selon le rapport que l'on observe entre l'épaisseur et la largeur des bandes de terre, le labour peut être désigné sous l'un des noms ci-après :

1° Labour à bandes inclinées à 45 degrés environ ;

2° Labour à bandes complètement renversées sens dessus dessous ou à plat ;

3° Labour à bandes droites ou verticales.

L'inclinaison des *bandes de terre à 45 degrés* est celle qu'il faut chercher à obtenir dans les conditions ordinaires.. Les terres ainsi labourées sont bien soulevées et bien exhaussées; en outre, les angles que présentent les bandes extérieurement, étant très saillants, sont attaquées plus aisément par la herse ; enfin, par cette inclinaison, le sol est mieux exposé à l'action des météores, et les vides triangulaires qui existent au-dessous du labour, entre les bandes, facilitent considérablement l'aération et le déplacement des parties terreuses.

12. — Tracé de l'enrayure.

L'*enrayure* est la première raie faite par la charrue.

Le tracé d'une enrayure constitue une opération importante, parce qu'il est nécessaire qu'il soit bien fait. Généralement de son exécution dépend la bonté et surtout la régularité du labour.

Voici comment on procède :

D'abord on marque sur le bord du champ les points où

les enrayures doivent être faites. On détermine ces points en mesurant au pas des distances égales à la largeur que doivent avoir les planches ou les billons. Lorsque ces points ont été indiqués par des jalons, quelques pierres ou plusieurs mottes posées les unes au-dessus des autres, on revient à la marque qui indique où la première enrayure doit être tra-

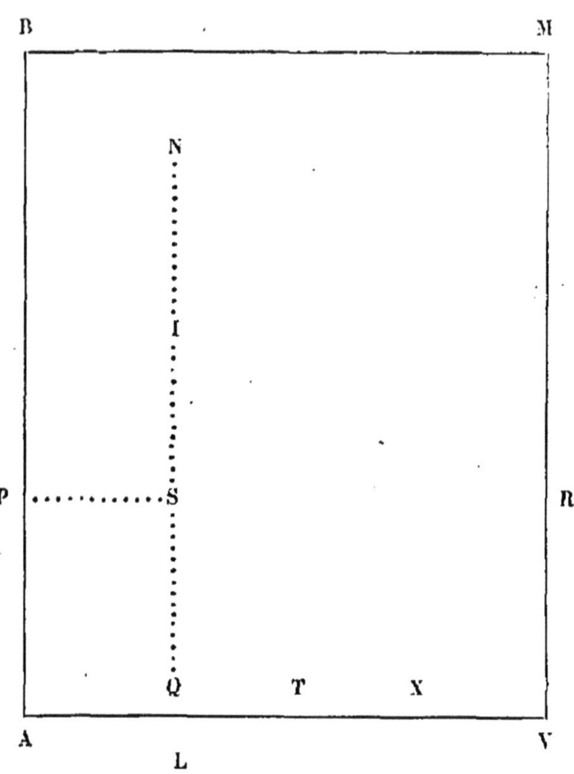

Fig. 38. — Jalonnage des enrayures.

cée, et l'on détermine une ligne droite et parallèle au bord de la pièce. Voici comment on doit opérer : on plante un jalon au point Q (fig. 38), et l'on avance dans le champ jusqu'à la hauteur de P, en suivant la ligne A B ; alors du point P, en se dirigeant vers R, on mesure au pas une distance égale à la distance AQ, et l'on plante un deuxième jalon en S.

Alors on avance vers l'extrémité du champ B M, et l'on aligne successivement un troisième, un quatrième, etc., jalon I, N, avec les jalons SQ. Tous ces jalons déterminent une ligne parallèle au côté du champ A B, sur laquelle l'enrayure doit être tracée. On agit de la même manière aux points T et X.

On peut suivre un autre procédé. Ainsi, si l'on place un jalon au point L situé à quelques mètres en dehors de la ligne A V, on pourra prolonger à l'intérieur de la pièce la droite déterminée par L, Q, et placer des jalons aux points S, N et I. Cette dernière manière d'opérer est plus expéditive que la précédente, mais elle ne permet pas toujours de tracer une ligne qui soit bien parallèle au côté de la pièce sur laquelle on agit.

Dans beaucoup de fermes de la Brie, de la Beauce, etc., les lignes sur lesquelles les enrayures doivent être faites, sont tracées le même jour sur toute la surface à labourer par le premier charretier. De cette manière, les labours en planches sont réguliers parce que celles-ci ont la même largeur.

13. — Exécution de l'enrayure et de l'endos.

L'*endos* est formé par deux bandes de terre renversées l'une contre l'autre.

Lorsque la ligne qui détermine la direction de l'enrayure a été tracée, le charretier place sa charrue et son attelage sur la forière, en face de la ligne jalonnée.

Alors il règle l'entrure du soc.

La première et la seconde raies ouvertes par la charrue, doivent être moins profondes que les suivantes. Ainsi l'on doit soulever et renverser les deux premières tranches en exécutant un demi-labour ; ces deux bandes de terre dans les enrayures et les endos ordinaires sont toujours en partie superposées. Si la charrue était réglée pour exécuter un labour d'une profondeur moyenne, la superposition partielle des deux bandes l'une sur l'autre élèverait considérablement la partie médiane de la planche, et celle-ci présenterait une dépression de chaque côté de l'endos. Alors c'est à bon droit qu'on considérerait le labour comme mal exécuté.

L'*endos à bandes superposées* ou *à deux bandes* est celui qu'il faut faire toutes les fois qu'on laboure des terrains d'une consistance moyenne ou qui ont été déjà ameublis. Lorsqu'on laboure un terrain compact, ou quand on exécute un labour de semaille sur une terre qui s'est durcie superficiellement, il faut refendre le premier endos et le reformer ensuite. En agissant ainsi, on soulève et renverse six bandes de terre au lieu de deux, mais on divise complètement la portion longitudinale du champ sur laquelle s'appuient les deux premières tranches qui constituent l'endos définitif, que l'on nomme alors *endos à bandes coupées* ou *endos à quatre bandes*. Dans le premier cas, on observe au milieu de chaque planche une bande de terre de 20 à 33 centimètres de largeur, non ameublie par la charrue, et l'on s'explique aisément alors pourquoi les céréales ou autres plantes végètent souvent fort mal sur les enrayures.

Enfin, lorsqu'on défriche soit un gazon ou une prairie naturelle, soit une lande ou une terre couverte de bruyères et d'ajoncs, on règle la charrue quand on exécute l'endos de manière à renverser à plat, et l'une à côté de l'autre, deux bandes de terre larges et peu épaisses. L'endos ainsi exécuté a été désigné sous le nom d'*endos à deux bandes juxtaposées*.

Quand la charrue a été réglée, le conducteur la place soit à la gauche soit à la droite de la ligne jalonnée, suivant la position du versoir, et il fait avancer son attelage en le dirigeant en ligne droite et à l'aide des jalons ou points intermédiaires, vers l'autre extrémité du champ. Il ne peut suivre exactement la ligne jalonnée que quand il s'agit de labourer le champ en planches de 10, 15 ou 20 mètres de largeur. S'il agissait de même quand il doit diviser la surface d'un champ en planches ou billons de 2, 3, 4 ou 5 mètres de largeur, un côté des planches ou des billons serait plus large et moins relevé que l'autre côté.

Le problème à résoudre dans ce dernier exemple consiste à renverser les deux bandes de terre formant l'endos, de manière que leurs parties superposées soient aussi exactement que possible sur la ligne qui détermine la direction de l'enrayure.

C'est donc à tort qu'on dit souvent que le laboureur doit prendre son point de départ dans l'exécution des enrayures sur la ligne droite jalonnée.

Quand on enraye dans une *dérayure*, on y renverse d'abord deux bandes de terre étroites ou peu épaisses, puis deux autres tranches ayant plus de largeur et surtout plus d'épaisseur. Ces quatre bandes, par leur superposition presque complète, *comblent la dérayure* et permettent de ne point observer de dépression sur la ligne médiane de la surface labourée.

14. — Les tournées.

La tournée est le demi-cercle ou ellipse que l'attelage et le laboureur décrivent chaque fois que la charrue arrive à l'extrémité du rayage et qu'elle change de direction.

Les deux premières tournées, celles qu'on exécute en faisant l'endos, sont toujours difficiles, et elles obligent le conducteur à bien diriger ses animaux pour qu'ils ne se blessent pas ou s'embarrassent dans leurs traits. Ces tournées, qu'on appelle *tournées à cul*, parce que l'ellipse décrite par le charretier, la charrue et les animaux est très étroite, obligent ces derniers à pivoter pour ainsi dire sur eux-mêmes, ce qui les fatigue beaucoup.

Les tournées qui suivent les tournées de l'endos dans le *labour en adossant*, augmentent successivement en largeur à mesure qu'on s'éloigne de l'enrayure, et elles deviennent de plus en plus faciles et moins pénibles pour l'attelage. Le contraire a lieu dans le *labour en refendant;* ainsi elles diminuent de largeur à mesure qu'on se rapproche de la ligne sur laquelle la dérayure doit être exécutée.

Tout laboureur doit régler son labour de manière que les tournées aient une largeur moyenne. Les *tournées trop longues* font perdre beaucoup de temps aux attelages; les *tournées trop courtes* fatiguent inutilement les animaux.

Les tournées qui excèdent en largeur la tournée normale ne sont utiles que lorsque le rayage est très long, parce qu'elles permettent aux animaux de prendre haleine.

L'attelage commence à effectuer la tournée quand il est arrivé sur la limite de la pièce, à moins qu'on ne puisse faire tourner les animaux soit sur un chemin, soit sur la pièce contiguë, parce que celle-ci est en jachère. Dans ce dernier cas, le conducteur ne cesse de labourer que lorsque la charrue touche pour ainsi dire la pièce voisine.

Le laboureur, dans sa tournée, n'abandonne pas la charrue. Après avoir nettoyé le versoir si cela est nécessaire, il incline la charrue sur le côté droit ou le côté gauche, et la laisse traîner sur le tranchant du soc et l'extrémité postérieure de l'oreille. Quand la tournée a été décrite par l'attelage, et que les animaux ont pris la direction du rayage, il relève les mancherons de la charrue et porte promptement celle-ci sur la forière, à gauche de l'avant-dernière raie, de manière qu'elle puisse, quand l'attelage se mettra en marche, détacher une nouvelle bande de terre et la renverser contre les précédentes.

La *largeur des chaintres* ou *tournières*, ou *orières* sur lesquels s'effectuent les tournées est très variable, mais elle est toujours en rapport avec le nombre des animaux qui composent l'attelage et la longueur de la charrue.

Lorsque l'attelage se compose de deux animaux, la largeur de la forière est de 4 à 5 mètres; quand il comprend trois animaux, la largeur de la forière est de 7 à 8 mètres.

Ainsi, dans le premier cas, la charrue cesse de labourer à 4 ou 5 mètres du bord du champ: dans le second, le conducteur sort l'instrument hors de terre quand il n'est plus qu'à 7 ou 8 mètres de l'extrémité de la pièce qu'il laboure.

Chaque tournée d'une longueur moyenne de 10 mètres fait perdre à l'attelage de 1 à 2 minutes, selon la vitesse des animaux, la promptitude avec laquelle ils obéissent à la voix du laboureur et le temps que met ce dernier à nettoyer le versoir de la charrue.

15. — **Labour en adossant et en fendant.**

Lorsque le laboureur a fait un endos et qu'il continue son travail, en renversant la troisième bande contre la première, la quatrième contre la deuxième, la cinquième contre la troisième, et ainsi de suite jusqu'à ce qu'il soit arrivé aux points qui limitent la largeur d'une surface donnée de terrain, il *laboure en adossant*.

Si le versoir est situé sur le côté droit du corps de la charrue, les tournées se font de gauche à droite; dans le cas contraire on les exécute de droite à gauche (fig. 38). La plupart des araires et des charrues qu'on rencontre dans les départements qui appartiennent au bassin de la Garonne ont leur versoir situé sur le côté gauche des étançons.

Ainsi, pour labourer en adossant, il suffit d'*amasser*, c'est-à-dire de renverser les bandes contre les deux premières tranches appuyées en sens opposé et qui constituent l'*enrayure* et l'*endos*.

On *laboure en fendant* lorsqu'on commence à labourer sur les bords longitudinaux de la planche ou du champ pour terminer sur la ligne médiane. Dans ce cas, les tournées

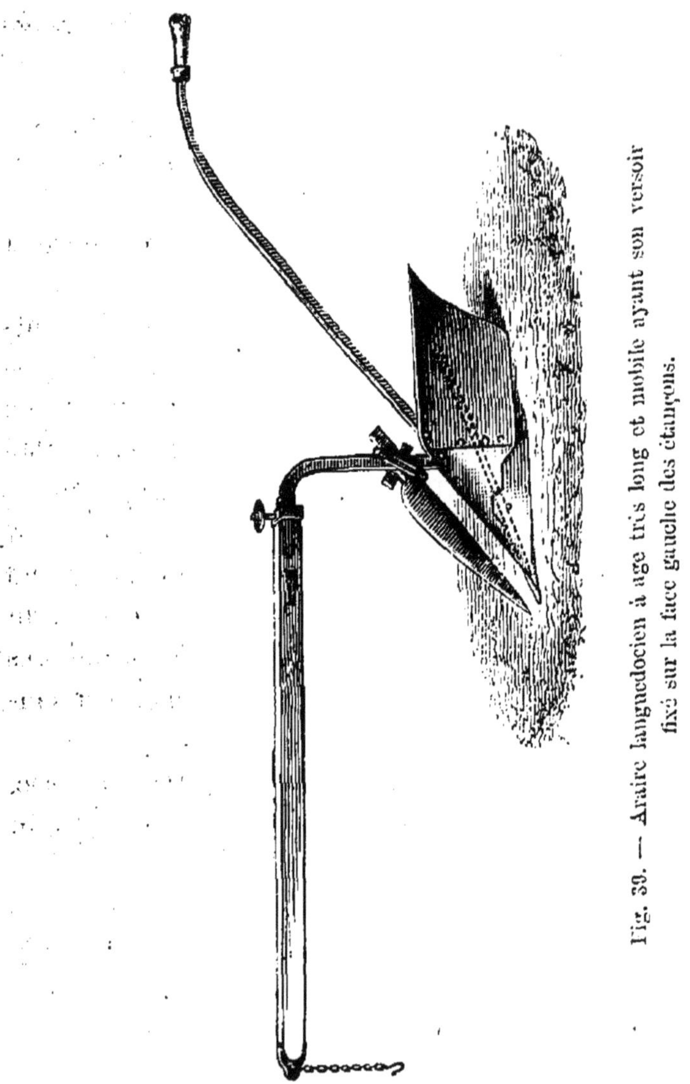

Fig. 39. — Araire languedocien à age très long et mobile ayant son versoir fixé sur la face gauche des étançons.

qu'on effectue sur les côtés transversaux ont lieu d'une manière inverse. Si la charrue a son versoir à droite, le conducteur commence à labourer à la droite du champ, et l'attelage tourne de droite à gauche : dans le cas contraire (fig. 39), la charrue enraye à la gauche de la partie à labourer et la tournée se fait de gauche à droite.

En *labourant en adossant*, *l'enrayure* est au milieu de l'étendue labourée ; dans le *labour en fendant,* c'est la *dérayure* qui occupe la portion médiane de la planche.

16. — Exécution des dérayures.

La *dérayure* est la rigole ou dernière raie qu'on ouvre et qui sépare deux parties labourées.

Pour bien exécuter une dérayure, il faut faire l'avant-dernière raie moins large et surtout moins profonde de plusieurs centimètres que les précédentes, et terminer en labourant plus profondément. En agissant ainsi, le côté gauche du sep de la charrue s'appuie contre une arête de terre qu'on appelle *frayon*, ce qui donne à l'instrument plus de stabilité et lui permet d'agir uniformément. Quand on néglige à l'avant-dernière raie de diminuer l'entrure du soc, la charrue, en soulevant la dernière bande, a une très grande mobilité, elle oscille à droite ou à gauche, sort souvent de raie et fait un très mauvais travail.

Dans les labours profonds, on diminue l'entrure du soc, quand il reste encore trois ou quatre bandes à détacher, afin que la dérayure soit moins creuse.

Quand la dérayure est faite et qu'on observe qu'elle a une trop grande largeur, on *revient à vide*, on soulève le frayon pour le renverser à droite contre la dernière raie. Alors on augmente la profondeur de la dérayure en diminuant sa largeur.

Une dérayure est bien faite quand elle présente une rigole bien évidée et une régularité rectiligne.

17. — Labour des chaintres ou forières.

On laboure les chaintres soit en *adossant*, soit en *refendant*, selon le labour précédent.

Dans le premier cas, on exécute l'*enrayure* à la partie médiane; dans le second, on laboure en premier lieu sur le bord du champ et l'on exécute ensuite le second trait de charrue de manière à couper légèrement toutes les bandes de terre, afin de bien ameublir la surface sur laquelle ont eu lieu les tournées, et l'on déraye au milieu du chaintre.

Quand la forière est courbe, on est forcé de jalonner la partie médiane pour que l'enrayure ou la dérayure soit située exactement au milieu de cette planche transversale.

Lorsque les tournées ont lieu sur un chemin ou sur une pièce voisine non occupée par une plante en végétation, on se borne à renverser vers le centre du champ labouré, deux, trois ou quatre bandes de terre. Alors la *charrue fait la navette* et revient à vide à son point de départ, c'est-à-dire sans labourer chaque fois qu'elle ouvre une raie.

18. — Labour à plat.

Un terrain est labouré à plat avec un araire, une double brabant ou une tourne-oreille, lorsque sa surface est unie ou plane.

On laboure à plat les terres sablonneuses, les sols calcaires ou granitiques et les terrains de consistance moyenne, si la couche arable est profonde et si elle repose sous un sous-sol perméable, ou si le sol a été drainé.

Les terres qu'on a ainsi labourées ont leur surface remuée à une égale profondeur; elles conservent mieux la fraîcheur pendant le printemps et l'été, parce qu'elles présentent moins de surface que les billons à l'action du soleil, et aussi parce que les pluies les pénètrent plus facilement.

De plus, elles rendent la répartition et l'enfouissement des fumiers et des semences plus faciles et plus uniformes. Enfin on y détruit plus aisément les plantes nuisibles, soit par des labours superficiels ou des hersages, soit par des binages à bras et à la houe à cheval.

Les labours à plat ont d'autres avantages : ils sont plus faciles à faire et moins coûteux que les autres ; ils exposent mieux la terre arable pendant l'hiver à l'action des gels et des dégels ; on peut sans inconvénient les exécuter plusieurs jours et même plusieurs semaines avant les emblavures : les hersages qui les suivent ont plus de prise sur les bandes de terre et les racines des plantes indigènes vivaces ; enfin ces opérations permettent de faire les seconds labours transversalement à leur direction.

On laboure à plat de deux manières :

1° En labourant dans le sens de la longueur ou de la largeur du champ ;

2° En amassant autour d'un endos ayant une longueur donnée et exécuté au milieu de la pièce.

Dans le premier cas, le labour est interrompu pendant les tournées, et le sol est disposé en planches ; dans le second, il est continu, puisque l'attelage ne s'arrête pas et que le labour ne présente aucune dérayure. (Voir *Labour à la charrue tourne-oreille.*)

Ici comme dans les autres labours, lorsqu'on doit labourer une terre arable fortement engazonnée par des mauvaises herbes, il faut choisir de préférence une charrue munie d'un *peloir,* ou d'un *écrouteur,* ou d'une *rasette* (fig. 40). Cette partie active, lorsqu'elle a été bien réglée, pousse les plantes indigènes dans le fond de la raie ouverte par le soc et le versoir.

19. — Labour en planches.

Un *terrain est labouré en planches* lorsqu'il est divisé en

Fig. 40. — Charrue Howard ayant un écroûteur ou peloir mobile.

parallélogrammes réguliers et séparés les uns des autres par des dérayures.

On connaît trois sortes de planches :

1° Les *grandes planches*, qui ont de 16 à 20 mètres de largeur ;

2° Les *planches moyennes*, qui ont de 8 à 12 mètres de largeur ;

3° Les *planches étroites*, qui ont moins de 5 mètres de largeur.

On exécute les unes et les autres d'une manière particulière.

GRANDES PLANCHES. — Le labour en planches de 16 à 20 mètres de largeur se fait suivant deux méthodes :

La première méthode consiste à enrayer d'abord à 10

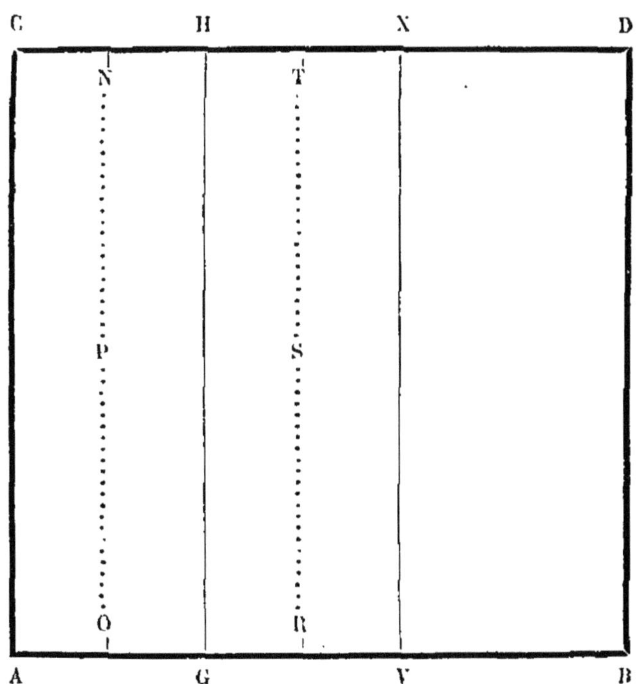

Fig. 41. — Ancien mode de labour en grandes planches.

mètres du bord du champ. Ainsi, si l'on voulait labourer la pièce A, B, C, D (fig. 41), il faudrait placer deux jalons aux points O et N sur les lignes AB et CD, et un troisième au point P, situé à l'intérieur du champ sur la ligne déterminée par les deux premiers jalons. Le jalonnage terminé, on tracerait une enrayure sur la ligne O, P, N, et l'on exécuterait ensuite un endos. Une fois les deux premières bandes de terre renversées en partie l'une sur l'autre, on continuerait de *labourer en adossant ou amassant*, c'est-à-dire en tournant continuellement autour de l'endos, jusqu'à ce que le terrain compris entre les points AC, GH soit entièrement labouré. Lorsque la charrue a suivi les lignes AC et GH, la première planche est terminée, et elle a 20 mètres de largeur.

Pour faire une seconde planche ayant la largeur de la première, on doit placer trois jalons aux points R, S, T, éloignés de 10 mètres de la ligne GH, exécuter une seconde enrayure et un second endos, et continuer le labour en amassant. Quand la charrue a labouré la surface comprise entre les points GH, VX, la seconde planche est terminée, et celle-ci est séparée de la première par une dérayure située sur la ligne GH.

Cette méthode a de grands inconvénients, en ce sens qu'elle force l'attelage à faire d'abord des tournées très courtes et ensuite des tournées très longues. Les premières fatiguent les animaux, les secondes occasionnent une grande perte de temps, puisque l'attelage doit parcourir, pendant les dernières tournées, une longueur qui varie entre 15 et 20 mètres, et qui se répète à chaque extrémité de la pièce.

Si le champ a 100 mètres de longueur et si les bandes de terre ont 25 centimètres de largeur, la charrue aura encore à faire, quand la moitié de la planche aura été labourée, vingt tours complets pour terminer le travail qu'elle doit exécuter. Au premier, elle fera des tournées de 10^{m},50; au deuxième, de 11 mètres; au troisième, de 11^{m},50; au quatrième, de 12 mètres; au cinquième, de 12^{m},50; au sixième.

de 13 mètres; au septième, de 13m,50; au huitième, de 14 mètres; au neuvième, de 14m,50; au dixième, de 15 mètres : au onzième, de 15m,50; au douzième, de 16 mètres; au treizième, de 16m,50; au quatorzième, de 17 mètres: au quinzième, de 17m,50; au seizième, de 18 mètres; au dix-septième, de 18m,50; au dix-huitième, de 19 mètres; au dix-neuvième, de 19m,50; au vingtième, de 20 mètres. La charrue aura donc parcouru en pure perte une longueur totale de 3.000 mètres sur chaque forière, soit pour les cinq planches formant l'hectare une longueur de 15.000 mètres. Si l'attelage a parcouru 2.000 mètres par heure, on aura perdu une journée de travail de chevaux et de conducteur!

C'est ce résultat défavorable qui a conduit, depuis fort longtemps, les cultivateurs du nord de la France, et surtout des environs de Paris, à faire les planches de 20 mètres en amassant et en refendant, méthode qui évite des *tournées à cul* et des *tournées trop longues*.

Ce procédé constitue la seconde méthode. Voici comment on l'exécute :

A. *Premier labour.* — Soit à labourer le champ F, D, L, M (fig. 42), à 7m,50 du bord du champ, aux points S et V près des lignes LM et FD, on place deux jalons, et l'on en met un troisième au point X, situé sur la ligne SV. Lorsque ce premier travail est terminé, on trace une enrayure sur cette dernière ligne, et l'on fait un endos. On continue ensuite le labour jusqu'à ce que la surface FLOP soit labourée. Alors, à partir de la dernière raie, c'est-à-dire de la ligne OP et à 15 mètres de distance, on trace une seconde enrayure BY et un second endos, et l'on continue de labourer. Lorsque la surface ameublie par la charrue a 10 mètres de largeur, et que les dernières raies sont situées sur les lignes KN, JT, le conducteur *laboure en refendant* la partie comprise entre les points O, P, K, N. Pour exécuter ce labour, l'attelage, au lieu de tourner de gauche à droite, tourne de droite à gauche, de manière que les bandes de terre s'appuient contre les deux parties déjà labourées. Lorsque la charrue a terminé son travail, elle a labouré

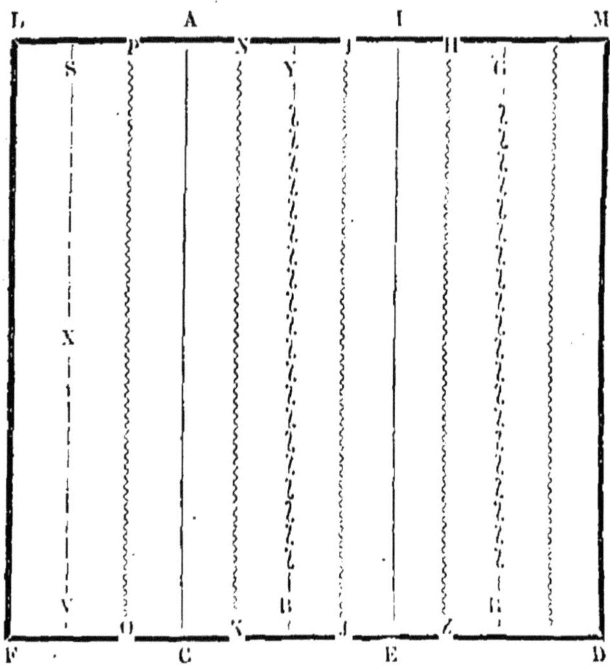

Fig. 42. — Nouveau mode de labour en grandes planches.

à droite et à gauche 5 mètres de largeur, et elle a fait une enrayure suivant la ligne AC. Les 5 mètres labourés, renversés contre la partie qui a 15 mètres de largeur, forment la planche de 20 mètres qu'il importait d'exécuter.

Pour faire la seconde planche, on jalonne une ligne à 15 mètres de la ligne GR, on adosse 10 mètres de largeur pour refendre ensuite la partie comprise entre les points ZH, JT et obtenir une seconde dérayure sur la ligne EI.

Il suit de ces détails que la première enrayure doit être *à la moitié des trois quarts* ou *aux trois huitièmes de la largeur de la planche* à partir du bord du champ, et que toutes les autres doivent être tracées à 15 mètres de la dernière raie.

Par cette méthode, les grandes tournées, c'est-à-dire les tournées moyennes, dans toutes les planches autres que la première, n'ont jamais plus de 10 mètres de longueur. C'est ce résultat qui a permis aux cultivateurs du département de Seine-et-Oise de labourer jusqu'à nos jours leurs terres à plat, en donnant aux planches une largeur de 20 mètres.

B. *Deuxième labour.* — Lorsque le champ doit recevoir deux labours, on le herse perpendiculairement à la direction des planches, et on le laboure en travers. En opérant ainsi, on déplace les enrayures et les dérayures. Si, par des causes particulières, l'on est forcé de suivre la direction du premier rayage, il faut, pour ne point détruire le nivellement de la couche arable, c'est-à-dire élever les endos et creuser les dérayures, suivre la méthode suivante :

On forme un endos dans la dérayure AC, et on laboure en amassant jusqu'aux lignes KN et OP. Quand la charrue est arrivée sur ces lignes, la surface labourée a 10 mètres de largeur. Alors on enraye sur la ligne EI, et on laboure toujours en adossant jusqu'aux lignes JT et ZH. Lorsque cette partie est terminée, on refend la surface comprise entre les lettres KN, J et T, et l'on déraye sur la ligne BY. Enfin on refend la partie située entre les lignes FL et OP pour exécuter une dérayure sur la ligne SVX. En agissant ainsi, on déplace les enrayures et les dérayures, et l'on obtient d'abord une portion de planche et une planche entière.

On peut simplifier cette opération et commencer le labour à l'autre extrémité du champ, c'est-à-dire sur la partie où le premier labour a été terminé. Il est rare, quand on adopte cette manière d'agir, que les enrayures et les dérayures tombent exactement sur les premières enrayures et dérayures.

C. *Troisième labour.* — Quand l'on doit donner à la terre un troisième labour, on enraye de nouveau sur les lignes

SXV et BY pour dérayer comme dans le premier labour sur les lignes AC et EI.

Labour en planches moyennes. — Le labour en planches moyennes de 8 à 12 mètres de largeur est plus simple et plus facile. Voici comment on l'exécute :

Premier labour. — A 4, 5 ou 6 mètres du côté AB de la pièce A B C D (fig. 43), on exécute un endos OP, et l'on continue de labourer en amassant. Lorsque la charrue est

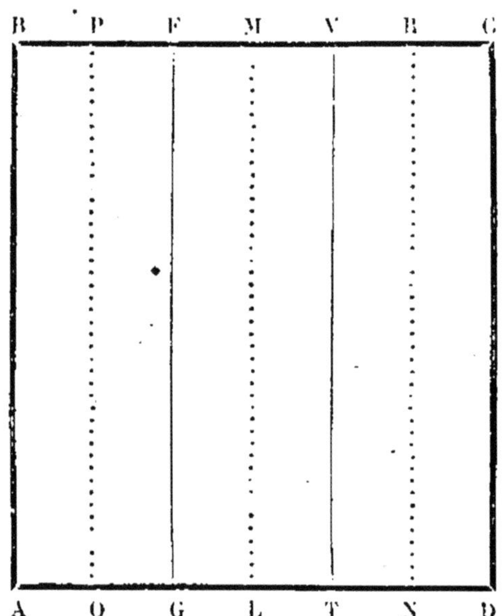

Fig. 43. — Labour en planches de moyenne largeur.

arrivée sur la ligne AB, on cesse de labourer, parce que la planche A B F G est terminée. On fait une seconde enrayure LM, à 4, 5 ou 6 mètres de distance de la dernière raie, et l'on continue de nouveau le labour en adossant pour dérayer sur la ligne FG. Alors on exécute un troisième endos sur la ligne NR, on laboure en adossant, et l'on déraye sur la ligne TV.

Lorsque le champ a été ainsi labouré, il est divisé en trois planches, séparées par des dérayures.

Deuxième labour. — Si le rayage est parallèle à la direction du premier labour, on laboure les trois planches en fendant, et l'on déraye sur les trois enrayures, OP, LM et NR du labour précédent. Alors le champ présente : 1° une demi-planche ABPO; 2° deux planches OPML et LMRN ; 3° une demi-planche NRCD.

Troisième labour. — Au troisième labour, l'on enraye dans les dérayures OP, LM et NR du deuxième labour, ainsi qu'on l'a opéré en labourant le champ pour la première fois, et l'on déraye sur les lignes GF et TV : on a encore trois planches égales en largeur.

En suivant les indications qui précèdent, on déplace à chaque opération les enrayures et les dérayures, et l'on obtient des planches ou des demi-planches ayant une surface plane.

LABOUR EN PLANCHES ÉTROITES. — L'exécution des planches n'ayant que 2, 4 ou 6 mètres de largeur est plus difficile que les labours précédents, à cause de la multiplicité des enrayures et des dérayures et de la faible largeur des tournées.

1. *Ancienne méthode.* — La méthode la plus répandue consiste à faire les endos à une distance de 2, 4 ou 6 mètres les uns des autres et à exécuter le premier labour en amassant et le second en refendant, comme s'il était question d'obtenir des planches ayant une largeur moyenne. Dans le premier cas, on déraye sur les côtés; dans le second, on exécute la dérayure sur l'enrayure du premier labour.

Ce procédé fatigue les animaux, parce qu'il rend les tournées très courtes. On doit lui préférer l'une des deux méthodes suivantes :

2. *Méthode allemande.* — On suit en Allemagne une méthode qui consiste à labourer deux planches en même temps, afin que les tournées soient plus longues et plus faciles.

Soit à labourer le champ ABCD (fig. 44) en planches de 2 mètres de largeur.

On enraye sur la ligne ON, distante d'un mètre du côté AB, et l'on fait une seconde enrayure EF à 4 mètres de la précédente. Quand ces deux raies sont ouvertes, on

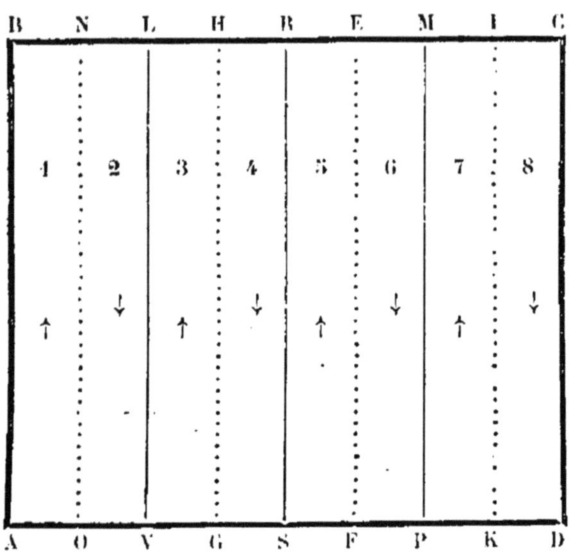

Fig. 44. — Labour en petites planches.

continue le labour sur les rectangles ABON et EFPM en renversant les bandes de terre sur les enrayures ON et EF. Lorsque ces deux demi-planches ont été labourées, on enraye contre la ligne FE, éloignée de 4 mètres de la droite ON, on tourne à gauche, et l'on fait une quatrième enrayure contre la ligne NO ; en continuant, on laboure les rectangles NOVL et FERS. Ces deux premières planches terminées, on enraye contre la ligne GH, qui est distante de 2 mètres de la ligne ON, on fait une cinquième enrayure IK, et on continue le labour sur les rectangles VLHG et IKDC. Quand ces deux demi-planches ont été labourées, on enraye contre la ligne KI, à une distance de 2 mètres de la droite FE et contre la ligne HG, et on laboure les rectangles KIMP et GHRS. On termine les quatre planches en faisant trois dérayures sur les lignes PM, RS et LV.

D'après ces détails, on laboure en même temps :

1° Les demi-planches 1 et 6 des planches 1 et 3;

2° Les demi-planches 5 et 2 des planches 1 et 3;

3° Les demi-planches 3 et 8 des planches 2 et 4;

4° Les demi-planches 7 et 4 des planches 2 et 4.

On doit agir ainsi toutes les fois que le nombre de planches que doit contenir un champ est divisible par 4.

Lorsque ce nombre est divisible par 6, on opère de la manière suivante :

Soit à labourer le champ ABCD (fig. 45) en planches de 2 mètres de largeur :

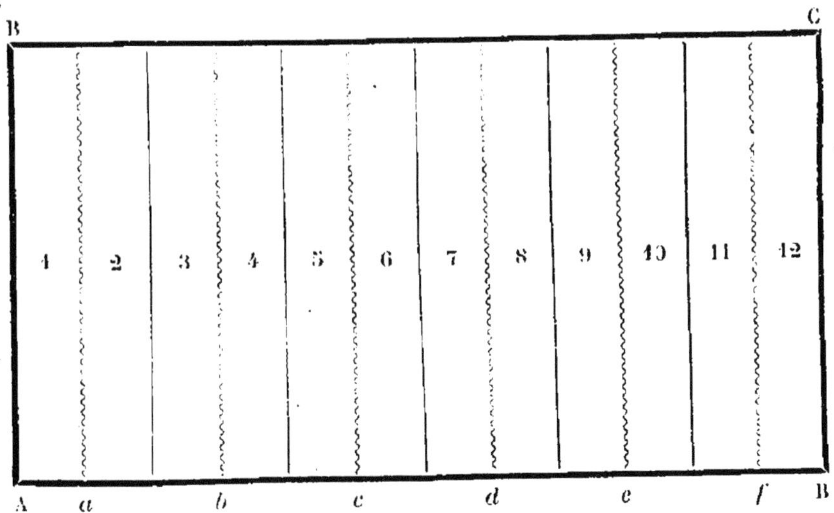

Fig. 45. — Labour en petites planches.

On laboure en même temps :

1° Les demi-planches 1 et 8 des planches *a* et *d*;

2° Les demi-planches 7 et 2 des planches *d* et *a*;

3° Les demi-planches 3 et 10 des planches *b* et *e*;

4° Les demi-planches 9 et 4 des planches *e* et *b*;

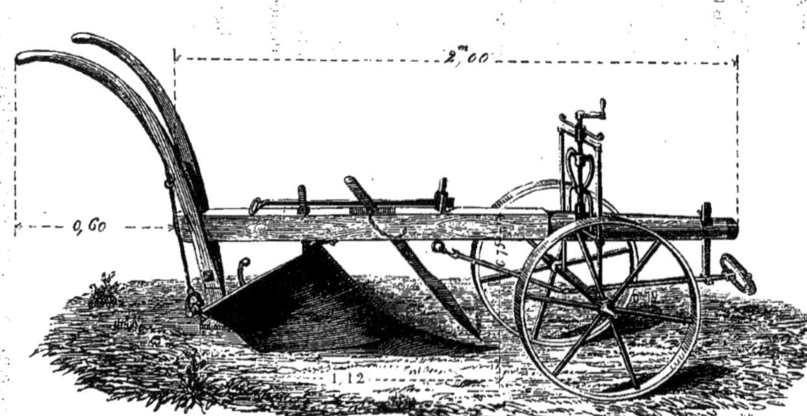

Fig. 46. — Charrue tourne-oreille picarde ou de Wasse.

5° Les demi-planches 5 et 12 des planches *c* et *f*;

6° Les demi-planches 11 et 6 des planches *f* et *c*.

Dans les deux cas, les tournées n'ont pas moins de 2 mètres de largeur.

Dans le premier exemple, on laisse une planche entre celles qu'on laboure : dans le second, on en conserve toujours deux.

20. — **Labour à la charrue tourne-oreille.**

Dans plusieurs anciennes provinces de la France, en Picardie, par exemple, on emploie des charrues avec avant-train ayant un versoir mobile (fig. 46), disposition qui permet de détacher et renverser des bandes contiguës, en n'ouvrant qu'une seule voie.

En enrayant, la charrue renverse la bande de terre, soit à la gauche soit à la droite du laboureur, suivant la position du versoir. Arrivé à l'extrémité du rayage, le conducteur fait tourner l'attelage sur lui-même, c'est-à-dire exécute une *tournée à cul*, et il l'arrête un instant afin de pouvoir changer le versoir de côté. Alors il avance les animaux et sa charrue renverse une seconde bande de terre immédiatement contre la précédente.

Dans ce genre de labour, l'animal de droite marche dans la raie en allant, et c'est le cheval de gauche qui suit la dernière raie ouverte en revenant.

Lorsque la charrue, comme dans des doubles brabants (fig. 47), se compose de deux corps de charrue superposés, on est forcé de faire basculer les deux versoirs et les deux socs, chaque fois que la charrue arrive à l'extrémité de la raie.

Le sol labouré avec une charrue tourne-oreille ou un double brabant, est disposé complètement à plat; on n'y remarque ni enrayure ni dérayure.

Le double brabant a une grande fixité dans le sol quand il a été bien réglé et lorsqu'il exécute un labour ayant au

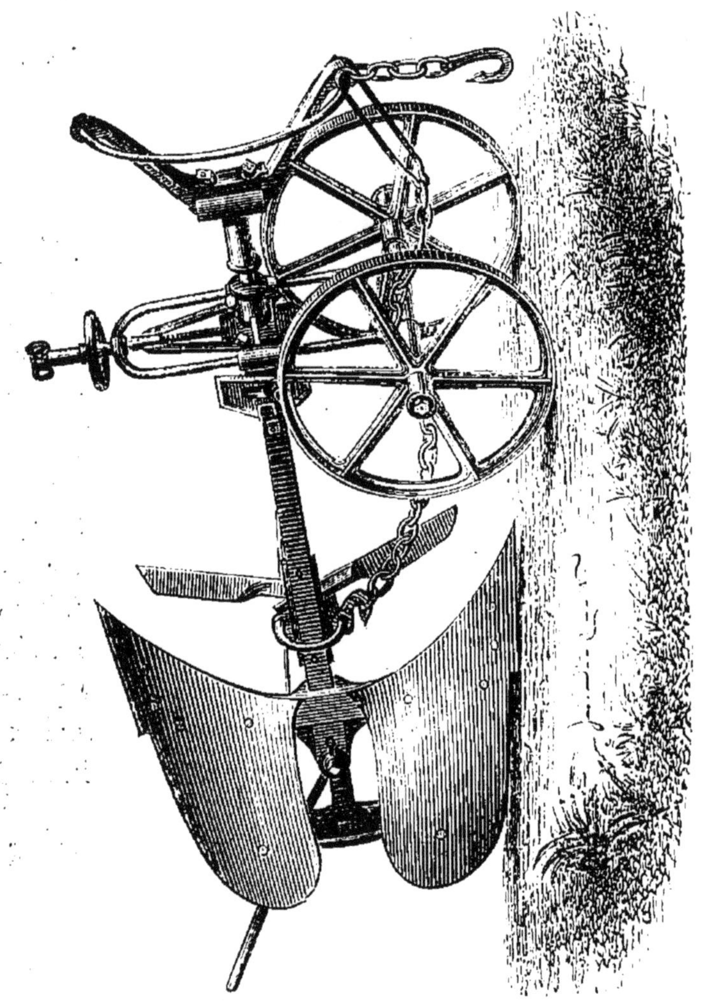

Fig. 47. — Charrue double brabant.

minimum 20 centimètres de profondeur. Alors, le plus ordinairement, le conducteur marche sur le guéret à la gauche de la charrue (fig. 48) et de l'attelage, en ayant soin de diriger ses regards et sur l'attelage et sur le labour exécuté.

Fig. 48. Labour profond exécuté à Assainvilliers avec un double brabant.

21. — **Labour à raies continues.**

En Suisse, on laboure quelquefois entièrement à plat. c'est-à-dire sans dérayures, en suivant une méthode toute particulière.

Ce labour, auquel on a donné le nom de *labour Fellemberg*, s'exécute d'une manière continue, en enrayant au centre du champ que l'on doit labourer et en dirigeant la charrue suivant des lignes parallèles aux côtés de la pièce.

Ce labourage est basé sur la division des angles en deux parties égales. Il a l'avantage de ne pas obliger à répéter l'enrayure et l'endos que l'on exécute en commençant ; en outre, il supprime les tournées et dispense de faire des dérayures. On l'exécute avec une charrue ordinaire.

Ce mode de labour n'est pas à recommander ; il est parfois très difficile, surtout lorsque les champs sont étroits ou très irréguliers ; en outre, il impose aux animaux un travail continu, et il supprime, par conséquent, le temps de repos qu'ils trouvent pendant les tournées, à la fin de chaque réage.

22. — **Labour en billons.**

On désigne sous le nom de billons des ados plus ou moins larges et bombés que l'on exécute en labourant les terres argileuses, argilo-siliceuses ou siliceuses, peu profondes ou qui reposent sur un sous-sol imperméable.

Les *petits billons* sont généralement en usage dans les régions du Centre, de l'Ouest et du Sud-Ouest.

Les *billons larges* sont principalement dans les régions du Nord et de l'Est.

Les premiers ont de 50 à 80 centimètres de largeur sur 15

à 30 de hauteur. La largeur des seconds varie entre 3 et 5 mètres et leur hauteur entre 30 et 40 centimètres.

PETITS BILLONS. — Les petits billons se composent de deux raies ou de quatre bandes de terre, suivant les localités.

1. Les *billons de deux raies* ne sont guère en usage que dans les contrées où les terres sont pauvres, mal fumées, mais perméables.

Pour former ces billons, on laboure d'abord le terrain à plat une ou deux fois. Lorsque la terre a été suffisamment ameublie, on lui applique une fumure, si cela est nécessaire, et on laboure de la manière suivante :

A 20 centimètres environ du bord du champ, on exécute une enrayure, de manière qu'elle soit bien parallèle au côté extérieur. Lorsque la charrue est arrivée à l'extrémité du rayage ou sur le chaintre, elle exécute une tournée et continue son travail, de manière à renverser une seconde bande de terre contre ou en partie sur la première, suivant la largeur que le billon doit avoir. Quand ce premier endos est terminé, la charrue fait un troisième rayage en tournant, non plus de gauche à droite, mais de droite à gauche. Alors elle continue de labourer, en ouvrant une raie à côté de la seconde, et en renversant la troisième bande de terre du côté où est situé le versoir. Arrivée de nouveau sur le chaintre, elle tourne encore à droite, pour soulever et renverser une quatrième bande de terre contre la troisième. Quand elle a terminé ce second tour, elle a fait deux petits billons. Le premier est séparé du second par une sorte de dérayure qui constitue le *sillon*.

Si la charrue continue ainsi sur toute la surface du champ, elle le labourera en billons très étroits, qui seront tous séparés les uns des autres par un sillon. Ce dernier, si l'on suit exactement le labour précité, sera un peu large ; mais la herse, en diminuant l'élévation des billons, le comblera en partie. Alors le champ ainsi disposé présentera à sa surface des billons peu élevés et séparés par des sillons peu profonds.

On peut former ces billons en opérant, non plus avec la charrue à un seul versoir, mais en employant l'*areau*, le *binot* ou le *buttoir*. Voici comment on opère :

Lorsque le terrain a été bien ameubli, on dirige la charrue à deux versoirs vers le chaintre, en ayant soin de bien suivre encore une ligne parallèle au bord du champ. Aussitôt que l'instrument est arrivé à l'extrémité du rayage, on exécute une tournée, et l'on se place à 25, 30 ou 35 centimètres du milieu du sillon déjà ouvert. Alors on fait avancer l'attelage jusqu'à l'autre chaintre, en le dirigeant de manière qu'il ne s'éloigne pas de la ligne qu'il importe de suivre. Quand la charrue est à la fin du rayage, elle a ouvert un second sillon et fait un billon complet et deux demi-billons. Si l'on poursuit ce mode de labour, la charrue, continuant de renverser les bandes de terre, complétera un billon à chaque rayage, et elle en commencera un autre.

Ce procédé est plus expéditif que le précédent ; mais il oblige à bien préparer préalablement la terre. En outre, pour qu'il ne laisse rien à désirer, il est nécessaire que le charretier soit bien maître de son attelage et qu'il évite des irrégularités dans la largeur des tranches de terre et, par suite, des billons.

On suit ce mode de former les billons de deux raies quand, au printemps, on veut semer des betteraves ou des navets turneps sur de petits ados.

2. Le *billonnage proprement dit* est plus compliqué. Voici comment on l'exécute :

Sur un terrain préalablement labouré et hersé, et à l'aide d'une charrue munie d'un avant-train, on fait des *ados* A, A, A (fig. 49) éloignés les uns des autres de 75 centimètres à 80, et on laisse intact le terrain B, B qui les sépare.

Lorsque tout le champ a été ainsi labouré, les billons sont à moitié formés. Alors on dételle les animaux pour les fixer à une charrue à deux versoirs et munie aussi d'un avant-train. Quand l'attelage est prêt, on le fait avancer de manière que la charrue soit placée devant la portion B, située entre les deux premiers ados, et que les bœufs ou les chevaux marchent dans les raies, qu'on observe à droite et à gauche de la partie qu'il faut fendre. Dès que la charrue a été réglée, on fait avancer l'attelage; alors la charrue di-

Fig. 49. — Premier labour du petit billonnage.

vise le terrain B en deux parties que soulèvent et renversent les deux versoirs sur les demi-billons situés à droite et à gauche de la ligne qu'on suit. Arrivés à l'extrémité du champ, la charrue tourne à droite et fend une seconde partie B. Elle continue ainsi jusqu'à l'autre bout de la pièce. Au premier rayage, elle a appliqué une bande de terre sur chacun des deux premiers ados. Ceux-ci sont alors formés de trois bandes de terre. Au second rayage, elle a aussi renversé deux bandes de terre; celle de droite complète le dernier billon; celle de gauche, en s'appuyant sur le troisième ados, forme les trois quarts du troisième billon. Au troisième tour, la bande de gauche complète ce dernier ados et forme avec le quatrième ados les trois quarts du quatrième billon, et ainsi de suite.

Quand les deux opérations successives ont été ainsi exécutées, on constate que les trois premiers ados (fig. 50), formés de deux bandes 1 et 1, sont limités chacun, à droite et à gauche, par deux bandes de terre 2 et 2; qu'ils ont bien la forme de demi-cylindres un peu aplatis ou de petits billons séparés par des sillons. Si l'on herse ces billons et

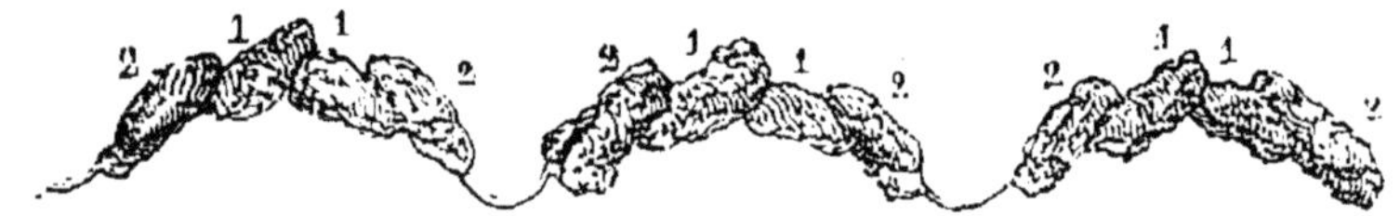

Fig. 50. — Deuxième labour du petit billonnage.

leur surface un peu irrégulière avec une herse à une ou deux courbures, on obtient alors des ados très réguliers. Ces billons (fig. 51) ont 80 centimètres de largeur à leur base, ou 80 de milieu en milieu, sur une hauteur de 25 environ; chaque bande de terre est donc supposée avoir en moyenne 20 centimètres de largeur.

Fig. 51. — Coupe des billons formés de quatre bandes de terre.

Quand toute la pièce a été ainsi labourée, on recommence l'opération sur les deux chaintres ou forières situées aux extrémités du rayage. Les trois ou quatre billons qu'on y forme sont dirigés en sens contraire des ados du centre de la pièce. La figure 52 représente un champ entouré de haies vives et semblable aux pièces de terre labourées en *petits billons* de quatre raies qu'on observe continuellement dans le Berri, la Vendée, la Bretagne, etc.

Dans ces contrées, le plus généralement on désigne vulgairement les billons formés de quatre bandes de terre sous le nom de *sillons*. Les vrais sillons sont les rigoles qui séparent les billons.

On a voulu souvent labourer des champs en petits sillons en se servant d'un araire ou charrue sans avant-train. Cette manière d'opérer laisse toujours à désirer; ainsi elle permet bien rarement de faire des ados aussi droits et surtout aussi réguliers que ceux qu'on obtient en se servant d'une

Fig. 52. — Champ labouré en petits billons.

charrue avec avant-train et ayant un seul versoir, et ensuite d'une charrue munie aussi d'un avant-train, mais ayant deux versoirs fixes ou mobiles.

La première condition pour réussir dans le billonnage

consiste à ne pas faire pénétrer très profondément la charrue lorsqu'on fait des ados, afin que les deux bandes de terre soient bien appliquées l'une contre l'autre. Il est très essentiel aussi que la portion de terre qu'on doit fendre au second labour avec la charrue à deux versoirs ait toujours une moins grande largeur que la largeur totale des deux premières bandes de terre. Lorsque cette partie à labourer excède 30 centimètres en largeur, les versoirs remontent plus difficilement les bandes de terre sur les précédentes ; alors les billons ne sont pas cylindriques, et les sillons sont loin d'offrir cette netteté, cette régularité qu'ils présentent toujours quand l'areau a détaché, soulevé et renversé les bandes étroites.

LARGES BILLONS. — Les billons larges présentent moins de difficultés dans leur exécution que les petits billons. Ainsi ils n'obligent pas à avoir deux charrues différentes, et à faire des tournées aussi nombreuses et aussi courtes. Voici comment on les exécute :

On mesure sur le champ, et à partir de l'une de ses extrémités, une distance égale à la moitié de la largeur que les planches doivent avoir. S'il est question de faire des planches ayant une largeur de 4 mètres, on devra exécuter la première enrayure à 2 mètres du bord de la pièce ; quant aux suivantes, elles seront toutes éloignées les unes des autres de 4 mètres à partir de la première enrayure. On enrayera donc aux points A, A, A (fig. 53).

Lorsque la première enrayure a été faite, la charrue tourne à droite et fait un ados ; ensuite elle continue son travail en *labourant en adossant*, c'est-à-dire en tournant continuellement autour de l'enrayure. Quand elle a labouré une largeur totale de 4 mètres, elle cesse de travailler et se porte au point A sur le milieu de la deuxième planche, où elle exécute un second ados. Aussitôt qu'elle a labouré 2 mètres de largeur à droite et à gauche de cette deuxième enrayure, elle se porte sur le milieu de la troisième planche et continue son travail.

Un champ ainsi labouré présente des planches de 4 mètres de largeur, très légèrement convexes à leur partie médiane, et séparées les unes des autres par des dérayures ordinaires (fig. 54).

Pour obtenir des planches réellement bombées ou de larges billons, il faut répéter exactement le premier labour. Ainsi l'on doit enrayer de nouveau sur les enrayures et dérayer encore dans les enrayures. Alors, en faisant les ados aux points A, A, A, on enlève de nouveau le milieu des planches, on abaisse les côtés, et l'on creuse les dérayures. La figure 59 indique le bombement qu'on donne aux planches en opérant le deuxième labour tel que je viens de l'indiquer. Une fois ce second labour terminé, le champ a l'aspect que présente la figure 55.

Fig. 53. — Premier labour du grand billonnage.

Fig. 54. — Deuxième labour du grand billonnage.

Si l'on voulait des billons encore plus convexes, il faudrait exécuter un troisième labour en enrayant sur les enrayures et en dérayant dans les enrayures. La partie médiane des planches aurait alors de 35 à 40 centimètres d'élévation au-dessus du fond des enrayures. Le second et surtout le troisième labour obligent le charretier à examiner continuellement le renversement des bandes de terre. Il arrive souvent, quand le bombement des planches est prononcé, qu'il est utile de soutenir des bandes de terre, à l'aide du pied droit, pour qu'elles ne retombent pas dans les raies. J'ajouterai qu'il est très important de détacher des bandes de terre régulières quant à leur épaisseur et à leur largeur. Le laboureur qui oublie cette règle obtient très souvent des planches dont les ailes présentent de nombreuses irrégularités qui nuisent à l'avenir des récoltes, parce que les creux qu'elles offrent retiennent l'eau pendant la raison des pluies.

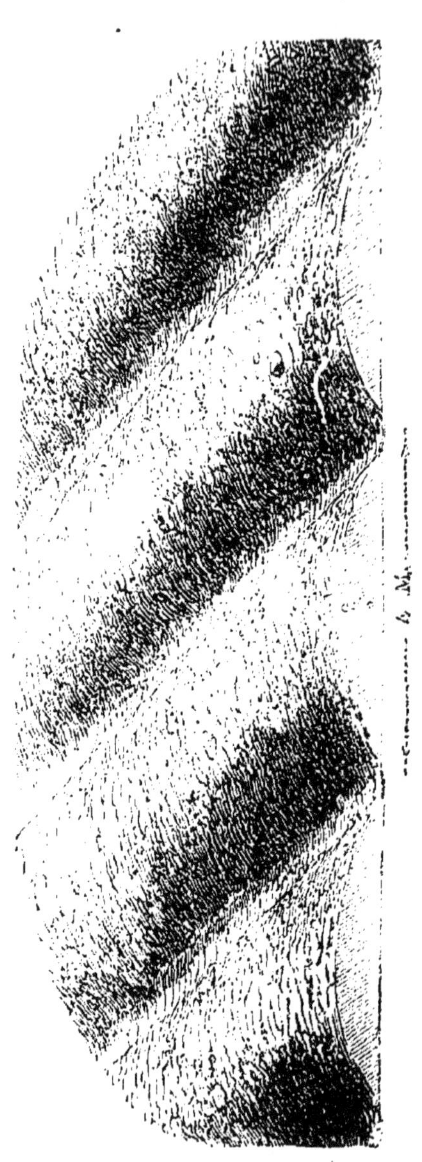

Fig. 55. — Larges billons ou planches bombées.

Destruction des billons. — 1° Si la formation des petits billons constitue une opération moins simple que le labour à plat, on peut dire que leur destruction se fait très aisément à l'aide d'une charrue ordinaire. Voici comment on opère :

On enraye sur le côté gauche du premier billon en détachant une bande de terre très large; celle-ci est alors renversée par le versoir dans le sillon, qu'elle comble en partie.

Arrivée à l'extrémité du champ, *la charrue tourne à gauche* et attaque l'autre côté du billon : la bande de terre est aussi renversée presque à plat dans l'autre sillon. Ces deux opérations terminées, *la charrue écrête* le côté droit du deuxième billon, et, lorsqu'elle a terminé ce travail, elle agit sur le côté opposé. Pendant cette seconde opération, elle renverse une partie de la terre dans le sillon qui sépare le deuxième et le troisième billon, et elle couvre en partie la première bande de terre couchée pendant le premier rayage.

En opérant de cette manière sur toute la surface du champ, la charrue comble les sillons ou les dérayures ; mais elle laisse intacte la partie médiane des billons; cette portion peut avoir 15 à 25 centimètres au maximum de largeur.

Quand ce premier labour est terminé, on opère avec une herse à dents en fer sur toute l'étendue de la pièce, en ayant soin de diriger toujours la herse transversalement à la direction des billons. Ce hersage a pour but de détruire les arêtes de terre qu'on a laissées et de niveler ainsi la couche arable.

Lorsque les terres sont légères et les billons peu élevés, on peut les labourer directement en opérant transversalement à la direction du premier rayage. On fait suivre ce labour par un hersage énergique et croisé à l'effet de détruire les ondulations que présente la surface du champ.

2° On démonte les larges billons en suivant deux procédés.

D'abord on peut labourer les terres perpendiculairement à la direction des planches ; en second lieu, on agit comme on a opéré au dernier labour, en enrayant toutefois dans les dérayures et en dérayant sur le milieu des planches.

Le premier moyen ne peut être suivi que lorsque les billons ne sont pas très convexes. Quand les ados sont très bombés, le sol, après le premier labour, présente des ondulations très apparentes, que les labours suivants effacent difficilement. Voici la marche qu'il faut suivre quand on adopte le second moyen.

On enraye dans la dérayure qui sépare les deux planches, et, arrivé à l'extrémité du sillon, on tourne à gauche pour enrayer de nouveau dans la dérayure située sur le bord du champ.

On continue à labourer en tournant toujours de droite à gauche, afin de dérayer sur la partie médiane et convexe de la planche. On démonte les autres billons en suivant la même marche. De cette façon, c'est-à-dire *en labourant en refendant*, les dérayures sont en partie comblées, les enrayures sont éventrées, et les planches sont démontées. On parvient à niveler le terrain en exécutant un deuxième et même un troisième labour.

On peut faire suivre chaque labour par un hersage exécuté transversalement à la direction des billons.

23. — **Labours des champs triangulaires.**

Les champs ayant une forme triangulaire obligent le laboureur à suivre un mode particulier de labour. Voici comment on opère les labours qu'on appelle *labours en patte d'oie :*

Soit à labourer le triangle ABC (fig. 56).

On détermine avec le pas la longueur de la base CB et on indique par un jalon, une motte de terre ou un tas de pierres le milieu de cette base, soit le point D. Ceci fait, on trace une enrayure sur la ligne DA de manière à partager le triangle ou la patte d'oie en deux parties à peu près égales. Alors, on divise cette même perpendiculaire en autant de parties qu'on divisera chaque moitié de la base CB. Par ces divisions proportionnelles, il sera facile par la pensée de supposer des lignes parallèles aux côtés du triangle BA et CA. Ainsi, on aura d'abord les lignes *af, be* et *cd*, qui seront parallèles au côté AB, puis les lignes *ai*, *bh* et *cg*, qui seront parallèles au côté AC.

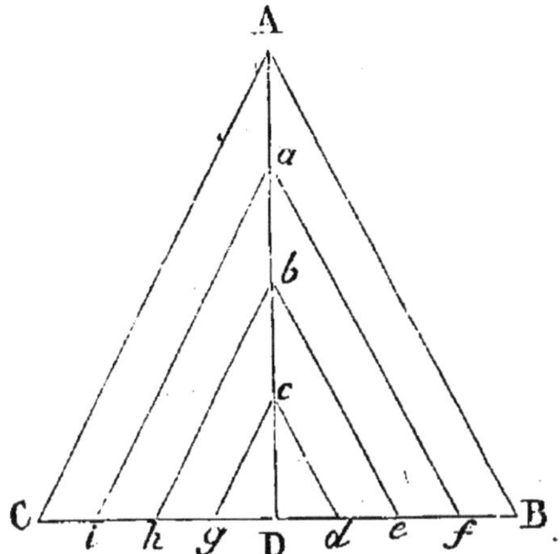

Fig. 56. — Labour d'un champ triangulaire.

Ce travail terminé, on pourra alors labourer le triangle soit *en adossant*, soit *en refendant*. Dans le premier cas, on

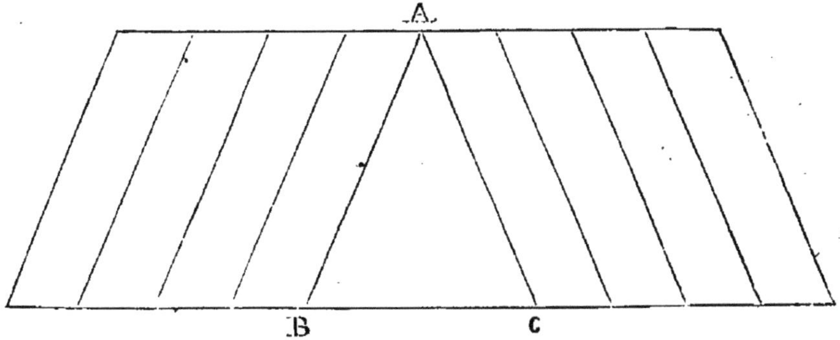

Fig. 57. — Labour d'un trapèze.
1re opération.

commencera au centre en suivant les lignes *gc* et *cd*, pour terminer *en amassant* sur les côtés CA et AB; dans le second, on enrayera sur le côté BA, puis sur la ligne AC pour continuer en *refendant* et terminer au point D.

Lorsqu'on doit labourer un champ ayant la forme d'un trapèze, on le divise en planches ayant 5, 10 ou 20 mètres de largeur, en les dirigeant parallèlement aux deux plus petits

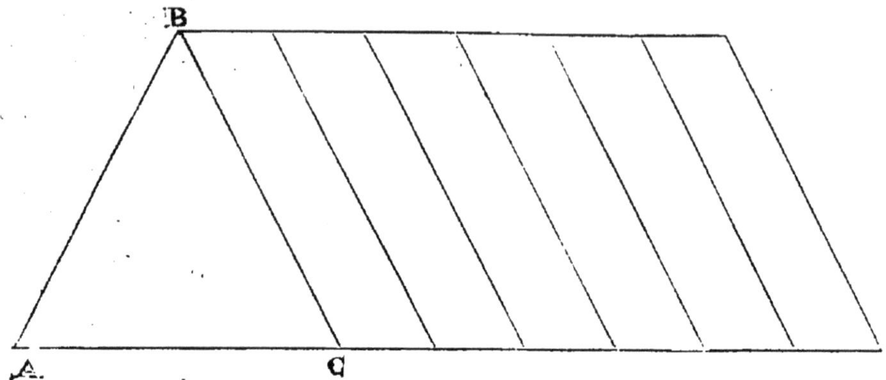

Fig. 58. — Labour d'un trapèze.
2e opération.

côtés, comme l'indique la figure 57. Lorsque les planches se touchent au point A, on arrête l'attelage pour labourer le triangle ABC suivant les indications qui précèdent.

Au second labour, on agit de manière que le triangle ABC soit à l'une des extrémités du trapèze. En opérant ainsi on évite que les enrayures et les dérayures soient faites toujours sur les mêmes points du champ.

24. — Concours de labourage.

Les comices agricoles organisent souvent des *concours de labourage* (fig. 59), dans le but de récompenser les plus habiles laboureurs ou de faire ressortir la supériorité des charrues perfectionnées sur les charrues anciennes.

Les juges chargés d'apprécier le mérite des concurrents se doivent à eux-mêmes de juger avec une grande impartialité les travaux exécutés. C'est bien à tort qu'on adjuge souvent les premiers prix aux conducteurs qui ont terminé

Fig. 59. — Concours de labourage.

les premiers le travail qui leur était imposé. Dans ces luttes pacifiques, il importe peu d'exciter sans cesse un attelage afin qu'il marche le plus vite possible; le point essentiel est de faire un excellent labour.

Un labour est parfait quand toute la couche arable a été parfaitement divisée et remuée à une profondeur uniforme, lorsqu'on constate que les bandes de terre ont toutes la même épaisseur et la même largeur, qu'elles ont été soulevées et renversées bien parallèlement les unes contre les autres suivant un angle constant de 40 à 45 degrés, enfin, lorsque les raies ouvertes par la charrue sont bien droites et régulières dans leur largeur.

On juge aussi de l'habileté d'un laboureur en examinant comment il exécute une enrayure et une dérayure, il *pique* et *dépique* sa charrue à chaque réage et de quelle manière il fait tourner son attelage quand il termine une raie pour en commencer une autre.

25. — Labours d'hiver.

Sous le nom de *labours d'hiver* on désigne les labours qu'on exécute aussitôt après les semailles d'automne sur les champs qui doivent être ensemencés ou plantés au printemps suivant. Ils ont pour but d'exposer les molécules du sol à l'action simultanée des gels et des dégels.

On les regarde à bon droit comme une excellente opération pour les terres argileuses et calcaires argileuses.

Ces labours peuvent et doivent être faits à *grosses mottes*. On ne doit jamais les faire suivre immédiatement par un hersage.

26. — Labours de jachère.

La jachère, à laquelle on a recours dans le but de reposer

la terre ou de la préparer à recevoir une semaille d'automne, est encore en usage dans diverses localités.

Par les labours et hersages qu'on lui donne pendant la belle saison, c'est-à-dire depuis le mois de mars jusqu'en octobre, on se propose d'ameublir, de nettoyer et d'exposer la couche arable aux influences fécondes des agents de l'atmosphère.

Les façons diverses : labours, hersages, roulages, qu'on y exécute à propos pendant l'été contribuent dans une large mesure à la germination des graines et à la destruction des racines des mauvaises herbes et des insectes nuisibles. Aussi est-ce avec raison qu'on a souvent regardé la jachère comme ayant les mêmes effets que les cultures sarclées sur la propreté de la couche arable.

Lorsqu'on doit labourer des terres arables fortement engazonnées, il faut choisir de préférence une charrue munie d'un *peloir* ou d'une *rasette* (fig. 40). Cette partie, lorsqu'elle est bien réglée, pousse les plantes indigènes dans le fond de la raie ouverte par le soc et le versoir.

27. — Labours de déchaumage.

On désigne sous le nom de *labours de déchaumage* les façons que l'on exécute pendant l'été sur les champs où la moisson vient d'être exécutée.

Ces labours spéciaux sont faits avec

1° La charrue ordinaire;

2° La charrue polysoc (fig. 60);

3° Le scarificateur.

Ils ont pour but d'ameublir le sol superficiellement, de favoriser la germination des graines des plantes nuisibles, de déraciner le chaume et de détruire les mauvaises herbes. Les terres qu'on a ainsi déchaumées sont ensemencées en trèfle incarnat, navet, moutarde blanche, spergule, etc., ou on y fait une demi-jachère.

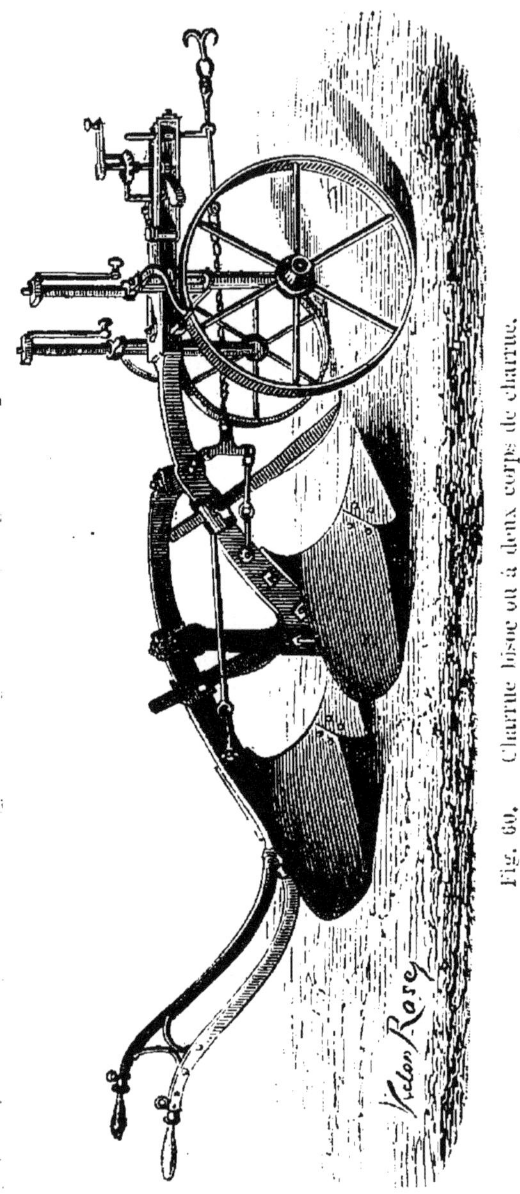

Fig. 60. — Charrue bisoc ou à deux corps de charrue.

Les labours de déchaumage ne sont possibles que sur les champs labourés à plat ou en planches.

28. — Labours superficiels.

Ces labours sont peu profonds. On les opère avec les instruments qui servent à faire les déchaumages.

Ils ont pour but l'ameublissement du sol, l'enfouissement des semences, l'incorporation des engrais pulvérulents : chaux, marne, poudrette, etc., la destruction des plantes nuisibles et la germination des graines produites par les plantes indigènes.

Ces labours sont assez souvent en usage sur les exploitations qui opèrent des labours d'hiver dans les terres qu'elles doivent semer au printemps en blé, en avoine, en orge, etc. Alors, ces labours sont exécutés soit avec une charrue ordinaire ou un bisoc, soit avec un scarificateur. Dans ce dernier cas, le sol est bien divisé, mais il n'est pas retourné sur lui-même, ce qui n'est pas toujours nécessaire.

Quoi qu'il en soit, on dit ordinairement qu'on a recours à ces labours spéciaux pour *rompre un labour d'hiver* avant les semailles de mars ou retourner une semaille qui n'a pas réussi.

On utilise aussi les labours superficiels exécutés avec l'extirpateur pour *couper les chardons entre deux terres.*

29. — Labours croisés.

Le labour qu'on opère perpendiculairement à la direction donnée au dernier labour, est appelé *labour croisé.*

Les labours croisés sont très utiles en ce qu'ils permettent d'attaquer et d'ameublir la couche arable dans toute son épaisseur et sur toute son étendue. On les exécute principalement quand il est question de préparer des terres pour les *emblavures* d'automne.

Il est à regretter, toutefois, qu'ils soient d'une exécution presque impossible dans les champs ayant peu de largeur.

Ces labours, si utiles au point de vue du complet ameublissement de la couche arable, peuvent être aussi exécutés sur les terrains en pente. Ainsi, on peut opérer un premier labour obliquement à la pente en dirigeant l'attelage vers la droite du champ (fig. 61) pour agir inversement au se-

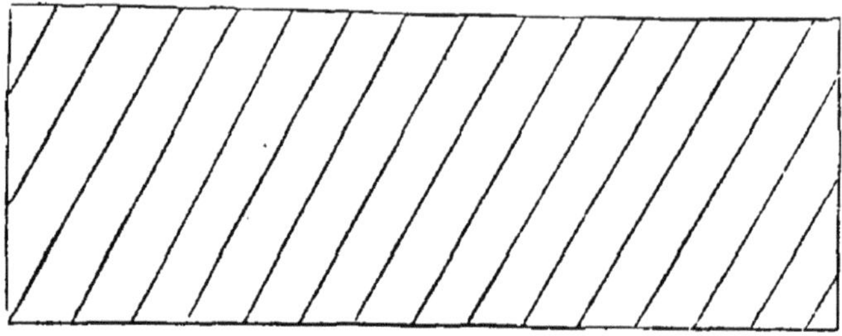

Fig. 61. — Labour sur l'oblique droite.

cond labour (fig. 62), c'est-à-dire le diriger vers la gauche.

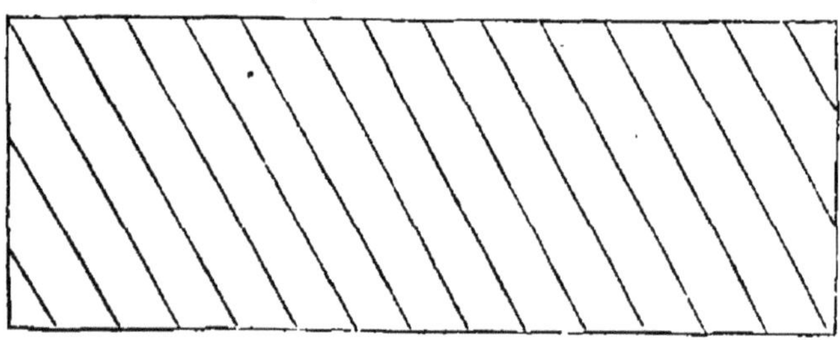

Fig. 62. — Labour sur l'oblique gauche.

On suit quelquefois cette manière d'opérer quand les champs sont un peu étroits.

30. — **Labours de semailles.**

Les labours de semailles sont les plus difficiles à exécuter ou pour mieux dire ceux qui exigent le plus d'attention, le plus de régularité.

On les opère sur les terres jachérées, sur les champs qui ont porté une culture estivale ou qui ont été occupés par la pomme de terre, la betterave, etc. On a soin ordinairement de ne pas détacher, soulever et renverser des bandes de terre très larges et irrégulières quant à leur épaisseur.

En général, les emblavures d'automne exigent que la terre après les labours de semailles, soit un peu motteuse. Par contre, la couche arable peut être aussi divisée que possible pour les semailles de mars parce que la chaleur agit mieux sur les semences.

Les labours de semailles après betteraves ou pommes de terre arrachées tardivement doivent être très bien faits et peu profonds.

Les labours dans les *semailles sous raies* doivent aussi être très réguliers sous tous les rapports.

31. — Nombre de labours.

On s'est souvent demandé quel est le nombre de labours qu'on doit opérer sur un champ ou pour telle ou telle culture.

Diverses causes modifient d'une manière toute particulière le nombre de labours que l'on doit donner à une terre : la nature et la propreté de la couche arable, les engrais appliqués, les circonstances atmosphériques et les cultures précédentes.

S'il est important souvent de multiplier les labours afin que le sol soit parfaitement travaillé dans toute son épaisseur, il est très utile de ne pas oublier que les terres très argileuses qui doivent être ensemencées pendant l'automne ne demandent pas à être divisées à l'extrême. Quand elles ont été préparées à l'aide de trois à quatre labours, elles sont si meubles parfois au moment des semailles qu'elles absorbent et retiennent beaucoup d'eau pendant l'hiver. Alors, elles sont plus sujettes à être soulevées par les gelées que quand elles ont été moins divisées et qu'elles présentent surperficiellement de petites mottes au moment des semailles.

Dans les circonstances ordinaires, on laboure les terres arables une fois quand elles ont été occupées par un fourrage d'été, une récolte de pommes de terre ou de betteraves, un trèfle ou un sainfoin et qu'elles doivent être ensemencées avec une céréale d'automne ou de printemps.

Les terres destinées aux plantes racines fourragères et à la plupart des plantes industrielles reçoivent ordinairement deux à trois labours. Il en est de même des terres qu'on jachère depuis le mois d'avril ou de mai jusqu'en septembre ou octobre.

Les luzernières et les prairies naturelles sont généralement défrichées à l'aide d'un seul labour.

32. — Labours profonds.

Les labours profonds sont bien connus aujourd'hui dans les contrées où l'agriculture est en voie de progrès.

Ces labours contribuent largement à améliorer la couche arable. Ainsi, ils permettent à l'eau de s'infiltrer plus profondément dans le sol, à l'air d'arriver jusqu'au sous-sol actif ou inerte, et aux racines de s'étendre avec plus de facilité dans la couche végétale. D'un autre côté, ils contribuent à la conservation d'une certaine somme de fraîcheur dans le sol, tout en prévenant l'influence fâcheuse d'un excès d'humidité. La pratique démontre, en effet, que les eaux pluviales trouvent toujours dans les terres labourées profondément un réservoir plus vaste et suffisamment éloigné de la surface du sol pour qu'il n'ait aucune action nuisible sur la végétation. Toutefois, cette humidité n'est pas perdue pour les plantes; elle leur vient en aide en remontant peu à peu vers le milieu occupé par les racines, par le fait de la capillarité, pendant les temps de sécheresse ou lorsque l'atmosphère est brûlante.

Les labours profonds jouissent donc de l'avantage de contribuer dans une certaine mesure à l'assainissement des champs où la couche arable a peu de profondeur et d'augmenter la fraîcheur qui est si nécessaire aux plantes.

A ces avantages, qu'on ne peut aujourd'hui contester, vient se joindre ce fait remarquable que les terres labourées profondément offrent aux racines un milieu plus propice en ce qu'elles peuvent se développer plus librement, sans se gêner mutuellement. Aussi constate-t-on que, dans les terres profondes les céréales sont moins exposées à verser, parce qu'elles acquièrent toujours plus de force pour résister à toutes les influences atmosphériques, que les luzernes, les betteraves, etc., en un mot toutes les plantes à racines longues et pivotantes fournissent des produits plus abondants.

Les labours de défoncement constituent une opération délicate qu'on ne peut pratiquer que dans des circonstances bien déterminées. Ainsi ces labours ne doivent être exécutés que quand la couche arable manque de profondeur ou lorsqu'il y a nécessité d'augmenter la perméabilité d'un terrain. Toutefois, comme en attaquant le sous-sol on ramène à la surface de la couche arable une partie de la sous-couche qui n'a jamais été modifiée par les agents de l'atmosphère, il ne faut pas se hâter de répéter cette opération. Si chaque année on réitérait les labours profonds, le sol cultivable diminuerait de fécondité chaque fois que l'épaisseur de la couche végétale serait augmentée, et il arriverait bientôt un moment où la terre arable, loin d'être améliorée, serait notablement appauvrie.

Les labours peuvent être profonds lorsque la couche inférieure ou le sous-sol inerte est éloignée de la superficie du sol. Dans les circonstances moins favorables, alors que la couche supérieure ne renferme pas dans toute son épaisseur des matières utiles aux végétaux ou qu'elle ne repose pas sur un sous-sol qui peut par sa nature corriger ses défauts ou accroître sa puissance et sa fécondité, il ne convient pas d'ajouter à la couche arable, par chaque labour de défoncement, plus de 5 à 6 centimètres du sous-sol. Cette donnée, ce défoncement par gradation, paraîtra bien faible aux yeux des agriculteurs qui ignorent encore les inconvénients que présentent les labours profonds, et beaucoup s'imagineront que la charrue peut pénétrer sans danger à une plus grande profondeur. Ce raisonnement, qui est souvent le partage de ceux qui embrassent la carrière agricale sans avoir acquis préalablement les connaissances pratiques qu'elle exige, conduit à de grandes déceptions.

C'est bien à tort qu'on espère augmenter la richesse d'une terre en mélangeant une partie du sous-sol avec la couche arable. Les effets des labours de défoncement sont tout à fait opposés à ce résultat, et on ne doit pas oublier un seul instant que si par leur concours on *augmente la puissance et l'épaisseur du sol* et la pénétration des eaux pluviales à une profondeur où elles sont peu ou moins nuisibles, on *diminue la fécondité de la couche arable.*

Il est incontestable que les plantes à racines pivotantes ou verticales se plaisent dans les sols labourés profondément ; mais pour qu'elles puissent y végéter vigoureusement, il est nécessaire d'y appliquer de fortes fumures.

Ces labours, il ne faut pas l'oublier, sont plus coûteux que les autres, parce qu'ils exigent un matériel plus résistant, des attelages plus vigoureux et plus nombreux et des fumures plus abondantes. Mais dans bien des cas les avances plus considérables que nécessitent les défoncements sont largement compensées par la plus-value qu'acquièrent et le terrain et les récoltes.

L'amélioration obtenue par les labours profonds est-elle

durable ? Non ! Avec le temps les *molécules* constituant le sol et le sous-sol se rapprochent, se tassent, et la terre, au bout de 6 à 8 ans, reprend presque complètement son aspect normal. C'est alors qu'il faut répéter le défoncement si on veut jouir de nouveau de son influence bienfaisante.

Une couche inférieure blanche ou jaunâtre et non calcaire qui n'a jamais été fécondée par des engrais, et sur laquelle les agents de l'atmosphère n'ont pas encore exercé leur action bienfaisante, ne peut être remuée ou divisée qu'à l'aide d'une *charrue sous-sol* (voir ci-après *Ameublissement du sous-sol*).

Tous les labours de défoncements doivent être exécutés pendant la belle saison et par un beau temps, surtout si on mélange une partie du sous-sol avec la couche arable.

J'ai dit précédemment que les labours de défoncement avaient ordinairement de 25 à 35 centimètres de profondeur. Ces opérations sont de nos jours de très bons labours, mais leur profondeur n'a rien d'extraordinaire. Sur diverses exploitations, à l'aide de la *charrue Vallerand*, on opère les labours qui ont depuis 35 jusqu'à 45 centimètres de profondeur.

33. — **Labours des terrains en pente.**

Les champs ayant une pente douce sont faciles à labourer, mais il n'en est pas de même des terres très déclives. Pour ces derniers terrains, on a intérêt à choisir de préférence une *charrue tourne-oreille* (fig. 63) à une charrue à versoir fixe et à labourer alors transversalement ou *obliquement* à la ligne de plus grande pente.

Il ne faut pas oublier que lorsque l'attelage chemine de bas en haut du champ et *vice versa*, la charrue a sans cesse une tendance à *piquer* davantage en descendant et à prendre moins de profondeur en montant, parce que son centre de gravité se déplace et est ou plus près ou plus éloigné du soc.

Le conducteur qui dirige un araire doit se rappeler, en exécutant ce labour qui est toujours moins expéditif que les autres, qu'il faut peser sur les mancherons en descendant et les soulever en montant, s'il veut que la profon-

Fig. 63. — Charrue pour labourer les sols en pente.

deur du labour soit aussi régulière qu'elle peut l'être dans cette occurence.

34. — Labours dans les sols pierreux.

Les terrains caillouteux ou pierreux sont certainement les plus difficiles à labourer. Les araires y ont ordinairement peu de fixité et les charrues ne les pénètrent pas toujours facilement.

Dans le but de donner à ces instruments plus de stabilité et d'énergie, on a armé le soc d'une pointe mobile (fig. 64) en fer aciéré. Les araires ou charrues qui présentent ce perfectionnement agissent toujours avec plus d'efficacité, soit dans les terrains calcaires,soit dans les sols volcaniques les plus caillouteux.

La tige en fer précitée s'engage dans des mortaises pratiquées dans les étançons. Elle y est fixée au moyen d'un coin. On l'avance au delà du soc au fur et à mesure de son usure.

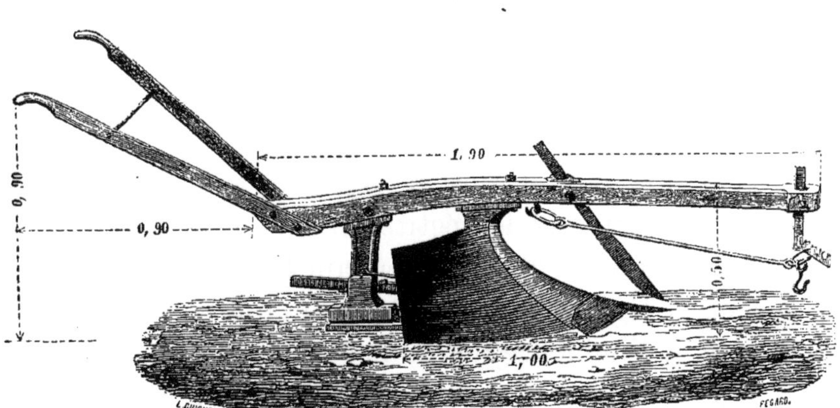

Fig. 64. — Araire à pointe pour les sols pierreux, désigné souvent sous le nom de charrue Armelin.

35. — **Billonnage.**

Le petit billonnage est souvent préféré au labour en planches, sans autre raison plausible que la coutume.

On ne peut nier que les engrais y sont plus en contact avec les racines des plantes cultivées, que la couche arable y est moins exposée aux effets fâcheux d'une humidité surabondante pendant l'hiver, que les sarclages y sont plus faciles à exécuter, enfin que les céréales y sont moins sujettes à verser. Toutefois, il est juste de constater que dans ce mode de labour la préparation du sol est plus coûteuse, les ensemencements moins rapides, les hersages plus difficiles et les travaux de récolte et les charrois moins expéditifs et plus coûteux.

Quoi qu'il en soit, on a intérêt sous toutes les latitudes à diriger les gros et les petits billons, autant que possible, du nord au midi, afin que pendant l'hiver les côtés des ados gèlent et dégèlent en même temps et qu'ils soient également soumis à l'influence de la lumière et des rayons du soleil.

Sur les terrains en pente douce, les billons sont dirigés suivant la ligne de plus grande pente ; quand l'inclinaison du sol est rapide on les dirige diagonalement ou perpendiculairement à la déclivité du terrain.

36. — **Binotage.**

Le binotage est un labour particulier qu'on exécute souvent dans le nord de la France dans la préparation des terres labourables. L'instrument avec lequel on l'opère n'est autre qu'un buttoir à deux versoirs fixes et arrondis qu'on appelle *binot* (fig. 65, 66 et 66 *bis*).

Voici comment on exécute ce labour préparatoire :

On laboure d'abord le terrain à plat à l'aide d'un *bra-*

bant simple ou d'un *double brabant,* puis avec le binot on

Fig. 65. — Binot flamand avec patin.

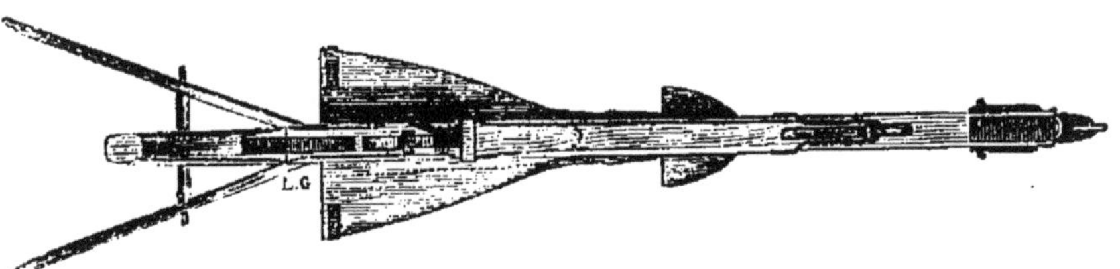

Fig. 66. — Binot flamand, vu de dessus.

y trace perpendiculairement des billons parallèles qui sont séparés par des sillons ayant à peu près la même largeur, exactement comme on opère dans les régions du centre et de l'ouest lorsqu'on veut jachérer une terre en y faisant à la fois des petits billons et des sillons.

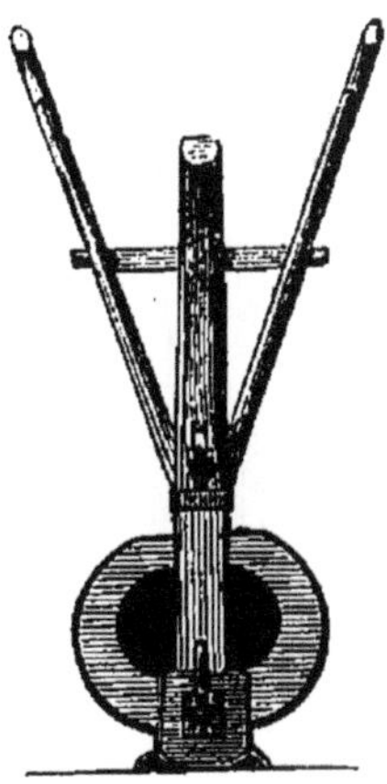

Fig. 66 *bis.* Binot flamand, vu en arrière.

Au second labour, on refend les ados ou billons avec le binot ou l'areau. Alors on change de place et les billons et les sillons. Par cette deuxième opération, la terre est très bien divisée, ameublie et débarrassée des mauvaises herbes qui y végétaient. On peut alors détruire le binotage à l'aide d'un hersage énergique et y exécuter un labour en petites planches.

Fig. 67. — Binot flamand avec avant-train.

37. — Ameublissement du sous-sol.

L'opération faite dans le but de fouiller, de diviser et

d'*ameublir le sous-sol sans le mélanger à la couche arable* est connue sous le nom de *sous-solage.* On l'exécute en faisant suivre un araire ou une charrue avec avant-train par une *charrue taupe*, ou une *charrue sous-sol* ou une *charrue fouilleuse* ou *défonceuse.*

L'instrument aujourd'hui le plus répandu et le plus apprécié est celui qu'on appelle *charrue fouilleuse* (fig. 68 et 69). Il a la forme d'un araire muni ou non d'une roulette à sa partie antérieure ; mais à la place des étançons, du soc et du versoir, on remarque trois pieds en fer aciéré ayant chacun un arc-boutant en fer, afin d'avoir toute la solidité voulue pour résister aux plus grands obstacles : ténacité de l'argile, pierres, etc.

Cet instrument fouille le fond de la raie jusqu'à 20 et même 30 centimètres de profondeur, ce qui facilite la pénétration des eaux pluviales et celle des racines pivotantes. Il doit être traîné par deux chevaux attelés l'un devant l'autre et marchant dans la raie ouverte par la charrue qui le précède.

Les charrues sous-sols ont, en général, peu de fixité, surtout lorsqu'elles n'ont pas antérieurement une roulette ou un sabot comme l'*araire flamand.* Aussi est-il nécessaire que le laboureur ne renonce pas à conduire une semblable défonceuse aux premières difficultés qu'il rencontre. Avec de la patience et de l'habitude, on parvient promptement à la diriger de manière qu'elle fonctionne bien et régulièrement.

Le travail opéré par une charrue fouilleuse est bon quand le sous-sol a été bien remué, divisé et soulevé. Dans les circonstances ordinaires la partie défoncée comble en partie la raie dans laquelle on opère.

Pour que l'ameublissement d'un sous-sol très argileux et humide exécuté avec une fouilleuse puisse assécher la couche arable, il est indispensable d'opérer parallèlement

Fig. 68. — Charrue fouilleuse Bodin, dont les pieds sont renforcés par des arcs-boutants.

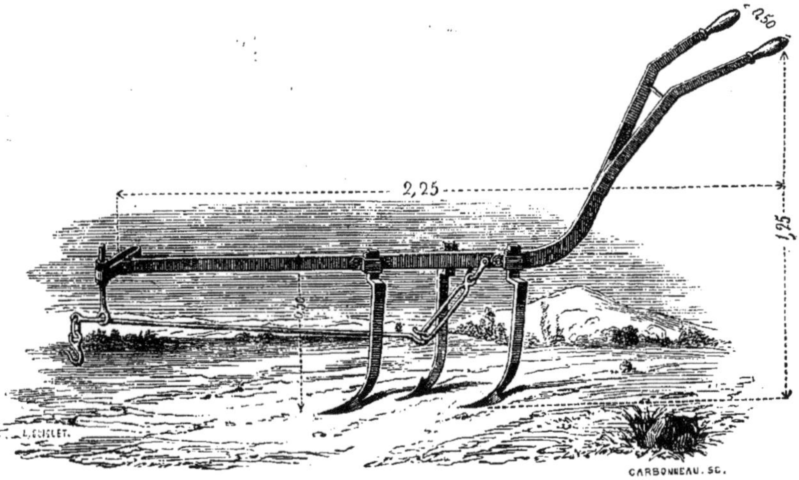

Fig. 69. — Fouilleuse toute en fer, la chaîne de tirage étant fixée au-dessus de la résistance à vaincre.

à la pente du sol ou obliquement aux rigoles ou fossés ouverts dans le but d'assainir le terrain.

Les sous-solages se font toujours par un beau temps et lorsque le sol est sec.

A défaut de charrue sous-sol ou de charrue fouilleuse, on peut se servir d'un araire auquel on a enlevé le versoir. Cet instrument ameublira le sous-sol, ce qui augmentera la porosité de la couche arable, mais il exigera une plus grande force de traction que les autres instruments destinés à fouiller la couche sur laquelle repose le sol.

Le sous-solage est une opération très utile toutes les fois que les labours profonds sont impossibles. Ces derniers labours ne sont véritablement avantageux que lorsqu'on peut sans danger mêler une portion du sous-sol avec la couche arable, comme cela a lieu quand le sol est argilo-siliceux et sous-sol calcaire ou marneux.

38. — **Scarifiage.**

Les terres destinées aux semailles de printemps et qui ont été labourées en novembre ou décembre présentent souvent superficiellement, au mois de février ou de mars, une croûte suffisamment dure pour qu'une herse énergique ne la divise pas aisément.

Quand les choses se présentent ainsi, on a recours à un *scarificateur* (fig. 70). Cet instrument, d'une grande solidité, ameublit très bien la couche arable et celle-ci peut recevoir alors la semence d'une céréale de mars ou un engrais pulvérulent.

Les scarificateurs ont une forme triangulaire ou rectangulaire ; ils sont munis de deux ou trois roues de support qui servent ordinairement à régler l'entrure des dents dans la couche arable ; quelques-uns ont même des leviers à l'aide desquels on peut à volonté soulever ou abaisser soit les roues, soit les pieds.

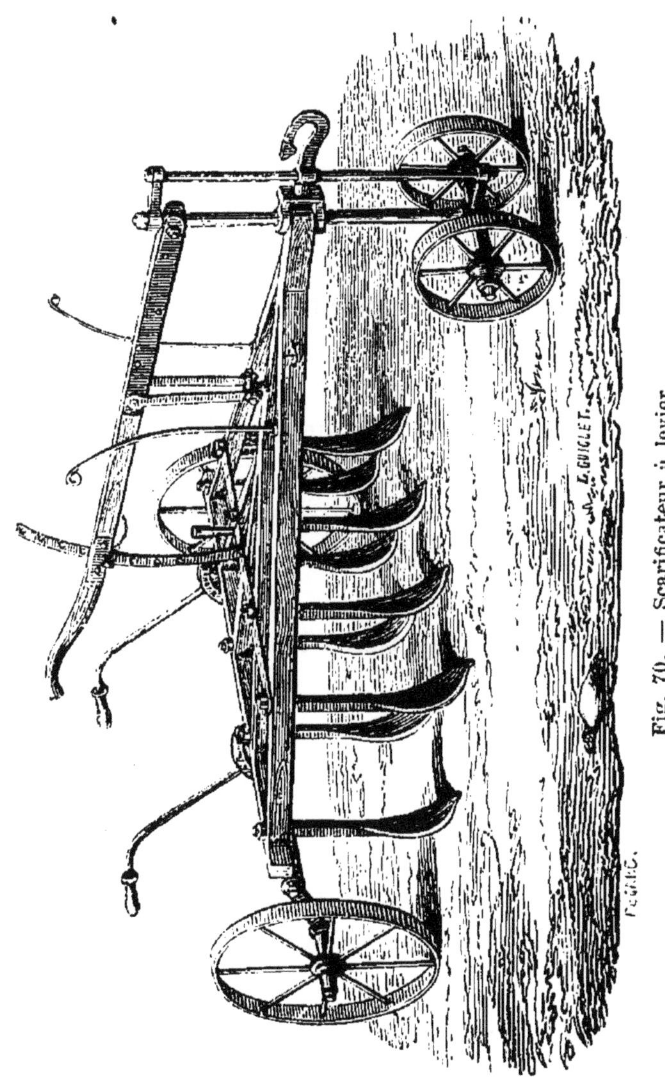

Fig. 70. — Scarificateur à levier.

Ces instruments sont aussi utilisés avec succès dans les *déchaumages*, opérations que l'on désigne quelquefois sous le nom de *quasi-labours* (voir tome II, *Cultures d'entretien*).

CHAPITRE II.

LES HERSAGES.

Les *hersages* sont des opérations culturales qui ont pour but :

1° L'ameublissement du sol ;
2° Le nivellement de la couche arable ;
3° La destruction des mauvaises herbes ;
4° L'enfouissement des engrais pulvérulents ;
5° L'enfouissement des semences ;
6° De favoriser le tallage des céréales ;
7° L'éclaircissage des semis trop épais ;
8° L'aération du sol.

1. — **Herses en usage.**

Les herses que l'on emploie appartiennent à deux divisions : les *herses à pointes* et les *herses à chaînes*. Les unes et les autres sont traînantes et varient d'aspect, de grandeur et d'énergie.

Les herses à dents sont triangulaires (fig. 71), trapézoïdales (fig. 72), parallélogrammiques (fig. 73) rectangulaires (fig. 74) ou en zigzag (fig. 76). Leur bâti et leurs dents sont tantôt en bois, tantôt en fer.

Les herses triangulaires et les herses rectangulaires sont ordinairement pesantes, massives et souvent mal construites ; elles ont, en outre, l'inconvénient de toujours exécuter le même travail.

Les herses parallélogrammiques ou *herse Valcour* et les herses en zigzag sont les plus parfaites; elles sont aujour-

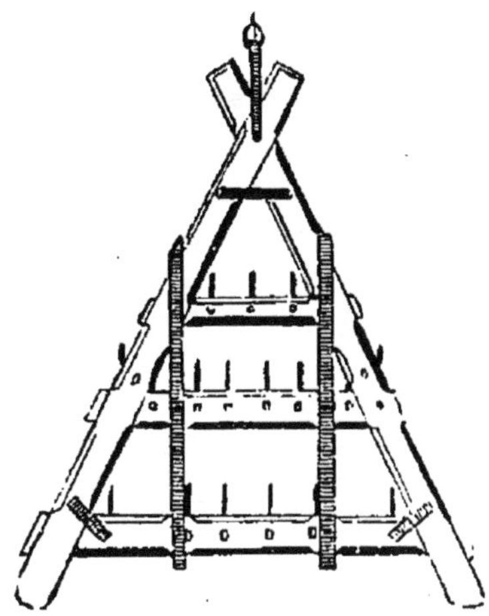

Fig. 71. — Herse triangulaire.

Fig. 72. — Herse trapézoïdale.

d'hui très répandues. Leurs dents sont ordinairement inclinées. Chacune des extrémités des limons externes est munie d'un crochet. C'est à ces crochets qu'on attache la chaîne formant régulateur sur laquelle on fixe le palonnier de la volée d'attelage.

Fig. 73. — Herse parallélogrammique.

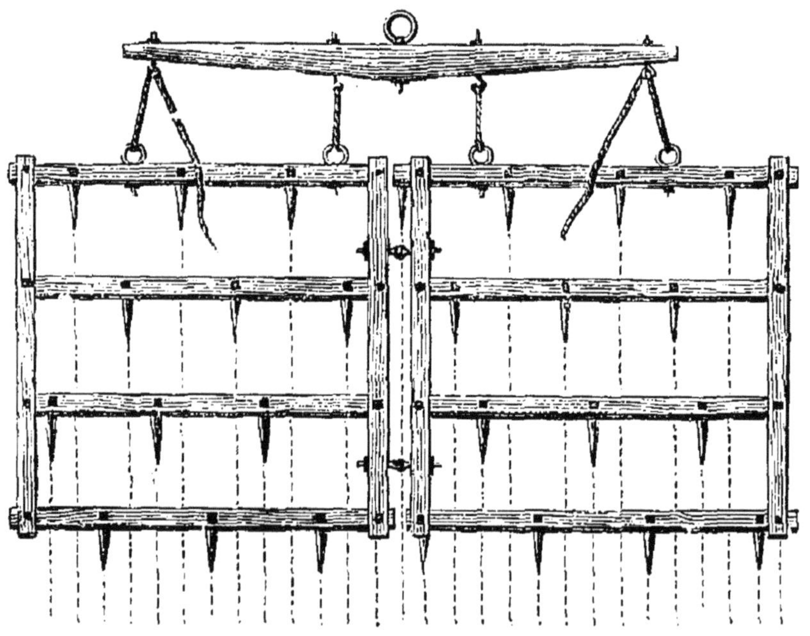

Fig. 74. — Herses rectangulaires accouplées.

Les herses sont simples ou accouplées au nombre de deux, trois ou quatre (fig. 74, 75, 76 et 77).

Les *herses en zigzag* ont des limons brisés ; elles fonc-

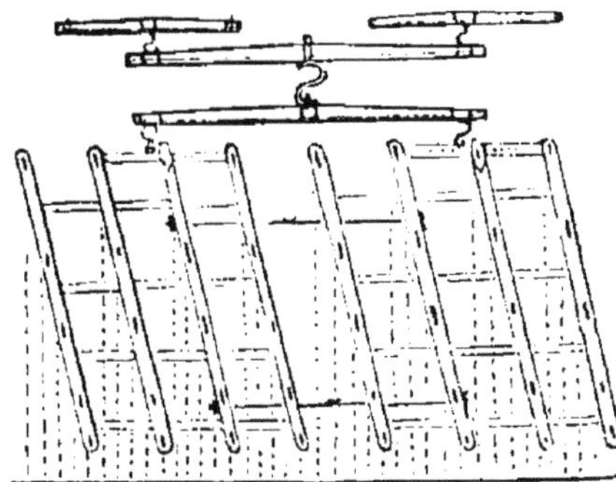

Fig. 75. — Herses parallélogrammiques accouplées.

Fig. 76. — Herses zigzag accouplées.

Fig. 77. — Herses trapézoïdales accouplées.

tionnent toujours après qu'elles ont été accouplées au nombre de deux ou trois et attachées à l'aide de chaînes à un grand palonnier ou volée d'attelage.

Ces herses, d'origine anglaise, sont plus ou moins énergiques selon leur poids et la longueur de leurs dents; elles sont entièrement en fer. On les emploie principalement pour enterrer les semences.

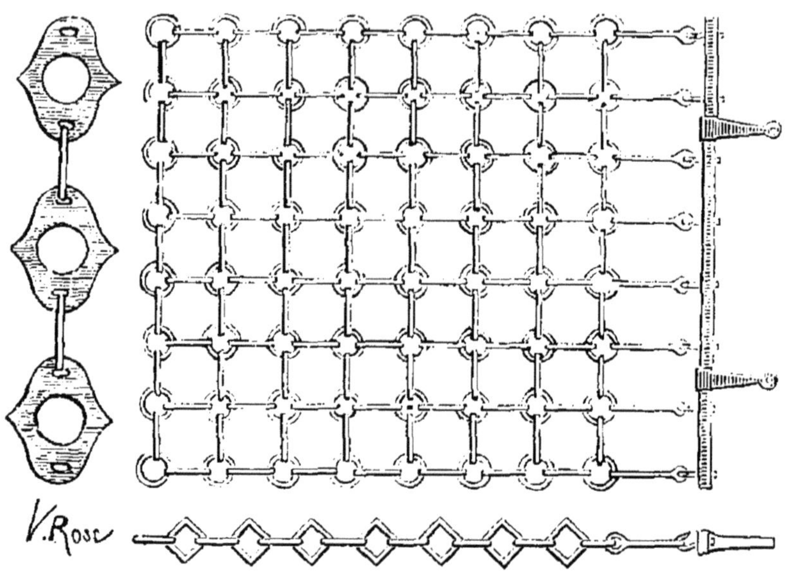

Fig. 78. — Herse-chaîne sans pointes.

Les *herses-chaînes* sont aussi en fer; elles ont l'aspect d'une grosse toile métallique à claire-voie. Les unes sont à mailles sans pointes (fig. 78); les autres ont des chaînons munis de pointes plus ou moins longues (fig. 79).

Toutes ces herses sont utilisées sur des terrains labourés à plat. Ces herses particulières, toutes modernes et d'origine anglaise, agissent sur une grande largeur, mais pour qu'elles fonctionnent d'une manière satisfaisante, il est indispensable qu'elles opèrent sur des terres exemptes de grosses mottes et de plantes nuisibles, et lorsque la couche arable n'a pas été détrempée par une forte pluie.

Les herses-chaînes sont surtout utiles pour émietter les terres sur lesquelles on doit répandre des graines fines : gaude, lin, navette, etc., ou pour enterrer des semences de prairies naturelles ou artificielles.

On emploie aussi avec avantage celles dont les mailles sont dentées pour herser à la fin de l'hiver les prairies naturelles envahies par la mousse. Ces herses étant très flexibles suivent très bien les ondulations du terrain.

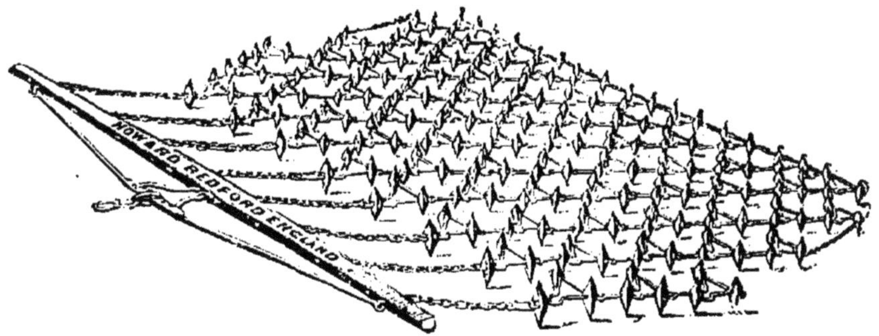

Fig. 79. — Herse-chaîne à pointes.

La chaîne de tirage, dans les herses triangulaires, se fixe au sommet de l'angle aigu formé par le bâti. Dans les herses rectangulaires on l'attache au timonet qui divise le bâtis en deux parties.

On règle la herse Valcour (fig. 80) en fixant le crochet du palonnier précité à la maille de la chaîne qui est située dans le prolongement de la ligne *a h*, déterminée par les deuxièmes dents les plus rapprochées des angles obtus *c*, *d*. Ainsi réglée, le centre de la herse est placé dans le prolongement de la ligne de tirage, l'instrument trace sur le sol des raies équidistantes et il exécute un travail plus ou moins énergique selon la direction ou l'inclinaison des dents.

En général, la herse parallélogrammique fonctionne bien quand toutes les dents agissent avec la même longueur et lorsque l'écartement entre ces parties actives est assez grand pour que la terre et les mauvaises herbes ne s'amassent pas dans les intervalles qui les séparent.

On peut fixer la chaîne de tirage à l'un des angles obtus;

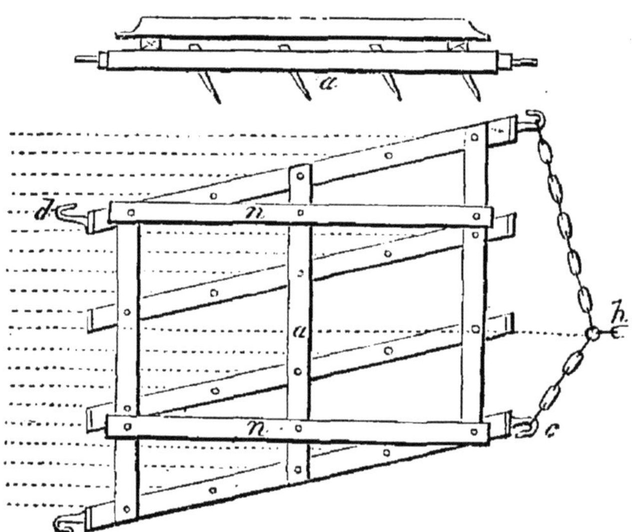

Fig. 80. — Réglement de la herse Valcour.

on obtient alors un travail sur une plus grande largeur; mais en opérant ainsi on constate que les sillons tracés par les dents sont écartés très irrégulièrement et que si le travail de la herse est énergique au centre du réage, il est par contre très faible aux extrémités.

Enfin, il est très important de régler la herse de manière que les dents de la partie antérieure ne pénètrent pas plus avant dans le sol que les dents de la partie postérieure et que, dès lors, le bâti ou le plan de la herse soit bien parallèle à la surface du sol.

On renverse la herse sur ses traîneaux ou patins *n n*, pour la conduire aux champs.

Les dents des herses ordinaires sont en fer, et rondes ou carrées. Ces dernières sont toujours plus énergiques que les premières, surtout lorsque les hersages ont pour but de diviser des mottes. Les dents rondes ne sont utiles que dans les terres légères ou naturellement meubles. Elles ont l'inconvénient de permettre aux racines vivaces et traçantes de s'y enrouler aisément.

Il existe des herses qui ont des dents en forme de *petits coutres*. De telles herses scarifiantes ne sont employées que pour scarifier des terrains engazonnés et y faire pénétrer des engrais pulvérulents.

Je n'ai mentionné ici que les herses les plus communes, sans entrer dans le détail de toutes les herses variées qu'on emploie dans les divers pays.

2. — Énergie des hersages.

L'inclinaison des dents dans les *herses traînantes* modernes ou perfectionnées permet de faire fonctionner la herse en accrochant ou en décrochant.

On *herse en accrochant* quand on veut herser énergiquement un terrain ou enterrer de grosses graines. Les pointes des *dents sont alors dirigées en avant.*

On *herse en décrochant* lorsqu'on doit faire un hersage léger ou enfouir de petites semences. Dans ce hersage, les *dents sont dirigées en arrière.*

On appelle *hersage à une dent* le hersage qu'on opère en faisant passer la herse une fois seulement sur un champ labouré, ensemencé ou occupé par une plante en végétation.

Le *hersage à deux dents* est celui qu'on exécute sur un champ en opérant deux hersages consécutifs dans le même sens ou perpendiculairement l'un à l'autre.

Les petites semences sont enterrées à l'aide d'un hersage à une dent ; les grosses graines sont toujours enfouies au moyen d'un hersage à deux dents.

3. — Conduite de la herse.

L'ouvrier qui conduit une herse à laquelle est attelé un

seul cheval, se place ordinairement à la gauche de l'animal et le conduit par la longe avec la main droite. Arrivé à l'extrémité du réage, il le fait tourner selon sa volonté de gauche à droite ou de droite à gauche. Quant à lui, il se déplace peu et pivote pour ainsi dire sur lui-même, quand son attelage tourne à gauche et qu'il le conduit par la main droite ou lorsqu'il est à droite d'une paire de bœufs et qu'il l'a fait tourner de gauche à droite.

Quand une herse est *traînée par deux chevaux,* le conducteur se place en arrière de l'instrument et dirige l'attelage à l'aide de cordeaux ou de guides. Il peut à volonté lui faire décrire une demi-circonférence, soit à droite soit à gauche. Lorsque le même instrument est *traîné par deux bœufs* attelés au joug, le herseur se place à droite de l'attelage et tient un *aiguillon* dans la main droite. Il fait tourner son attelage de gauche à droite.

Dans le hersage exécuté par un seul conducteur conduisant deux herses à dents de bois traînées chacune par un seul cheval, la longe du second animal est attachée au palonnier du premier cheval. Le conducteur tient la longe de celui-ci dans la main droite et fait tourner les animaux de droite à gauche.

Le conducteur ne doit pas négliger d'examiner au début du travail la longueur des traits des animaux qui lui ont été confiés. Les *traits trop courts* tendent sans cesse à soulever la partie antérieure de la herse. Dans toutes les circonstances, en *allongeant les traits*, *on rend le hersage plus énergique.* On ne doit pas oublier que l'épaule du cheval étant beaucoup plus élevée que la herse, les traits ont toujours une direction très oblique. Le soulèvement de la partie antérieure de la herse par les traits est d'autant plus sensible que ceux-ci sont plus courts.

Lorsque les dents de la herse n'agissent pas assez profondément quoiqu'elles opèrent en accrochant, on charge le bâti en y plaçant des pierres ou une ou deux pièces de bois. On agit de la même manière quand la herse *sautille* ou *oscille* à droite et à gauche de la ligne de traction, ce qui a lieu assez souvent quand les traits sont trop courts ou lorsque l'instrument fonctionne sur un terrain présentant des mottes dures assez volumineuses.

La herse qui agit sur un terrain labouré, mais infesté de mauvaises herbes annuelles ou à racines vivaces, *bourre* assez fréquemment. Pour rendre son travail plus efficace, le conducteur se place en arrière de l'instrument et attache une corde à l'angle obtus postérieur. Tenant l'autre extrémité de cette corde dans sa main gauche, il peut de temps à autre et sans arrêter l'attelage, soulever la partie postérieure de la herse pour la dégager. Les plantes restent alors çà et là en petits tas sur le champ.

Lorsque la herse entraîne des mauvaises herses qui diminuent son action, le charretier doit la nettoyer à la fin de chaque réage et avant de faire tourner son attelage.

4. — Animaux de travail.

Le *cheval* est supérieur au bœuf dans la conduite de la herse lorsque cet instrument est utilisé pour diviser de mottes. Celles-ci, en général, ne sont divisées ou anéanties que par le choc des dents. Or, plus la herse est traînée vite, plus ce choc est efficace. Quand la herse est traînée lentement, les mottes glissent entre les dents ou sont chassées à droite et à gauche par celles-ci et elles restent sur le sol sans avoir été bien divisées.

Le *bœuf* ne convient que quand il est question d'enfouir des engrais pulvérulents et des semences, régaler un champ, diviser ou déchirer des gazons retournés par un labour ou rassembler des mauvaises herbes ayant été déracinées par la charrue.

Les herses ayant des dents en fer doivent être traînées par deux animaux. Un seul animal suffit pour les herses qui ont des dents en bois.

5. — **Tournées.**

Il est très important dans tous les hersages que les tournées ne soient ni trop courtes ni trop longues. Quand elles ont lieu à cul les herses se renversent souvent, effraient les animaux et ceux-ci en reculant se blessent parfois très gravement. Quand elles sont trop longues, l'attelage perd beaucoup de temps, ce qui diminue notablement la durée du travail effectif.

Le conducteur doit éviter que les animaux piétinent fortement les forières dans les tournées, surtout si le sol est argileux ou argilo-calcaire et un peu humide.

6. — **Exécution des hersages.**

La pratique des hersages ne présente pas de grandes difficultés à quiconque sait conduire deux chevaux ou deux bœufs attelés au joug.

Soit la pièce ABCD (fig. 81) à herser à une dent. Cette pièce a été préalablement labourée en grandes planches.

Le conducteur amène l'attelage composé de deux chevaux et la herse à l'intérieur du champ près de l'angle A. Après avoir placé la herse de manière que les dents les plus externes de droite puissent suivre le bord AB, il fait avancer son attelage, et lorsque ce dernier est arrivé près de la ligne BC et qu'il a hersé le train O, il lui fait décrire un quart de cercle, le fait avancer de 3 mètres environ et le fait encore tourner à gauche pour le diriger sur la limite du champ AD, en ayant soin que la herse opère un train P parallèle au premier mais distant de celui-ci d'une largeur égale à deux trains. Quand ce second train a été exécuté, le herseur fait un troisième train R à côté du premier, et lorsqu'il est arrivé de nouveau sur la ligne BC, il conduit son

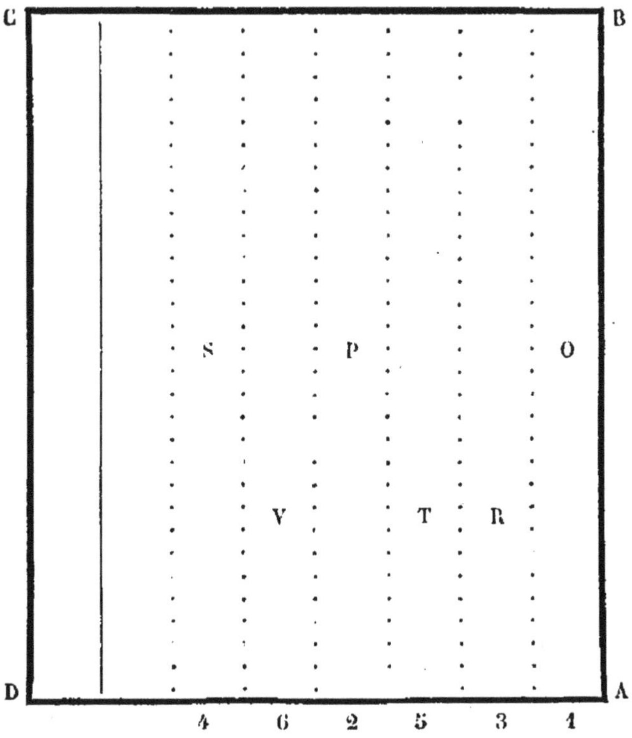

Fig. 81. — Hersage à une dent.

attelage au delà du deuxième train P pour en opérer un quatrième qui soit éloigné de ce dernier d'une largeur égale à deux trains. Lorsqu'il a terminé ce quatrième train S, il vient herser le train T, qui est situé entre le deuxième et le troisième. Alors il termine cette portion du champ en hersant l'espace V laissé libre entre le deuxième et le quatrième train. Il continue son travail en laissant toujours au début du hersage d'une planche ou d'une surface donnée un espace égal à deux largeurs de train entre le premier et le second.

Par cette méthode, les tournées ont une longueur moyenne et l'attelage les exécute promptement et avec une extrême facilité.

Quand sur le même champ on doit faire un hersage à deux dents, on herse d'abord tout le champ à une dent, et lorsqu'on a terminé, on commence le long de la limite CD, en partant de l'angle C pour finir le long de ligne BA.

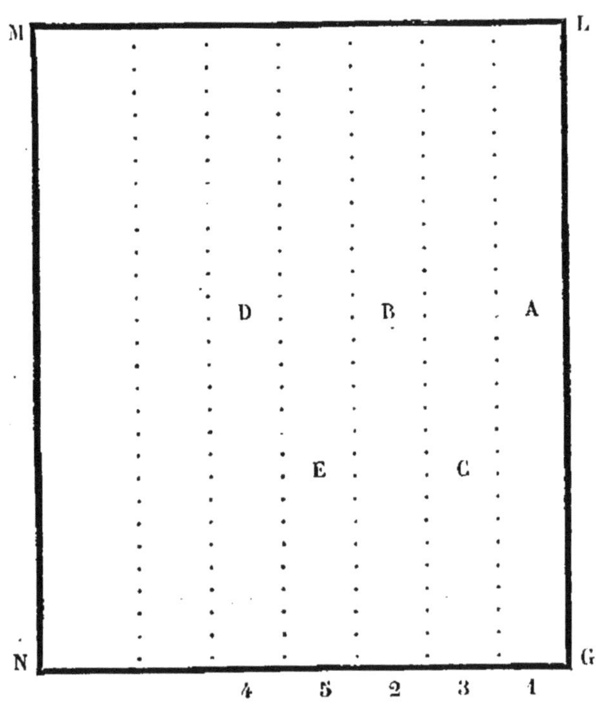

Fig. 82. — Hersage à deux dents.

Lorsqu'on ne veut pas faire des tournées aussi longues, on peut opérer de la manière suivante (fig. 82).

On commence à l'angle G pour cheminer vers L. Arrivé sur la ligne LM, on dirige l'attelage de manière qu'il puisse faire un second train B distant seulement de 1m,20 du premier train A. Dès que l'attelage est arrivé sur la ligne GN, il tourne encore à gauche et herse la partie C, qui séparait le premier du second train. Ce troisième train terminé, l'attelage se porte en D, fait un quatrième train en laissant encore un espace non hersé à côté du deuxième train B. Le herseur continuera son travail lorsqu'il sera arrivé de nouveau près de la limite GN en opérant le cinquième train E.

Dans ce hersage, les tournées impaires sont les plus longues et les plus faciles et les tournées paires les plus courtes et celles qui exigent le plus d'attention de la part du conducteur.

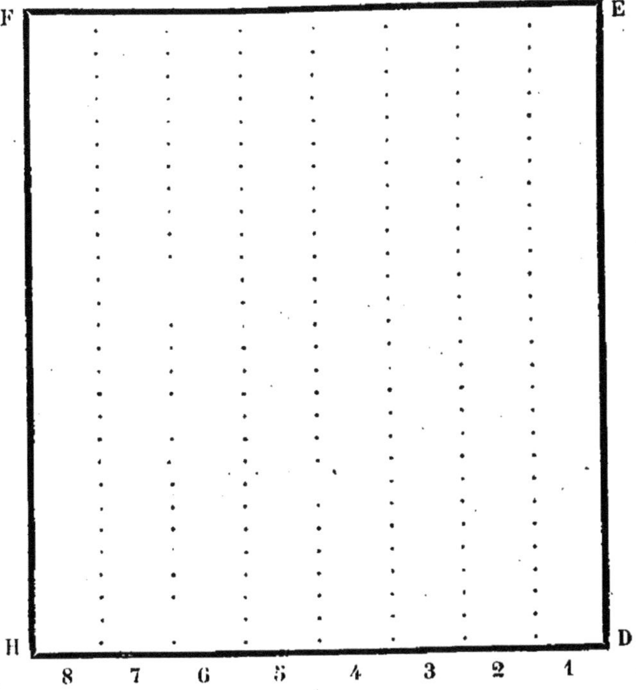

Fig. 83. — Hersage à une et deux dents.

Quand dans les hersages on n'a point égard à la longueur des tournées, on suit le plus ordinairement la méthode suivante (fig. 83).

On part du point D pour le diriger vers E en hersant à l'intérieur du champ le long de la ligne DE. Arrivés à l'extrémité du réage, les chevaux tournent à gauche et opèrent un second train à côté du premier. Lorsqu'ils touchent la ligne DH, ils tournent à droite pour opérer un troisième train contigu au second, et ainsi de suite jusqu'à ce qu'ils soient arrivés en F.

Si le champ devait recevoir un hersage à deux dents, on exécuterait cette seconde opération en commençant au point F pour finir en D. De cette manière, le second hersage serait exécuté dans le sens contraire du premier. Les tournées auraient encore lieu tantôt à droite, tantôt à gauche.

Dans les départements voisins de Paris, on échelonne souvent plusieurs *herses trapézoïdales* à la suite les unes des autres, et chaque cheval est alors attaché par sa longe au palonnier de l'animal qui le précède. Aussitôt que les 3, 4 ou 5 herses ont été ainsi disposées sur l'une des fourrières, le conducteur, qui est unique, saisit la longe du *cheval de tête* par la main droite, et dirige l'ensemble vers l'autre extrémité du champ, en ayant soin que la première ou la dernière herse affleure le plus possible la *rive* de la pièce ou de la première planche ensemencée. Quand il est arrivé à 6, 8 ou 10 mètres du champ, il se dévie de la ligne qu'il a suivie jusqu'alors, pousse le cheval qu'il dirige vers sa droite, afin de faire décrire à tous les animaux une très grande courbe. Alors il oblique vers la gauche, reste au centre de la demi-circonférence décrite par les herses et les chevaux, et exécute la tournée. Cette *tournée* peut être *simple* ou *en* 8. La tournée en 8 permet aux animaux de tourner plus librement sur les chaintres ou les fourrières. Dès que la tournée est faite, le conducteur oblique encore à gauche et suit un rayage parallèle au précédent, en ayant soin que le train de la dernière herse croise un peu la partie ameublie par le premier rayage. C'est en agissant ainsi que le conducteur a la certitude de ne laisser sur le champ aucune partie non hersée. Il continue le hersage, et quand il approche de la forière située à l'autre extrémité de la pièce, il opère une seconde tournée en suivant les indications précitées.

Le laboureur qui conduit plusieurs chevaux et, par conséquent, plusieurs herses, doit éviter de *tourner à cul*, c'est-à-dire en deçà d'une courbe déterminée par un rayon très court. Il est rare, lorsque l'ellipse décrite par les animaux et les herses est très étroite, que les premiers ne s'embarrassent pas dans leurs traits. De là parfois des accidents très graves causés par les dents des herses.

Lorsqu'on herse des planches très convexes, on est forcé souvent de maintenir la herse à l'aide d'une corde fixée à l'angle aigu postérieur pour qu'elle ne *devalle* pas jusque dans les dérayures qui séparent les planches et qu'elle n'entraîne pas dans ces fausses raies une certaine quantité de terre ou de semences.

Les herses accouplées, quand leur largeur totale répond à la largeur des planches bombées, sont certainement les instruments qu'il faut employer de préférence.

Le *hersage en rond*, usité quelquefois en Allemagne et en Suisse, n'est pas à recommander.

7. — **Direction des hersages.**

Le plus ordinairement, pour opérer un bon hersage sur les terrains labourés à plat ou en grandes planches, on dirige la herse perpendiculairement à la direction du dernier labour.

Le *hersage en travers* du labour brise mieux les mottes, régale plus uniformément le terrain et il déchire ou divise mieux le gazon défriché ou retourné par la charrue.

Les terrains déclives doivent être hersés obliquement à la ligne de plus grande pente. Si on dirigeait la herse suivant l'inclinaison du terrain elle descendrait trop rapidement et exécuterait un mauvais travail. Par contre, en montant, elle irait lentement et exigerait une plus grande force de traction que si elle était dirigée obliquement à la pente du terrain.

Les petites planches convexes doivent être hersées dans le sens de leur direction avec une herse simple ou deux ou trois herses accouplées.

Quand la herse se borne à retourner ou déplacer les mottes parce que celles-ci sont dures, on agit en biais, par rapport à la direction du labour.

Lorsque les circonstances imposent au cultivateur l'obligation d'utiliser simultanément et alternativement une herse et un rouleau émotteur, il est nécessaire de régler la herse et de la diriger de manière qu'elle ramène à la surface le plus possible de mottes. C'est souvent en alternant les hersages et les roulages qu'on parvient à ameublir des terres fortes très motteuses.

8. — **Herses courbes ou cintrées.**

Les *herses courbes ou cintrées* (fig. 84) n'existent que dans les contrées où les terres sont disposées en billons ou sur les exploitations qui cultivent la betterave, la pomme de terre, etc., sur ados.

Ces herses, suivant leur manière d'être, embrassent deux, trois et quelquefois quatre billons. Elles sont réunies à l'aide de charnières, et par suite de leur mobilité elles peuvent agir sur des ados plus ou moins élevés et plus ou moins larges.

Les animaux qui les traînent ont leurs traits fixés aux

palonniers de la balance qui les réunit; ils marchent dans les sillons latéraux.

Les billons plus ou moins étroits ou larges qu'on se propose d'ameublir avec des herses courbes obligent à labou-

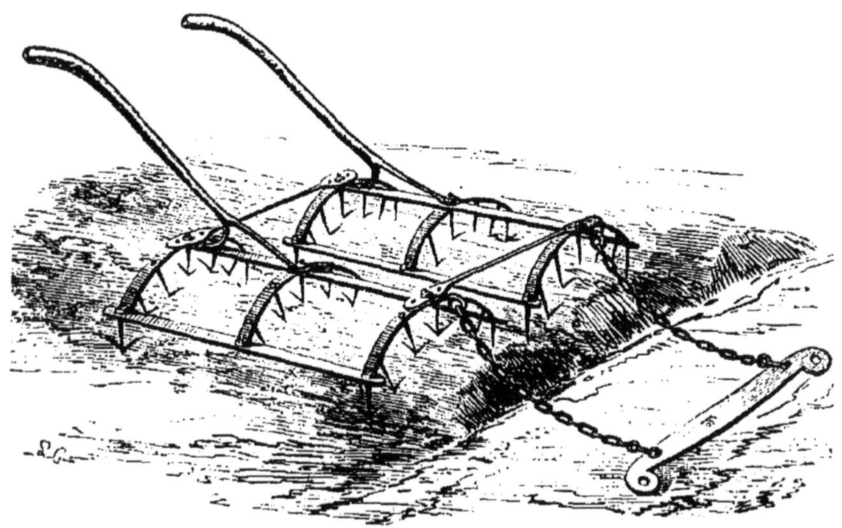

Fig. 84. — Herses cintrées pour billons.

rer à plat les chaintres ou forières, afin que les tournées puissent se faire aisément.

Les herses courbes peuvent souvent remplacer le râteau à main dans la façon qu'on donne à la fin de l'hiver aux billons qui portent du froment d'automne.

9. — Herses roulantes ou rotatives.

On possède depuis longtemps des herses rotatives d'une énergie plus grande que les herses traînantes les mieux disposées. On les désigne souvent sous les noms de *herses norwégiennes* ou *herses hérissons* (fig. 85). Elles se composent de deux ou trois cylindres armés de pointes qui se croisent entre elles. Les trois roues qui supportent le bâti

Fig. 85. — Herse norwégienne à trois rouleaux.

servent à régler l'entrure des pointes dans la couche arable.

Ces instruments, toutefois, ne peuvent remplacer les herses ordinaires dans l'enfouissement des semences et des engrais pulvérulents. On les utilise principalement pour rompre la croûte qui s'est formée sur un terrain nouvellement labouré sous l'influence simultanée de la pluie et du soleil, ou pour herser énergiquement, à la fin de l'hiver, soit une luzernière, soit un blé d'automne, ou pour ameublir ou bien émietter les terrains qui doivent être ensemencés en pavot, lin, chanvre, colza, navet, etc. Sous l'action de leurs dents les mottes les plus dures sont émiettées.

Ces herses roulantes sont plus énergiques que les *rouleaux à pointes* dits *rouleaux hérissons*. On doit regretter qu'elles imposent une dépense assez élevée et qu'elles soient peu répandues.

10. — **Conditions de réussite des hersages.**

Pour qu'un hersage soit bon, il est essentiel d'opérer par un temps convenable d'humidité ou de sécheresse, suivant la nature du sol et du climat.

Le hersage des terres sablonneuses, des sols granitiques ou volcaniques est facile durant toutes les saisons, parce que ces terrains sont meubles naturellement. En général, il n'oblige pas à posséder des herses très énergiques.

Quand on herse par un temps trop humide un sol argileux ou un terrain calcaire, la terre adhère aux parties actives de l'instrument et diminue leur action ; de plus, les pieds des animaux piétinent la couche arable, ce qui augmente ses défauts. Dans cette circonstance on a intérêt à attendre pour agir que le sol soit un peu ressuyé.

Les céréales d'hiver ou de mars doivent être hersées au printemps par un temps sec, mais pas quand le vent souffle du nord.

C'est lorsque les fortes gelées ne sont plus à craindre qu'on herse les luzernières, dans le but de les rendre plus vigoureuses et de détruire une partie des plantes qui les envahissent souvent quand elles n'occupent pas des terres de très bonne qualité et soumises à une culture alterne bien combinée.

Lorsqu'on se propose d'arracher de la mousse dans une prairie naturelle, il faut agir en automne ou à la fin de l'hiver, aussitôt après que le gazon a été détrempé par une forte pluie ou quand cette plante si nuisible a été soulevée par les gels et les dégels.

Les hersages qui ont pour but de diviser les terres argileuses ou argilo-calcaires dites *fortes*, que la charrue vient de labourer, sont les plus difficiles. Pour que la herse y exécute un bon travail, il est nécessaire de n'opérer que lorsque la terre, par son exposition à l'air, au vent et au soleil, a perdu une partie de son humidité. Lorsqu'on attend pour exécuter ce travail que le sol et les mottes aient été desséchés par les agents atmosphériques, les mottes ont alors très souvent une dureté telle qu'il est presque toujours nécessaire de recourir à l'emploi du rouleau brise-mottes. Aussi est-ce avec raison que les cultivateurs qui exploitent des terres plastiques disent que *dans l'ameublissement de ces terrains, la herse doit suivre pour ainsi dire la charrue.*

CHAPITRE III.

LES ROULAGES.

Les roulages sont exécutés dans divers buts. On les opère ordinairement :

1° Pour plomber ou tasser les terres et les gazons ;

2° Pour presser, comprimer la terre contre les semences ;

3° Pour rapprocher du sol les plantes qui ont été soulevées par les gelées ;

4° Pour faciliter le tallement des céréales ;

5° Pour égaliser le sol ;

6° Pour émotter ou écraser les mottes ;

7° Pour enterrer des semences fines.

De là deux opérations bien distinctes : les *plombages* et les *émottages*.

Les *plombages* se font avec des rouleaux unis en pierre, en bois ou en fonte. Ces rouleaux sont pleins ou creux ; leur diamètre et leur poids sont très variables.

Les *émottages* sont exécutés avec des rouleaux à pointes, des rouleaux squelettes à disques unis et des rouleaux à disques dentés.

1. — **Rouleaux en usage.**

Pendant longtemps l'agriculture a employé des rouleaux à *petit diamètre* en bois ou en pierre. Ces rouleaux étaient *pleins*, *unis* ou *à pointes*, et, le plus ordinairement, ils avaient de $2^{m},50$ à 3 mètres de longueur. Ces instruments laissaient beaucoup à désirer lorsqu'il était question de diviser des mottes dures, ou quand ils agissaient sur des terres argileuses ou calcaires encore humides. Ainsi, dans le premier cas, les rouleaux unis manquaient d'énergie parce que la pression qu'ils exerçaient sur le sol était insuffisante ou inégale; dans le second cas, la terre, en adhérant au cylindre en bois et entre les dents qui y étaient fixées, diminuait l'efficacité des pointes des *rouleaux brise-mottes* ou *rouleaux hérissons*.

Enfin, comme les rouleaux avaient 30 à 40 centimètres de diamètre, il en résultait que les traits des animaux de travail étaient très obliques, ce qui occasionnait une perte considérable de force.

Aujourd'hui, tous les rouleaux unis en bois ou en fonte sont creux et ont au moins 75 centimètres de diamètre. Ils sont beaucoup moins longs que les anciens, ce qui permet d'effectuer les tournées avec plus de facilité. Enfin, leur poids est ordinairement proportionnel à leur diamètre. Ils sont tous munis d'une limonière.

Le *rouleau de Dombasle* (fig. 86) est un *rouleau squelette* ou *rouleau de Cambridge à disques unis et coupants*, pour ainsi dire. Il est en fonte. Il a été expérimenté pour la première fois, il y a un siècle, dans le comté de Norfolk, en Angleterre. Il est répandu en France; c'est un excellent *rouleau brise-mottes*.

Le *rouleau Croskill* (fig. 87) est sans contredit le rouleau le plus énergique, le plus puissant que possède l'agriculture européenne. Il se compose de disques dentés comme une très forte scie. Chaque dent est placée entre des segments aussi en fonte formant une saillie sur les deux côtés de la périphérie des disques. Les dents sont droites ou inclinées. Lorsqu'elles sont inclinées, on peut faire fonctionner le rouleau en accrochant ou en décrochant.

On construit aussi des rouleaux ayant leur essieu coudé,

Fig. 86. — Rouleau squelette de Dombasle.

Fig. 87. — Rouleau Croskill.

Fig. 88. — Rouleau creux articulé.

pour qu'on ne se trouve pas dans la nécessité d'enlever les roues lorsqu'il doit fonctionner. Quand on veut se servir de rouleaux ainsi disposés, on fait basculer la flèche ou la limonière sur elle-même; alors les disques reposent sur le sol et les roues sont en l'air. On opère inversement quand on doit ramener le rouleau à la ferme.

En général, on doit éviter de faire circuler les rouleaux Croskill sur les routes pavées et sur les chemins caillouteux ou nouvellement empierrés, afin de ne pas briser une ou plusieurs dents des disques. Les rouleaux à disques unis ne présentent pas cet inconvénient.

Les *rouleaux articulés* ou *rouleaux brisés* (fig. 88) se composent de plusieurs cylindres unis. Cette disposition leur permet de tourner très aisément quand ils arrivent à l'extrémité du rayage.

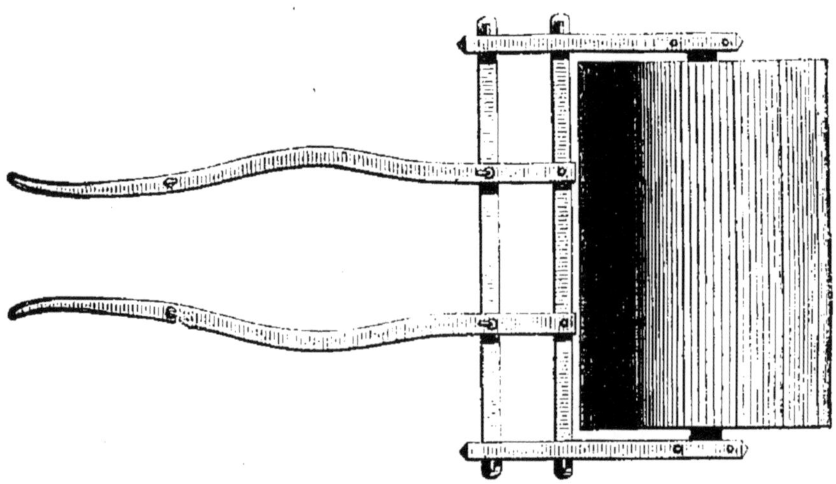

Fig. 89. — Rouleau en bois à grand diamètre.

Les rouleaux articulés varient quant à leur diamètre et au nombre de cylindres qui les composent. Ils sont pleins ou creux, en bois, en pierre ou en fonte. Le plus généralement, ils sont munis d'un timon ou d'une limonière.

Il existe des rouleaux en bois à grand diamètre (fig. 89)

qui sont dominés souvent par une grande caisse qui reçoit des pierres ou de la terre, quand on veut augmenter leur action sur le sol (fig. 90).

Les rouleaux à grand diamètre, soit en fonte soit en bois, sont toujours plus roulants que les rouleaux à petit rayon, parce que les brancards des limonières ou les traits forment un angle moins aigu avec l'horizontale.

Les rouleaux sont encore presque inconnus en France dans un grand nombre de localités. Aussi est-ce bien à tort qu'on néglige d'utiliser ces appareils dans la préparation des terres. Lorsque leur action est combinée avec celle de la herse, on diminue sensiblement le nombre de façons que réclament les terres pour être regardées comme bien préparées.

La longueur des rouleaux soit en bois, soit en pierre, soit en fonte, ne doit excéder $1^m,10$ à $1^m,30$. Les rouleaux très longs ont le grave inconvénient de creuser un peu le sol et

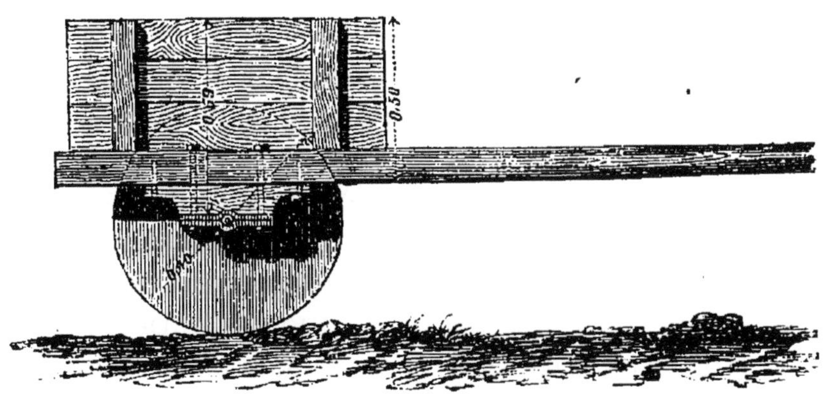

Fig. 90. — Rouleau avec caisse.

de déraciner un certain nombre de céréales, quand ils tournent sur eux-mêmes en arrivant sur les chaintres.

2. — Plombages.

Les plombages, ai-je dit, ont pour but de donner au sol

la consistance ou le tassé qui lui manque pour conserver pendant l'été la fraîcheur que demandent diverses plantes agricoles, comme le sarrasin, le navet, par exemple, pour végéter avec vigueur. On les exécute avec des rouleaux à surface unie, soit en bois, soit en fonte.

On les opère aussi après les semailles pour aplanir la couche arable et souvent encore pour enfoncer les pierres dans le sol afin que la faux puisse être dirigée très aisément rez terre sur toute la surface du champ à l'époque de la fenaison ou de la moisson.

Les roulages opérés par un beau temps après les semis de betterave, de sarrasin, etc., rapprochent les molécules de terre autour des semences, ce qui facilite beaucoup leur germination. Ces plombages ne sont pas nécessaires quand les semis sont exécutés en automne.

On roule encore au printemps avec des rouleaux à surface unie les céréales d'automne qui ont été déchaussées ou déracinées en partie par les gels et les dégels, dans le but de les attacher davantage à la couche arable. Cette opération, faite par un beau temps, a toujours donné d'excellents résultats.

On opère des plombages pendant les mois de mars, avril et mai, pour faciliter le tallement du froment, de l'orge ou de l'avoine, et, en octobre, sur les sols perméables ensemencés en seigle. J'ai dit, dans les PLANTES ALIMENTAIRES, que cette dernière céréale n'était productive que quand elle peut taller en automne, avant l'arrivée des grands froids.

Enfin, on se sert du rouleau uni pour *enterrer les graines fines*, comme celles du trèfle, de la luzerne, de la lupuline, etc., lorsque ces semences ont été répandues à la volée sur des champs occupés par des céréales en végétation.

En général, la pression exercée par un rouleau uni varie suivant son diamètre et son poids. Un rouleau est bon quand son poids est proportionnel à son diamètre.

3. — Émottages.

Les émottages ont pour but l'écrasement ou la division des mottes qu'on observe dans les champs labourés et sur les terres occupées par des céréales en végétation.

Les mottes un peu dures ne sont pas toujours écrasées par les rouleaux à surface unie. Ces instruments, pendant les temps de sécheresse, les font souvent pénétrer dans la couche arable sans les diviser, lorsque la terre a été ameu-

Fig. 91. Rouleau à claire-voie.

blie par un ou plusieurs labours. Pour détruire efficacement ces mottes, il faut recourir à un rouleau à pointes, et, ce qui vaut mieux, au rouleau squelette ou au rouleau Croskill.

Ces derniers instruments tassent bien un peu la terre par leur poids, qui est considérable, mais ils ne la plombent pas. Par leurs disques ils l'émiettent et brisent les mottes.

Dans la culture du froment et de l'avoine, on croskille parfois ces céréales pendant les mois de mars et d'avril. Cette excellente opération émiette la surface du sol, rechausse les plantes qui ont été en partie déracinées et favorise leur tallement d'une manière remarquable. Cette opération, dite *croskillage des blés*, peut être exécutée sur les sols de consistance moyenne avec le *rouleau à claire-voie* (fig. 91).

4. — **Pratique des roulages.**

Les rouleaux doivent être conduits exactement comme les herses.

Dans toutes les *tournées*, on doit éviter de tourner court ou à cul. Quand on tourne brusquement, le rouleau, en pivotant en partie sur lui-même, creuse le sol sur les chaintres ou y déracine les plantes utiles qu'on y a fait naître. Cet inconvénient est d'autant plus sensible que le rouleau est plus long et que son diamètre est plus petit.

Les rouleaux légers et à grand diamètre sont munis d'une limonière et traînés par un seul cheval.

Les rouleaux pesants comme le *rouleau squelette* et le *rouleau Croskill* ont une flèche ou timon ou une limonière. Dans le premier cas, on y attelle les animaux de front, soit deux chevaux, soit deux bœufs. Quand on est forcé d'ajouter un troisième animal on l'attelle en arbalète à l'extrémité de la flèche. Dans le second cas, les deux animaux sont attelés l'un devant l'autre.

Les grands rouleaux brise-mottes en fonte nécessitent souvent trois chevaux quand la terre sur laquelle ils doivent agir a un grand degré de tenacité. Alors on les place de front : le premier est entre la limonière, les deux autres sont attelés à droite et à gauche au moyen de palonniers attachés à l'aide de crochets et d'anneaux au bâti du rouleau.

Lorsqu'on plombe des terres ensemencées ou des céréales

en végétation avec deux rouleaux traînés chacun par un cheval, on attache l'animal du deuxième rouleau à l'angle droit postérieur du bâti du premier rouleau. Le laboureur conduit le premier cheval avec la main droite ou avec un cordeau. Dans le premier cas, il se tient à gauche de l'animal qui traîne le premier rouleau; dans le second cas, il se place en arrière du premier rouleau et à gauche du deuxième cheval. Cette position, qui est la meilleure, lui permet de surveiller continuellement la marche du second cheval et du deuxième rouleau. Il tourne de droite à gauche s'il a commencé à droite du champ, ou de gauche à droite s'il a commencé à gauche.

Lorsqu'on doit rouler des terrains en pente, il faut commencer par le haut et suivre toujours une direction qui soit perpendiculaire à la ligne de plus grande pente. Alors les tournées se font tantôt à droite, tantôt à gauche.

Les roulages que l'on opère sur les terrains labourés en planches convexes se font souvent perpendiculairement à la direction du labour. Lorsqu'on suit ce dernier alors que les planches ont peu de largeur, il faut autant que possible se servir d'un rouleau dont la longueur n'excède pas $1^{m},10$ à $1^{m},20$.

Quand les mottes à diviser ou à écraser sont très dures ou très volumineuses, on fait alterner la herse avec le rouleau. Les hersages qui suivent les roulages déterrent les mottes enfouies par le rouleau et permettent à cet instrument de mieux les diviser lorsqu'il fonctionne pour la seconde fois.

5. — Conditions de réussite.

Il est très important d'*éviter de rouler les terres calcaires*, les *sols argileux* et les *terrains argilo-calcaires* par les temps pluvieux ou lorsqu'ils ont été imbibés par des pluies continuelles ou abondantes. Dans cette circonstance la couche arable, étant naturellement collante, adhère au rouleau, paralyse son action et rend son emploi presque toujours inutile. Comme exemple, je puis signaler les terres plastiques ou fortes connues sous le nom de *boulbènes*. Ces terres sont difficiles à travailler quand elles sont humides.

C'est lorsque la terre est bien ressuyée que les roulages peuvent être exécutés sans aucun inconvénient.

Il ne faut pas oublier que les pluies et le soleil battent et durcissent superficiellement les terres argileuses et les terres calcaires.

Quand on roule des blés en végétation avec un rouleau pesant, il faut autant que possible atteler les chevaux de front, et non pas en file ou l'un après l'autre. Par cette disposition il y a moins d'endroits foulés par les pieds des animaux.

Le roulage du seigle en automne et des céréales d'hiver et de printemps en mars ou avril, est ordinairement exécuté par une belle journée, et lorsque la terre est sèche, à l'aide d'un rouleau traîné par un seul cheval ou mulet.

Lorsqu'on opère un roulage sur un terrain ensemencé en betterave ou en sainfoin dans le but de tasser la terre contre les semences et de rendre leur germination plus facile, il faut agir aussitôt que le semis a été exécuté et par un beau temps.

Les *rouleaux plombeurs* doivent être traînés par des chevaux. On sait que ces animaux ont toujours une marche plus rapide que les bœufs. Par contre, les *rouleaux émotteurs* agissent toujours mieux quand ils sont traînés lentement. Les bœufs, dans cette circonstance, ont une supériorité marquée sur les chevaux, les mules et les mulets, parce qu'ils marchent sans cesse bien moins vite.

Lorsque les rouleaux Croskill et de Dombasle n'agissent pas avec assez d'énergie sur les mottes qu'on se propose de rompre ou de diviser, on attend, si cela est possible, qu'il survienne une pluie et on les fait précéder par des herses ayant des dents un peu longues. C'est en opérant ainsi qu'on parvient très souvent sur des terrains fortement argileux ou plastiques à obtenir un sol convenablement divisé et pouvant recevoir une semaille ou une plantation de pommes de terre, de choux ou de colza.

Quand par nécessité on est forcé d'employer des rouleaux unis sur des terres collantes, on a intérêt à leur adapter un décrottoir qui empêche la terre de s'amasser sur la surface du cylindre, quand celui-ci fonctionne le matin de bonne heure, soit après une pluie nocturne soit après une abondante rosée.

CHAPITRE IV.

LE PLOUTRAGE.

Le *ploutrage* (1) est l'opération qui consiste à faire passer, au printemps, sur les céréales d'hiver, avant leur tallage, un *châssis en bois* ou une *barre de bois* un peu pesante et longue de deux à trois mètres, dans le but de diviser les mottes, d'égaliser la terre, de chausser les plantes et de rendre celles-ci plus productives.

Cette opération est pratiquée depuis fort longtemps dans la région du nord; on la préfère à l'emploi de la herse quand les froments d'automne ont été déchaussés par les gels et les dégels et qu'ils occupent des terres légères.

Le ploutrage ne plombe pas la couche arable.

Souvent on *ploutre* ou *ploute* en faisant passer sur le champ une herse légère en bois renversée sur son bâtis, alors que ce dernier n'est pas surmonté par des patins, barres en bois sur lesquelles traîne l'instrument quand on le conduit de la ferme aux champs.

Le ploutrage des blés, pour être efficace, doit être exécuté par un beau temps et lorsque la terre est sèche. Il est regardé comme une bonne opération quand il est pratiqué sur des terres légères ou de consistance moyenne, pendant les mois de mars ou au commencement d'avril.

(1) Ce mot vient très certainement du grec *ploutros*, qui signifie « abondance, richesse ».

La barre de bois précitée doit être traînée horizontalement et perpendiculairement à la direction du rayage. On y fixe un palonnier à sa partie médiane.

Le ploutrage ne dispense pas toujours, dans la culture des céréales d'automne, de recourir à l'action de la herse et du rouleau dans le but de rendre le tallement des plantes aussi complet que possible. Toutefois, ces deux opérations ne peuvent être faites sur les terres légères que lorsque le froment entre de nouveau en végétation et qu'il est bien attaché à la couche arable, c'est-à-dire pendant le mois d'avril.

L'appareil appelé *rabattoir* (fig. 92) sert aussi à égaliser les terres, qui doivent présenter avant les semailles une surface plane. En Italie, il sert pour niveler le fond des rizières ; en Espagne, on l'emploie pour aplanir les champs de blé quand ce dernier a de 10 à 16 centimètres de hauteur. Dans ce cas, le rabattoir a la forme d'un râtelier placé horizontalement. Dans la Touraine, on l'utilise pour aplanir les terres qui doivent être labourées en billons de deux bandes de terre.

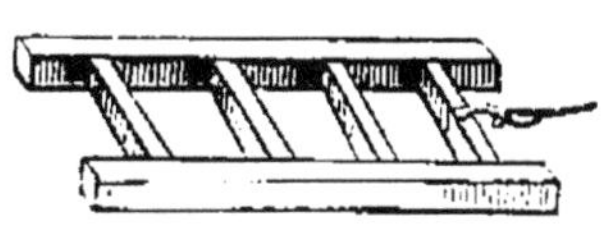

Fig. 92. — Cadre dit rabattoir, pour ploutrer.

Je crois devoir rappeler qu'au commencement du siècle actuel, dans la région septentrionale, on appelait *ploutrer* l'opération qui consistait à herser avec une herse à dents de fer chargée de pierres, dans le but de briser les mottes de terre et de rendre la couche arable plus meuble.

CHAPITRE V.

LES DÉFRICHEMENTS.

Les défrichements qui appartiennent au domaine agricole sont au nombre de trois :

1° Le défrichement des landes ;
2° Le défrichement des prairies artificielles ;
3° Le défrichement des prairies naturelles;
4° Le défrichement des bois.

1. — Défrichement des landes.

Les landes sont de vastes espaces incultes couverts de plantes ligneuses indigènes. Elles sont encore communes dans la région des plaines du centre, la région du sud-ouest, la région de l'ouest et la région des montagnes du centre. Elles appartiennent aux communes ou à des particuliers.

Trois points sont à étudier pour quiconque veut défricher des landes :

1° La nature de la couche arable ;
2° La nature du sous-sol ;
3° Les plantes qui couvrent le sol.

Les terrains de landes sont argilo-siliceux, granitiques, schisteux ou quartzeux ; ils reposent le plus généralement sur un sous-sol imperméable. C'est pourquoi ils sont toujours très secs pendant l'été et très humides depuis le mois de novembre jusqu'en mars et avril.

Leur principal caractère est d'être *acides* parce qu'ils *manquent de calcaire.*

Les végétaux indigènes qu'on y rencontre permettent de les diviser en trois classes :

Les *mauvaises landes* dans lesquelles on ne rencontre que la bruyère commune, la bruyère cendrée, la bruyère ciliée et le petit ajonc.

Ces *landes rases* sont situées sur de mauvais terrains. Il faut les réserver pour les utiliser par la culture forestière ou les essences feuillues ou résineuses.

Les *bonnes landes* sont situées sur des terrains moins humides, plus profonds et de meilleure qualité. On y voit croître la bruyère à balai, la bruyère vagabonde, le petit et surtout le grand ajonc.

Les *très bonnes landes* occupent des terres argilo-siliceuses et profondes. On y rencontre le genêt à balai, la fougère, le grand ajonc, l'asphodèle et la fétuque pinnée.

Les terres qu'elles occupent, à cause de leur perméabilité, sont très propres à la culture des plantes agricoles. Avec le temps et lorsqu'elles sont bien cultivées, elles constituent d'excellentes terres labourables.

Le défrichement des landes est une opération difficile ; mais elle séduit toujours quand on oublie les revers éprouvés par ceux qui ont voulu transformer des landes nues en bonnes terres arables sans avoir au début de leur entreprise les capitaux nécessaires.

Ces difficultés sont bien moins grandes quand il s'agit d'annexer 10, 15 ou 20 hectares seulement de landes à une ancienne exploitation sur laquelle il existe des bâtiments, des terres labourables et des prairies naturelles.

On ne doit pas oublier que tout est à créer sur une lande nue : bâtiments, chemins, fossés de clôture et d'assaisissement, plantations, etc., travaux qui exigent un capital important et indépendant du capital d'exploitation.

Tout agriculteur qui veut entreprendre le défrichement d'une lande doit s'imposer une marche lente mais progressive et être à la fois producteur et améliorateur. De plus, il ne doit pas oublier que la *lande ne sort de son inertie que par l'emploi des engrais calcaires et phosphatés*, que la fécondité après le défrichement n'est qu'éphémère et qu'il est indispensable de lui appliquer des engrais en abondance si on veut que les récoltes qui suivent soient très satisfaisantes.

Le proverbe breton qui dit : *Lande tu fus, lande tu es, lande tu seras*, est malheureusement souvent très exact, et il trouve de temps à autre son application sur les exploitations où le défricheur a méconnu ce précepte si vrai : *La lande est un trésor dont il ne faut pas abuser !*

Un défrichement de lande bien conduit est une véritable conquête sur la nature morte.

Le défrichement des landes se fait de deux manières : par l'écobuage et à l'aide de la charrue.

ÉCOBUAGE. — L'écobuage est une opération qui consiste à écroûter ou peler le sol pour incinérer ensuite les gazons lorsqu'ils sont presque secs.

Cette opération est fort ancienne ; elle a été décrite par Virgile, mais c'est seulement vers la fin du seizième siècle qu'elle a été mise en pratique en France.

C'est pendant le printemps, alors que la lande est encore humide, et après avoir coupé ou fauché la végétation ligneuse qui existait à la surface du sol, qu'on opère l'enlèvement des gazons. Cette opération est faite par des ouvriers ayant une *écobue* (fig. 93), une *mare* ou une *étrèpe*. Les gazons ont, en moyenne, 25 centimètres de largeur sur 30 à 40 de longueur. Leur épaisseur varie entre 04 et 6 centimètres.

Dès que les gazons ont été détachés, on les *dresse de champ* sur le sol écobué, pour les faire sécher sous l'action de l'air et du soleil. Cette dessiccation a lieu pendant la belle saison et elle dure trois semaines à un mois, suivant l'état de l'atmosphère.

C'est généralement en juillet et août qu'on procède à l'incinération des gazons. Pour cela, avec ces derniers, on construit des fourneaux circulaires (fig. 94) ayant 1 mètre à $1^m,20$ de diamètre sur $1^m,20$ à $1^m,30$ de hauteur. On remplit le foyer intérieur de broussailles combustibles. Pendant la

Fig. 93. — Écobue.

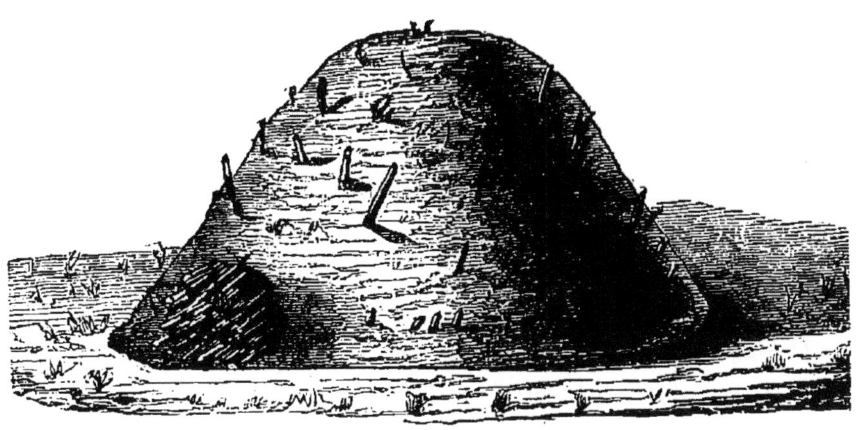

Fig. 94. — Fourneau prêt à être allumé.

construction des fourneaux, on a le soin de ménager plusieurs ouvertures à la base et une cheminée à la partie supérieure. Quand plusieurs fourneaux ont été ainsi disposés, on y met le feu. On doit surveiller sans cesse la combustion et boucher avec des gazons les ouvertures situées dans la direction du vent, si elles rendent l'incinération trop active. Il faut aussi ne pas négliger de boucher les gerçures ou crevasses qui se manifestent souvent çà et là sur les parois des fourneaux.

En d'autres termes, l'écobueur doit agir de manière que la combustion de chaque foyer ait lieu à petit feu et dure plusieurs jours. Quand la combustion est bien conduite et qu'elle a lieu à l'*étouffée*, il ne sort que de la fumée par les cheminées, et cette opération produit une masse importante de cendres. Elle est regardée, au contraire comme mauvaise ou mal conduite si la flamme s'échappe par l'ouverture supérieure.

Lorsque les gazons formant un fourneau ont été incinérés (fig. 95), on réunit les cendres en tas conique pour que le vent ne les disperse pas. Après leur refroidissement complet, on procède à leur épandage au moyen de la pelle ordinaire; sur la partie écobuée, on opère un labour qu'on fait suivre aussitôt par un hersage, puis en septembre on y sème du seigle d'automne.

L'écobuage est très pratiqué dans le Limousin, le Dauphiné, l'Albigeois, etc. Il n'a qu'un seul avantage : il permet de jouir promptement de la fertilité éphémère que l'écobueur a fait naître au détriment de la fécondité à venir du sol défriché.

Il est exact cependant de dire que par l'écobuage on fait disparaître en grande partie l'acidité du terrain et qu'on détruit une foule d'insectes, de mauvaises graines et de plantes nuisibles.

Le *sartage* est l'écobuage qu'on pratique dans les bois et les taillis dans les Ardennes, la Provence, etc.

Défrichement a la charrue. — Avant de procéder au défrichement d'une lande à l'aide de la charrue, il faut :

1° Faciliter par de grands fossés l'écoulement des eaux pluviales qui restent stagnantes sur le terrain pendant l'automne et l'hiver;

2° Faire disparaître les plantes adventices en les coupant avec une faux à lame courte et résistante ;

3° Enlever les roches qui peuvent nuire à la marche régulière de la charrue pendant le labour de défrichement.

Les racines de l'ajonc marin sont souvent très résistan-

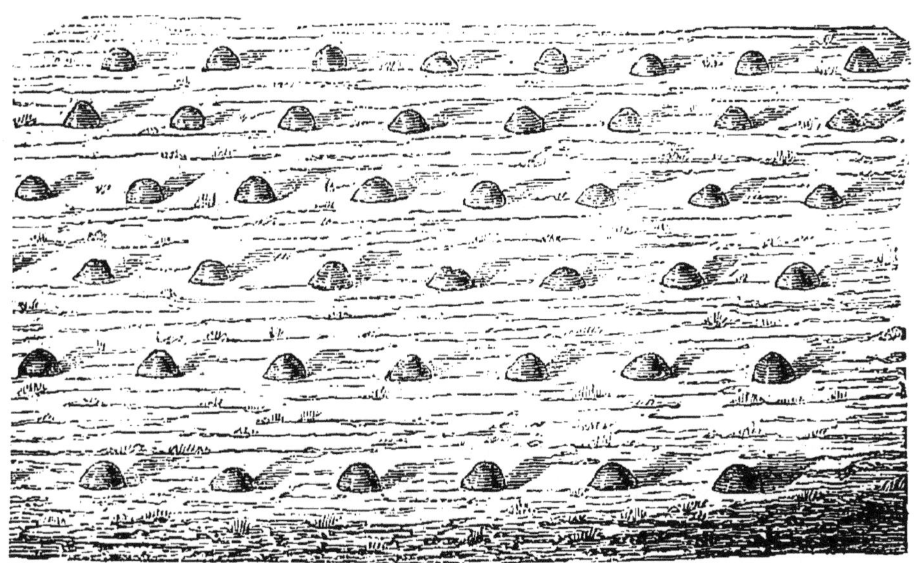

Fig. 95 — Champ soumis à l'écobuage.

tes. Toutes les bruyères, la fougère, etc., séparées par la faux, peuvent être utilisées comme litière.

On peut *détruire les plantes adventices par l'incinération ;* mais lorsqu'on adopte ce moyen, il est très important de bien limiter par plusieurs traits de charrue la superficie sur laquelle le feu doit agir. C'est en opérant ainsi qu'on prévient des incendies, qui peuvent causer de grands dommages.

Le *labour de défrichement* ou premier labour se fait avec un araire ayant une grande solidité, soit en automne, soit en hiver, lorsque les pluies ont détrempé le gazon et lorsque les attelages ont peu d'occupation. Cet instrument est traîné par trois ou quatre animaux. La *bande de terre soulevée et renversée complètement à plat et sens dessus dessous* ne doit avoir que 08 à 12 centimètres au maximum d'épaisseur. Il est très utile que toutes les bandes de gazon soient placées régulièrement les unes à côté des autres, afin que les plantes adventices ne puissent continuer à végéter.

La lande ainsi défrichée reste abandonnée à elle-même jusqu'au mois de mai, si elle doit être ensemencée en sarrasin ou blé noir au mois de juin, ou jusqu'en août si on doit y semer du seigle dans le courant de septembre et du froment pendant le mois d'octobre.

Les labours de défrichement se font rarement pendant la belle saison. Par un temps sec et chaud les bandes de gazon se brisent ou se renversent très mal.

Dans les circonstances ordinaires, les attelages ne font qu'une attelée, parce que les jours sont courts pendant l'hiver et que le défrichement d'une lande est une opération pénible et pour les hommes et pour les animaux. Il est utile de se rappeler que les landes ayant été souvent ravinées par les eaux pluviales présentent des ondulations sur lesquelles la charrue oscille à chaque instant, ce qui augmente la fatigue du laboureur.

Lorsque le défrichement a été opéré tardivement, en février ou mars, on abandonne souvent la lande à elle-même pendant une année pour que les gazons puissent bien *se mûrir* sous les alternatives de l'humidité, de la chaleur, des gels et des dégels.

Quoi qu'il en soit, le deuxième labour est ordinairement précédé par un hersage énergique opéré perpendiculairement à la direction du labour de défrichement. Quand le gazon a été déchiré, on exécute le second labour, qui doit croiser le premier, puis on herse de nouveau.

Le second labour ne doit pas avoir moins de 16 à 20 centimètres de profondeur.

Dans les circonstances ordinaires deux labours et deux hersages suffisent pour préparer la lande de manière qu'on puisse l'ensemencer. Le défricheur ne doit pas se préoccuper des gazons encore un peu volumineux qui couvrent le sol. Sous l'abri protecteur du sarrasin et du seigle, etc., ces gazons mûriront encore et disparaîtront presque complètement lorsqu'il sera question de préparer la couche arable pour une seconde culture, par exemple une avoine.

Le deuxième labour ramène souvent çà et là à la surface de la terre un peu du sous-sol, qui est tantôt siliceux tantôt argileux. Cette terre vierge est toujours très peu productive ; mais, mélangée à la lande, qui est très riche en matières organiques encore acides, elle ne nuit pas sensiblement à la végétation des plantes cultivées.

Sur divers points de la région de l'ouest, les terres arables conquises sur la lande sont closes aussitôt qu'elles ont été défrichées, à l'aide de *palis* ou pierres plates en ardoises reliées les unes aux autres par des branches flexibles de saule, chêne ou châtaignier (fig. 96).

Les landes, pendant les deux et quelquefois les trois premières années de culture, ne reçoivent pas de fumier, mais on leur applique des engrais calcaires ou phosphatés, à la dose, chaque année, de 400 à 500 kilogrammes par hectare. Le phosphate de chaux est un précieux engrais pour les landes. Sous l'action de l'acide oxalique ou de l'acide carbonique que renferment ces terres spéciales, cet engrais agit très heureusement et sur le terreau et sur les plantes.

C'est lorsque lorsque le gazon a disparu, quand la terre a perdu l'aspect particulier qu'elle avait après le défrichement et lorsqu'elle passe à l'état de terre arable, qu'on lui applique de bonnes fumures alternant de temps à autre avec des marnages et des chaulages.

Les crucifères : *chou*, *navet*, *rutabaga*, *colza*, réussissent très bien sur les terres de landes nouvellement défrichées. Le *trèfle* y dure peu. Aussi se trouve-t-on dans la nécessité de l'associer au *ray-grass* quand on veut en obtenir une ou

Fig. 96. — Champs conquis sur une lande de la Bretagne et labourés en petits billons

deux bonnes coupes ou adopter une culture semi-pastorale.

Les revers éprouvés, depuis un demi-siècle, par les défricheurs de terres incultes ont été si nombreux, que je crois nécessaire de rappeler, avec Columelle, que ces chutes n'auraient pas été constatées si ces agriculteurs n'avaient point oublié que les récoltes produites par une terre de bruyère transformée en terre labourable sont toujours satisfaisantes quand on renouvelle la fécondité du sol par des engrais fréquents, opportuns et sagement appliqués.

Demander à la lande, après son défrichement, trois ou quatre céréales consécutives, c'est évidemment tuer la poule aux œufs d'or !

2. — **Défrichement des prairies.**

Le défrichement des prairies est beaucoup plus facile que le défrichement des landes. De plus, il n'engage pas par hectare un capital aussi élevé que celui qui est indispensable pour transformer dans un délai déterminé une terre de bruyère en une bonne terre labourable.

Prairies naturelles. — On ne doit défricher une prairie naturelle que lorsqu'on a la certitude qu'il est impossible d'élever sa production et rendre celle-ci lucrative à l'aide de soins d'entretien et d'engrais bien appropriés à sa nature ou au terrain sur lequel elle est située.

C'est ordinairement en automne, après les semailles et à l'aide d'un seul labour profond, que l'on défriche les vieilles prairies naturelles. Il faut que le sol soit humide, marécageux, pour qu'on exécute ce travail en juillet ou août, c'est-à-dire pendant le temps que le gazon est aussi sec que possible.

C'est commettre une très grande faute que de substituer l'écobuage à l'action de la charrue dans le défrichement des prairies. Cette opération n'est réellement utile que lorsque la couche arable est profonde et tourbeuse.

Le gazon, une fois retourné et incorporé à la couche

arable à l'aide d'un labour profond, le sol est abandonné à lui-même. A la fin de l'hiver, en février, mars ou avril, suivant les localités, on opère un hersage énergique perpendiculairement à la direction des bandes de terre, dans le but de régaler le sol et de diviser superficiellement les gazons, et on sème aussitôt une avoine de printemps, céréale qui réussit toujours très bien après un *défriche* de prairie naturelle. Au besoin, on peut y planter des pommes de terre.

Les prairies naturelles situées sur des fonds entièrement tourbeux ne peuvent être défrichées avec succès qu'après avoir été assainies, soit par le drainage soit par des fossés ou des rigoles de desséchement. C'est aussi pendant la belle saison qu'on exécute le labour de défrichement.

On peut, lorsque la tourbe est puissante, opérer le défrichement à l'aide de l'écobuage, opération qui a l'avantage, quand elle est bien exécutée, de neutraliser en grande partie l'acidité de la couche arable et de détruire une foule de plantes nuisibles.

Prairies artificielles. — Les prairies artificielles formées par le trèfle, le sainfoin et la luzerne, ont une durée limitée. Lorsque leurs produits laissent à désirer, on les défriche pour les faire suivre par une céréale de mars ou d'automne.

En général, le défrichement d'une tréflière de dix-huit mois est suivi par un blé d'automne, et le défrichement d'une luzernière ou d'un sainfoin, par une avoine de mars ou d'hiver.

J'ai indiqué, dans Les Plantes fourragères, *Prairies artificielles*, comment on défrichait ces prairies temporaires et quelles étaient les plantes qu'on pouvait y cultiver avec avantage.

3. — Défrichement des bois.

Les bois ne peuvent être défrichés et transformés en terres arables qu'en vertu d'une autorisation spéciale, conformément à l'article 219 de la loi du 18 juin 1859 concernant les défrichements des bois appartenant à des particuliers.

La première opération à exécuter dans un défrichement de cette nature est le complet enlèvement des souches et des fortes racines provenant des arbres ou des taillis abattus et le comblement des trous occupés par ces mêmes souches. Ce travail est assez difficile et coûteux, mais il est indispensable. Quand les souches sont volumineuses, on divise parfois celles-ci à l'aide de la poudre, procédé rapide et économique, mais qui ne peut être mis en pratique que par des ouvriers intelligents et prudents.

Quand il est terminé ou à mesure de son exécution, on laboure le sol avec un araire très solide et de forte dimension auquel sont attelées deux à trois paires de bœufs, selon la nature du sol et la résistance qu'il présente à la charrue.

Le laboureur, pendant ce travail, est accompagné d'un ou de plusieurs ouvriers armés de pioches et de haches. La mission de ces ouvriers est de déraciner ou couper les racines que la charrue ne peut pas rompre et d'extraire les grosses pierres qui l'arrêtent dans sa marche.

Le terrain sur lequel un bois a été détruit ou extirpé est toujours ondulé ou irrégulier à sa surface. La charrue qui l'ameublit pour la première fois doit bien suivre ses ondulations. C'est en agissant ainsi qu'elle commence le nivellement de la couche arable.

Le labour de défrichement ne doit pas avoir moins de 22 à 25 centimètres de profondeur. Il est ordinairement suivi par un vigoureux hersage, opération qui a pour but l'ameublissement et le régalement de la couche arable et aussi la mise à nu des racines des essences qui n'ont pas été extraites et qu'il faut enlever si on ne veut pas qu'elles nuisent plus tard au bon fonctionnement des instruments et machines agricoles. Ces racines sont aussi utilisées comme combustible quand elles sont sèches.

Le second labour, qui est aussi profond que le premier, est toujours fait perpendiculairement à la direction suivie par la charrue lors du défrichement, afin que la couche arable soit bien divisée sur toute sa surface. Il précède aussi un second hersage.

On a souvent proposé, dans la seconde façon à donner au sol, de remplacer la charrue par un *scarificateur* très solide, auquel on a donné bien à tort le nom de *charrue forestière*. L'emploi de cet instrument n'est possible et avantageux que quand le sol n'est pas très argileux et lorsqu'il ne renferme qu'un petit nombre de racines de très aible dimension.

Les défrichements de bois sont ordinairement suivis par une avoine ou un seigle, céréales qui précèdent toujours un froment quand la terre a une certaine consistance et qu'on y a répandu un engrais calcaire ou phosphaté.

Les légumineuses, comme le trèfle, la luzerne, etc., ne réussissent bien sur un bois défriché que lorsqu'on a neutralisé en partie l'acidité du sol par la chaux, la marne ou autres engrais calcaires.

CHAPITRE VI.

TRAVAUX QU'ON PEUT OBTENIR DES ATTELAGES.

Je crois utile de mentionner ici les travaux qu'on peut obtenir chaque jour d'un attelage quand l'instrument qu'il conduit fonctionne dans des conditions normales.

1. — Labour.

Un charretier, conduisant une charrue, avec ou sans avant-train, laboure ordinairement pendant neuf ou dix heures par jour. Voici la surface qu'il prépare dans cet espace de temps :

1° Labour à plat.

	Avec chev.	Avec bœufs.
Sol compact	40 ares.	25 ares.
Sol moyen	50	33
Sol léger	60	40

2° Labour en billons.

Charrue avec des chevaux	65 ares.
Charrue avec des bœufs	50

3° Premier labour en jachère.

Labour d'hiver avec des chevaux	30 ares.
Labour d'hiver avec des bœufs	25

4° Deuxième labour en jachère.

Au printemps avec chevaux	40 ares.
Au printemps avec bœufs	33

5° *Troisième labour en jachère.*

En été avec des chevaux..............	50 ares.
En été avec des bœufs...............	40

6° *Labour de semailles.*

Exécuté avec des chevaux............	45 ares.
Exécuté avec des bœufs..............	35

7° *Labour fait avec le bisoc.*

Exécuté avec des chevaux............	80 ares.
Pratiqué avec des bœufs..............	70

8° *Labour avec l'extirpateur.*

A 5 socs avec des chevaux............	150 ares.
A 7 socs avec des bœufs..............	200

9° *Labour fait avec le scarificateur.*

Herse Bodin avec 2 chevaux..........	250 ares.
Scarificateur avec 3 chevaux...........	400

2. — **Hersage.**

Exécuté sur un sol labouré...........	200 ares.
— sur semaille.................	150
— sur un sol argileux..........	125
— sur un sol moyen............	200
— sur un sol léger.............	300
Répété 2 fois......................	150
— 3 fois......................	80
— 4 fois......................	60

Les données qui précèdent concernent le travail de la herse Valcour ou de la herse trapézoïdale des environs de Paris.

3. — **Roulage.**

Rouleau uni de 1m.30 de long.........	4 hect.
Rouleau uni de 2m de long...........	6
Croskill de 11 à 13 disques...........	3

4. — **Nombre de journées d'animaux nécessaires par hectare.**

1° *Labour.*

Sol moyen.........	4 journées de chevaux.
—	6 journées de bœufs.

2° *Hersage.*

Pour diviser, herse légère......	1/2	j. de cheval.
— herse forte.......	1	—
Sur semaille, herse légère......	1/3	—
— herse forte.......	2/5	—

3° *Roulage.*

Avec un rouleau moyen..... 1/4 j. de cheval.

5. — **Vitesse moyenne des animaux.**

En moyenne, deux chevaux, en labourant, parcourent, dans les jours courts, de 13.000 à 15.000 mètres, et dans les jours longs, de 17.000 à 20.000 mètres.

Dans les circonstances ordinaires, la *vitesse moyenne* des animaux qui opèrent des labours de profondeur moyenne varie comme suit :

Cheval...........	0m,60	par seconde.
Mule.............	0, 70	—
Bœuf............	0, 45	—

De ces données il résulte qu'un attelage parcourt, en une journée de dix heures :

Chevaux.........	19.600	mètres
Mules............	25.200	—
Bœufs...........	16.000	—

Si les bandes de terre ont, en moyenne, 22 centimètres de largeur, chaque attelage labourera par jour :

Chevaux.........	43 ares.
Mules...........	60
Bœufs..........	35

L'expérience prouve qu'il faut diminuer, des données qui précèdent, 2 ares pour les labours et 10 ares pour les hersages par chaque 300 mètres d'éloignement, lorsque la distance qui sépare les champs de la ferme excède 500 mètres. Ainsi, un attelage qui opérerait sur une pièce de terre située à 1.200 mètres de la ferme laboureraít, en moyenne, 4 ares de moins qu'un attelage qui travaillerait sur un champ contigu aux bâtiments d'exploitation. Cette diminution a pour cause la perte de temps qu'occasionnent les allées et venues des attelages, le matin, à midi et le soir.

Ordinairement les tournées ou courbes décrites par les attelages à la fin de chaque rayage font perdre un dixième au moins de la journée de travail.

En résumé, les superficies labourées, hersées, etc., par un attelage dans une journée, dépendent de l'habileté du laboureur, du degré de tenacité et d'humidité du sol, de la vitesse des animaux, de la largeur des tournées, de la longueur du rayage ou des sillons et de la largeur des bandes de terre.

TROISIÈME PARTIE.

APPLICATION DES ENGRAIS.

L'application des matières employées pour maintenir ou accroître la fertilité des terres labourables, des prairies artificielles ou des prairies naturelles, présente certaines difficultés dans son exécution. Il ne suffit pas de bien déterminer la dose à laquelle doit être appliqué un engrais eu égard à la richesse initiale de la couche arable et à la faculté épuisante des plantes qu'on se propose de cultiver, il faut surtout que cet engrais soit appliqué le plus uniformément et le plus économiquement possible.

En général, le transport des fumiers, de la marne ainsi que l'incorporation des autres matières fertilisantes à la couche arable doit être exécuté par un beau temps ou avant que le sol ait été détrempé par des pluies abondantes. On règle la profondeur à laquelle ces engrais doivent être enfouis suivant la manière d'être des racines pour lesquelles ils sont appliqués.

Le mode d'emploi des fumiers varie suivant le labour en usage. Cette opération est facile sur les terres labourées en grandes planches, quand les fumures sont très fortes, mais elle présente des difficultés lorsque la couche arable doit être disposée en petis billons.

Les détails qui suivent concernent l'application de la marne, de la chaux, des fumiers et des engrais pulvérulents, la pratique du parcage des bêtes à laine et l'emploi des engrais liquides.

CHAPITRE PREMIER.

EMPLOI DES ENGRAIS CALCAIRES.

L'agriculture marne ou chaule les terres qui ne contiennent pas ou renferment peu de calcaire, quand elle peut se procurer de la marne ou de la chaux à des prix satisfaisants. Ces engrais, bien appliqués, assurent la réussite des céréales et des plantes fourragères légumineuses.

1. — Marnages.

Quand on a constaté, à l'aide de l'analyse chimique, la quantité de calcaire que contient la marne qu'on peut appliquer sur les terres qu'on exploite, on détermine le nombre de mètres cubes à répandre par hectare pour que la couche arable reçoive 3 p. 100 de carbonate de chaux.

Lorsqu'on connaît la dose qu'il faut appliquer, on opère le transport de la marne sur le champ qu'on veut fertiliser.

Les marnages se font en automne et en hiver ou pendant le printemps et l'été. Les *marnes argileuses et les marnes calcaires* sont ordinairement appliquées lorsque les semailles d'automne sont terminées. C'est en été généralement qu'on répand le *crayon* qui doit fournir à la couche arable le calcaire qui lui fait défaut.

Les transports, dans les deux cas, se font avec des voitures ou des bêtes de somme. Autant que possible on les exécute quand le temps est beau, avant les grands froids et avant les grandes chaleurs. On sait que les gelées et les dégels divisent ou délitent toutes les marnes et que les pluies et les rayons solaires, pendant le printemps et l'été, divisent très bien la craie qui reste plusieurs mois étendue sur le sol, soumise à l'action des agents de l'atmosphère.

A mesure que les transports s'exécutent, on dispose la marne en petit tas qu'on appelle *marnons;* ces marnons sont éloignés les uns des autres en tous sens de 5 à 6 mètres.

Si chaque monticule de marne doit couvrir 25 mètres carrés, un hectare en contiendra 400.

Si la marne doit être appliquée à la dose de 100 mètres cubes par hectare, le volume de chaque marnon égalera :

$$\frac{100 \text{ m. c.}}{400 \text{ marnons}} = \text{soit 250 décimètres cubes ou 250 litres.}$$

Si la marne est transportée à l'aide de tombereaux contenant en moyenne un mètre cube, les charretiers devront se rappeler sans cesse que chaque tombereau doit être divisé en 4 marnons sur une surface de 100 mètres carrés ou un are.

Pour rendre le travail plus facile et obtenir un marnage régulier, on trace sur la surface du champ, au moyen d'une charrue légère, des raies parallèles distantes les unes des autres de 5 mètres. La première ligne est éloignée du bord AB (fig. 97) de 2^m,50 seulement.

Les ouvriers chargés de déposer la marne en tas ne doivent pas oublier que le premier tas de chaque ligne doit être aussi à 2^m,50 des limites AC et BD.

La marne qu'on applique vers la fin de l'automne reste en tas pendant une partie de l'hiver (fig. 98). On la répand à la pelle aussi uniformément que possible, en février ou mars, quand il est question de l'enfouir par un labour. Le crayon qu'on conduit en mai, juin ou juillet sur les jachères est toujours répandu aussitôt qu'il a été déposé en monticules. On agit ainsi afin qu'il subisse l'action des pluies et du soleil. On l'enfouit par un labour après la moisson.

2. — Chaulages.

La chaux est appliquée de deux manières :

Le *premier procédé* consiste à déposer la chaux sur une

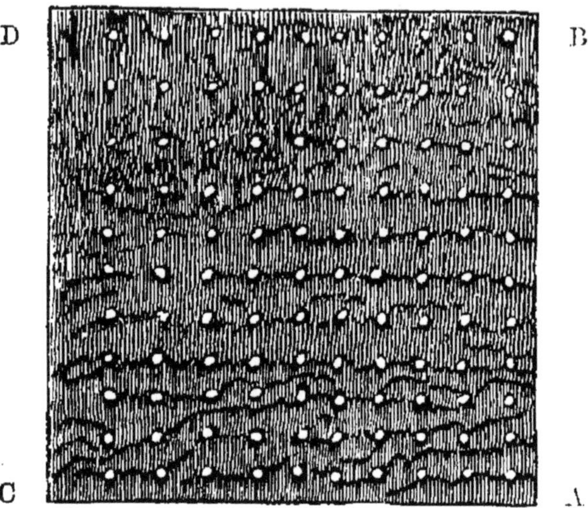

Fig. 97. — Application de la marne.

Fig. 98. — Aspect pendant l'hiver d'un champ marné.

terre bien préparée en petits tas dont le volume varie suivant la quantité qu'on doit appliquer par hectare. Ces tas sont éloignés en tous sens de 7 mètres les uns des autres. A mesure que la chaux vive est ainsi appliquée, on la couvre d'une couche de terre de 16 à 20 centimètres d'épaisseur.

Si la chaux est appliquée, comme dans le Maine, à raison de 5 hectolitres par hectare et par an, et si le chaulage ne doit être renouvelé que tous les huit ans, la quantité à répandre par hectare égalera

$$5 \times 8 = 40 \text{ hectolitres.}$$

Comme chaque tas couvrira 49 mètres carrés, on en comptera environ 200 par hectare. Or,

$$\frac{4000 \text{ litres}}{200} = 20 \text{ litres.}$$

D'où il résulte que chaque tas de chaux devra avoir un volume égal à 20 décimètres cubes ou 20 litres.

Quand la chaux, après avoir absorbé une certaine quantité d'humidité, commence à fuser et qu'elle augmente de volume, on bouche toutes les fissures qui apparaissent dans la terre qui couvre la chaux, afin que les pluies ne puissent transformer celle-ci en bouillie. Lorsque la chaux est délitée, on la mélange avec la terre et on reforme de nouveau les tas. Dix jours environ après cette opération, on *brasse* de nouveau la chaux et la terre et on répand avec la pelle le mélange sur toute la surface du champ. On l'enterre ensuite par un labour léger.

Le *second procédé* consiste à diviser la terre que la charrue pousse sur les *chaintres* ou *forières* pendant les tournées, et à la disposer sous forme de prisme triangulaire appelé *tombe* et présentant une rigole dans toute sa longueur. C'est dans cette tranchée qu'on met la chaux à fuser. On la couvre de 15 à 20 centimètres de terre, en donnant au prisme une forme bombée, pour que les eaux pluviales pénètrent difficilement jusqu'à la chaux. Dix jours après environ, on mêle la chaux à la terre et on reforme le prisme. On renouvelle cette opération une seconde fois quand la chaux est bien éteinte et en poussière.

Toutes ces opérations doivent être faites par une belle journée, pendant le printemps ou l'été.

Dans cette méthode la chaux est mêlée à 5, 10, 20 fois son volume de terre, suivant les circonstances.

Quand le moment de répandre la chaux est arrivé, on cube la *tombe* et on détermine le rapport de la chaux à la terre en se rappelant que la chaux grasse double de volume par l'extinction.

Si la chaux vive ajoutée au prisme de terre avait un volume égal à 40 hectolitres, ce volume égalera environ 80 hectolitres ou 8 mètres cubes lorsque la chaux aura perdu sa causticité.

Si le mélange de chaux et de terre composant la *tombe* cube, par exemple, 56 mètres, on devra en conclure que la chaux est à la terre dans le rapport de 7 pour 100. On déterminera aisément le volume que les tas doivent avoir en divisant 56 mètres cubes par le nombre de tas que comprendra un hectare, soit 200 : chaque tas de chaux et de terre égalera environ 3 hectolitres, soit plus exactement 280 litres ou décimètres cubes, ou 40 litres de poussière de chaux et 240 litres de terre.

L'épandage du compost se fait à la pelle aussi régulièrement que possible.

Les *faluns* ou débris de coquilles fossiles, le *merl* ou débris madréporiques à l'état fossile, sont appliqués exactement comme les marnes. Il en est de même des boues de ville, des vases d'étang et des vases de mer.

CHAPITRE II.

APPLICATION DES FUMIERS.

La quantité de fumier à appliquer par hectare est très variable. C'est au chef de l'exploitation qu'il appartient de la déterminer.

Quoi qu'il en soit, il est très important que les tas de fumier ou *fumerons* aient des poids à peu près égaux et qu'ils soient très régulièrement espacés les uns des autres si l'on veut que la fumure soit très régulière. Le plus ordinairement, les fumerons sont éloignés les uns des autres de 7 mètres en tous sens, et chaque tas, après avoir été éparpillé, couvre une surface de 49 mètres carrés, soit environ un demi-are ou 200 fumerons par hectare.

Si la fumure doit être de 50.000 kilogrammes, le poids de chaque fumeron sera de

$$\frac{50.000}{200} = 250 \text{ kilogrammes.}$$

Une voiture cubant 2 mètres cubes et contenant du fumier mixte à demi décomposé et du poids moyen de 750 kilogrammes le mètre cube permettra de faire 6 fumerons.

Les tas de fumiers formant la première ligne de fumerons ne doivent pas être placés à 7 mètres des côtés du champ et dans le sens de la longueur et dans celui de la largeur, autrement les fumerons formant ces premières lignes auraient à couvrir une superficie carrée plus grande que les tas de fumier placés à l'intérieur du champ.

Ainsi, si les *chaînes* de fumerons étaient placées suivant les lignes AA, BB, CC (fig. 99) et celles DD, EE, FF, GG les tas de fumiers situés en *o*, à l'intersection des lignes longitudinales et transversales, seraient éloignés des limites du champ *ab* et *ad* de 7 mètres. Ces tas de fumier

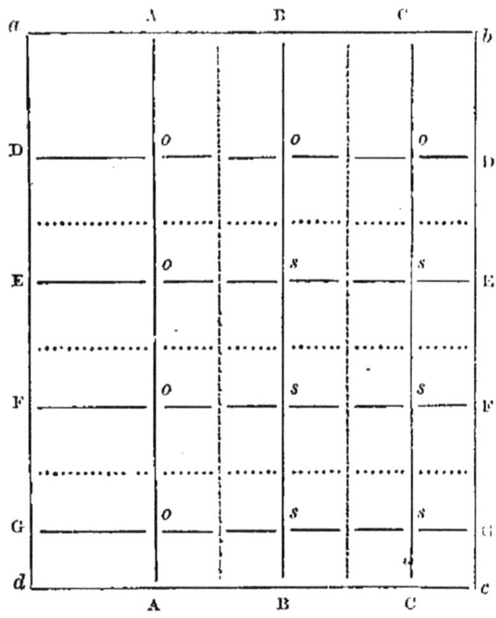

Fig. 99. — Mauvaise méthode d'application des fumiers.

devraient donc couvrir, indépendamment de la superficie comprise entre les bords de cette planche et les lignes AA, et DD, la moitié de celle déterminée par les lignes AA et BB et DD et EE, c'est-à-dire une superficie carrée de 73m,50 et de 110 mètres, suivant la situation des fumerons; tandis que ceux situés en *s* n'auront à couvrir que 49 mètres, étant espacés les uns des autres de 7 mètres et des lignes ponctuées de 3m,50 seulement.

Pour éviter ces inconvénients, qui nuisent toujours à une égale répartition de l'engrais, placer les premières lignes de fumerons à 3^{m},50, c'est-à-dire à la moitié de l'intervalle qui doit exister entre tous les fumerons.

Ainsi, on établira les premières lignes 1, 1,7,7,4,4 (fig.100) à 3^{m},50 des côtés *to*, *ts* et *op*. De cette manière les fumerons *a,a,a,a,a,a,a,a,a* couvriront une superficie de 49 mètres carrés, et cette surface sera égale à celle sur laquelle seront étendus les tas *i,i,i,i* placés aux intersections des lignes 2, 6 et 2, 5 ; 3, 6 et 3, 5.

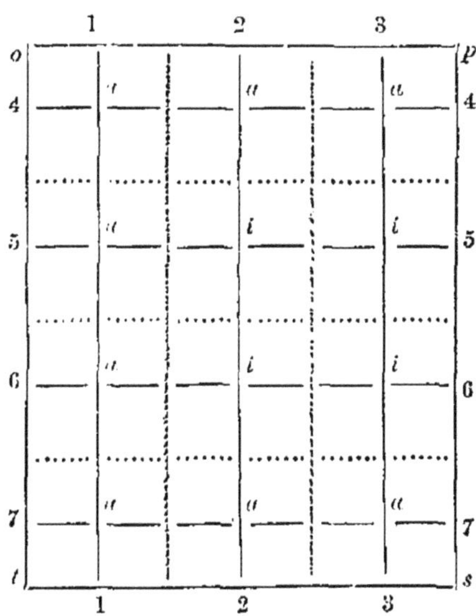

Fig. 100. — Méthode rationnelle d'application des fumiers.

Quand le charretier constate, lorsqu'il arrive au bout des lignes, que la distance du dernier tas à la limite du champ est plus forte ou plus faible que 3^{m},50, il doit proportionner le poids des derniers fumerons à la surface qui reste à fumer ou à couvrir.

Quand la surface des champs à fumer est déclive, souvent les parties hautes reçoivent une quantité d'engrais plus grande que les parties inférieures. Cette manière d'agir est rationnelle. On sait que les pluies entraînent toujours vers le base des rampes et la terre la meilleure et les principes fertilisants des fumiers.

L'épandage des fumiers (fig. 101) se fait par des journaliers ou des tâcherons. Il importe qu'il soit exécuté d'une manière uniforme. Voici comment on doit opérer : un ou plusieurs ouvriers armés de fourches projettent l'engrais qui compose les fumerons sur l'espace qu'il doit couvrir. Ces

Fig. 101. — Épandage et enfouissement du fumier.

ouvriers sont suivis de femmes ou d'enfants, armés aussi de fourches, ayant pour mission de diviser et éparpiller les *fourchées de fumier* le plus également sur la surface du champ, en évitant d'en mettre dans les dérayures.

Lorsque le fumier est très décomposé ou chargé de crottins, on enlève et disperse les parties que la fourche n'a pu saisir, à l'aide d'une pelle en fer ou en bois.

Le fumier de cheval est le plus facile à répandre ; celui qu'on retire des bergeries est le fumier qui exige le plus d'attention, parce qu'il a été fortement tassé par les bêtes à laine.

Le transport des fumiers s'effectue avec des charrettes ou des chariots ; mais, quel que soit le véhicule dont on se sert, il est important de bien coordonner le nombre des chargeurs et des voitures avec la distance que chaque attelage doit parcourir. Il est beaucoup plus économique de n'avoir qu'un attelage et deux voitures que deux attelages et deux charrettes, à moins que la distance à parcourir soit considérable. Quand le champ à fumer n'est pas très éloigné du point où réside le fumier à transporter, il arrive souvent, quand deux attelages sont chargés d'effectuer les transports, ou qu'ils se rencontrent au tas, ou qu'ils arrivent au même moment sur le champ. Quand de tels faits ont lieu, le transport des fumiers se fait avec une très grande lenteur, parce que celui ou ceux qui chargent ne sont plus en rapport avec la quantité de fumier qu'il faut placer instantanément dans les voitures afin que les attelages soient constamment en travail, et qu'ils ne restent pas longtemps inactifs. Dans ce travail, il faut donc éviter que deux voitures soient en même temps en chargement ou en déchargement.

Voici la combinaison qu'il faut adopter pour éviter de telles pertes de temps : une des voitures est chargée la veille, afin qu'elle soit prête à être conduite ; le lendemain matin, le conducteur attelle immédiatement son attelage sur ce véhicule, et le conduit sur le champ où le fumier doit être appliqué ; à peine la voiture est-elle déplacée que les chargeurs approchent du tas ou de la fosse une voiture vide qu'ils s'empressent de charger. Dès que le conducteur est de retour des champs, il dételle les animaux et les attelle immédiatement à la voiture chargée. Aussitôt que cette dernière a quitté les abords de la fosse ou de la plate-forme, les chargeurs remplissent la voiture qui vient de revenir à vide. Lorsque la distance à parcourir est grande, on emploie deux attelages et trois voitures. Alors il y a toujours une voiture en déchargement, une autre qui va ou revient ; la troisième est celle que l'on charge pendant l'aller et le retour. De cette manière, les attelages et les travailleurs sont sans cesse occupés.

Quand le fumier est arrivé à l'état de *beurre noir*, aucune voiture ne doit quitter la cour sans que l'engrais ait été battu à la pelle. En agissant ainsi, on évite toujours des pertes de fumier sur les routes ou les chemins de l'exploitation.

Le fumier qui a subi avant son emploi une fermentation convenable est ordinairement bien enterré par la charrue si l'épandage a été bien fait. L'enfouissement du fumier long ou pailleux présente quelques difficultés, et, dans la plupart des cas, il est mal réparti dans la couche labourée. Pour enterrer cet engrais le mieux possible, il faut enlever le coutre de la charrue et faire suivre celle-ci par un enfant ou une femme. Cet aide est muni d'une fourche et tire le fumier dans la raie, de manière qu'il soit bien enterré par la bande de terre que la charrue doit détacher et renverser à son prochain tour. Lorsque la charrue conserve son coutre et qu'elle n'est pas suivie par un ouvrier, le fumier s'amasse presque toujours en avant de l'étançon antérieur sous forme de paquets, est mal enterré et excède souvent la terre labourée.

CHAPITRE III.

APPLICATION DES ENGRAIS PULVÉRULENTS.

Les engrais pulvérulents, comme la colombine, le guano, le superphosphate de chaux, la poudrette, le noir animal, etc., doivent être appliqués d'une manière uniforme.

Lorsque la quantité à appliquer par hectare a été déterminée, le chef de l'exploitation doit mesurer la surface que présente chaque planche, chaque billon, etc., d'après leur largeur et la longueur du champ sur lequel l'engrais doit être appliqué. Ce travail ne présente pas de difficulté si le dernier labour a été bien exécuté.

Supposons qu'il soit question d'appliquer par hectare 1° de la poudrette à raison de 20 hectolitres; 2° du superphosphate de chaux à la dose de 400 kilogrammes sur des champs ayant la même longueur, 120 mètres. Le premier a été labouré en planches ayant 20 mètres de largeur, et le second en billons un peu bombés ayant 5 mètres de largeur.

1. Chaque *grande planche*, eu égard à la longueur du champ, présentera une surface de 120 × 20 = 2.400 mètres ou 24 ares.

La *poudrette* devant être appliquée à la dose de 20 hectolitres par hectare, chaque grande planche devra en recevoir environ 5 hectolitres répartis en quatre sacs qui seront placés sur la ligne médiane. Le premier sac sera éloigné du bord du champ de 15 mètres, le second de 45 mètres, le troisième de 75 mètres et le quatrième de 105 mètres. Ce dernier sac sera aussi distant de 15 mètres de l'autre extrémité de la planche.

Par cette disposition, il sera facile à un ouvrier connaissant la pratique de la semaille à la volée, de répartir la poudrette d'une manière uniforme sur la surface de chaque planche.

2. Chaque *planche un peu convexe* eu égard encore à la longueur du champ présentera une surface de $120 \times 5 = 600$ ou 6 ares.

Comme le *superphosphate de chaux* doit être appliqué à la dose de 400 kilogrammes par hectare, chaque billon devra en recevoir environ 25 kilogrammes.

Pour appliquer cette quantité sur chaque planche aussi régulièrement que possible, on déposera deux sacs contenant chacun 50 kilogrammes de superphosphate de chaux dans la dérayure qui sépare quatre planches deux par deux. Le premier sac sera situé à 30 mètres du bord du champ et le second à 60 mètres du premier. Ainsi placés, ces sacs permettront à l'ouvrier de remplir son semoir avec facilité sans être obligé de perdre beaucoup de temps.

En général, les engrais pulvérulents secs, comme le plâtre en poudre, la cendre de bois, le guano, etc., doivent être appliqués de préférence le matin, quand l'air est calme. Quand on les répand lorsque l'air est agité, le vent en transporte une partie en dehors du champ sur lequel on veut les appliquer.

L'ouvrier qui répand du plâtre pulvérisé, de la poussière de chaux, des cendres non lessivées, le guano, etc., doit s'orienter de manière à semer toujours avec le vent.

Les *engrais chimiques*, comme le sulfate d'ammoniaque, le nitrate de soude, le chlorure de potassium, etc., doivent être répandus exactement comme les engrais phosphatés.

CHAPITRE IV.

PRATIQUE DU PARCAGE.

Le parcage est une opération agricole fort ancienne. Il consiste à confiner dans un enclos mobile, situé sur une terre labourable, et accidentellement sur une prairie, pendant cinq à six heures consécutives, un certain nombre de bêtes à laine. Il a pour but la fertilisation du sol.

Cette opération ne présente pas de difficultés, mais elle doit être confiée à un berger très habile et ayant un chien doué d'une grande intelligence. Les bergers de la Brie, avec leurs véritables *chiens de bergers*, parquent chaque année, dans un grand nombre de fermes, d'importantes surfaces sans aucun inconvénient pour les bêtes ovines qu'on leur a confiées (fig. 102).

On s'est demandé souvent si le séjour des bêtes à l'extérieur des bergeries leur était réellement favorable. L'expérience a prouvé depuis très longtemps que la santé des troupeaux soumis au parcage ne souffrait nullement quand le berger était expérimenté, et qu'il n'ignorait pas les précautions qu'il faut prendre quand on déplace un parc pendant une nuit sombre et lorsqu'on a à craindre des loups affamés.

Les bêtes à laine bien nourries ne souffrent pas pendant la belle saison et des fortes chaleurs et des pluies un peu prolongées.

Les parcs sont établis à l'aide de claies en bois ou en fer qui varient dans leur manière d'être suivant les contrées,

Fig. 102. — Parcage dans la Brie.

ou à l'aide d'un long filet ou treillis maintenu verticalement au moyen de tiges en fer placées aux angles du carré ou du rectangle.

Le parcage est très pratiqué dans la région du nord-ouest, et dans celle du centre et du sud-ouest.

Les claies qui servent à établir un parc sont faites en bois léger (fig. 103, 104) ou à l'aide de pousses de coudrier, de châtaignier, de saule, etc., entrelacées en sens contraire des montants (fig. 105). Les unes et les autres présentent à

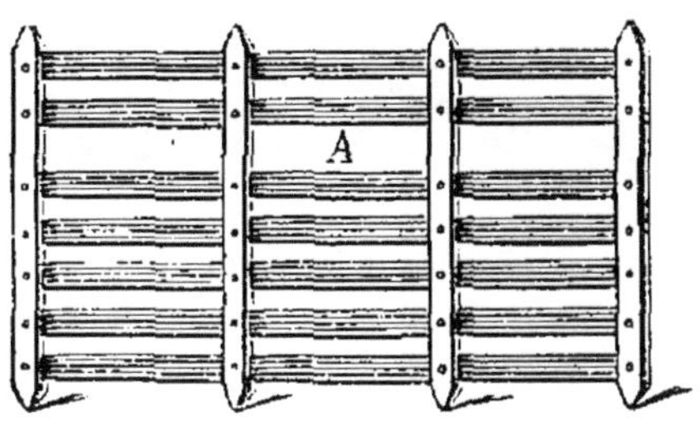

Fig. 103. — Claie à claire-voie.

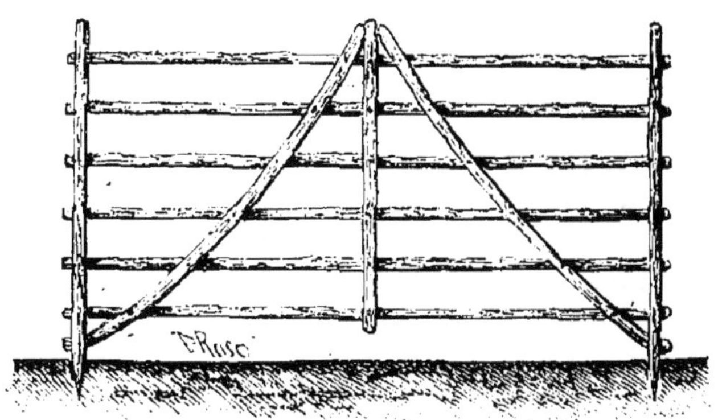

Fig. 104. — Claie avec armature.

leur partie supérieure une ouverture A ou *a, a' a'*, qu'on nomme *voie*. C'est par cette ouverture que le berger passe le bras quand il doit les transporter d'un point à un autre.

Le plus ordinairement, les claies ont 1^{m},33 à 1^{m},50 de hauteur et 2 à 3 mètres de longueur.

On les maintient verticalement à l'aide de bâtons appelés *crosses* (fig. 106) ayant aussi 3 mètres de longueur. Ces crosses sont fixées sur le sol par leur partie inférieure, qui est courbe et présente une mortaise dans laquelle on engage un coin de bois (fig. 107), que l'on enfonce dans la couche

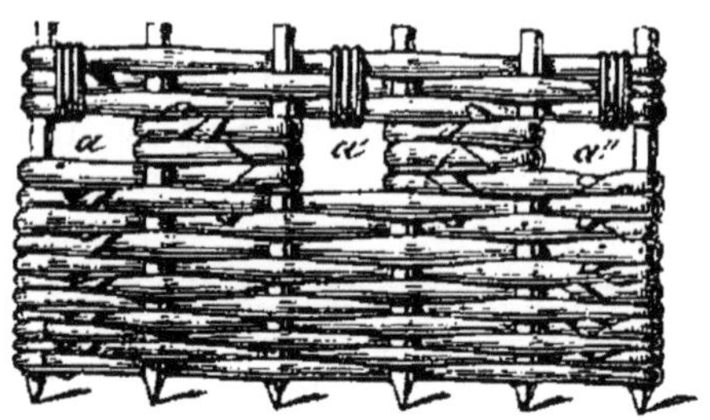

Fig. 105. — Claie en osier.

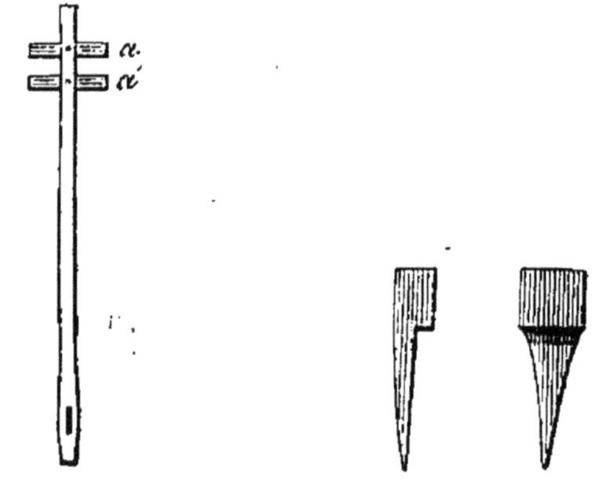

Fig 106. — Crosse. Fig. 107. — Coin de bois.

Fig. 108. — Maillet.

arable à l'aide d'un maillet (fig. 108). Leur partie supérieure est traversée par deux petites barres plates ou chevilles *a*, *a'*, de $0^{m},30$ environ de longueur et écartées l'une de l'autre de $0^{m},15$.

Le berger a pour s'abriter une petite cabane en bois montée sur deux ou quatre roues ; cette baraque est mobile et suit le parc. Elle est munie d'une porte et d'une lucarne.

Dans les circonstances ordinaires, on accorde à chaque bête à laine de taille moyenne un mètre carré. J'ai indiqué dans les *Matières fertilisantes* les causes qui font varier cette superficie.

Suivant les contrées, la taille des bêtes à laine, la nourriture qu'elles trouvent pendant leur parcours et l'énergie que le parcage doit avoir, le berger change le parc de place une, deux ou trois fois par 24 heures.

Le parcage commence au mois de mai ou de juin et se termine en septembre ou octobre, suivant les régions. Il a lieu ordinairement sur des champs qui ont porté une culture fourragère ou sur une jachère qui a reçu un ou plusieurs labours et hersages. Les terres motteuses ne permettent pas d'obtenir une fumure uniforme.

La première opération à faire consiste à déterminer le nombre de claies qu'il faut avoir eu égard au nombre de bêtes à laine qu'on se propose de faire parquer.

Les claies ont le plus généralement $2^{m},66$ de longueur, mais comme elles se croisent un peu, leur longueur réelle n'est que $2^{m},33$.

Supposons qu'il soit question de faire parquer 200 bêtes à laine. Si l'on accorde 1 mètre carré à chaque tête, la surface du parc aura 200 mètres et chaque côté égalera $\sqrt{200} = 14$ mètres, longueur qui nécessitera 6 claies. D'où il suit que le parc sera établi avec 24 claies.

Si ce parc, au lieu d'être carré, devait être rectangulaire et si l'un des côtés avait 10 mètres de longueur, la dimension des côtés adjacents égalerait

$$\frac{200}{10} = 20 \text{ mètres.}$$

Chaque petit côté serait formé avec 4 claies et chaque grand avec 9 claies. Donc, pour construire un tel parc il faudrait disposer de 4 + 4 + 9 + 9, soit 26 claies.

Le premier parc est toujours construit à l'un des angles du champ qu'on veut fertiliser. La direction à suivre est très variable. Tantôt on dirige le parc suivant la longueur de la pièce, tantôt il suit sa largeur. Quand les champs sont étroits, les parcs sont dirigés dans le sens de leur longueur.

Quand le berger a déterminé la direction qu'il doit suivre, il place deux claies A et B (fig. 109) perpendiculaires entre elles à l'un des angles du champ; puis il place à la

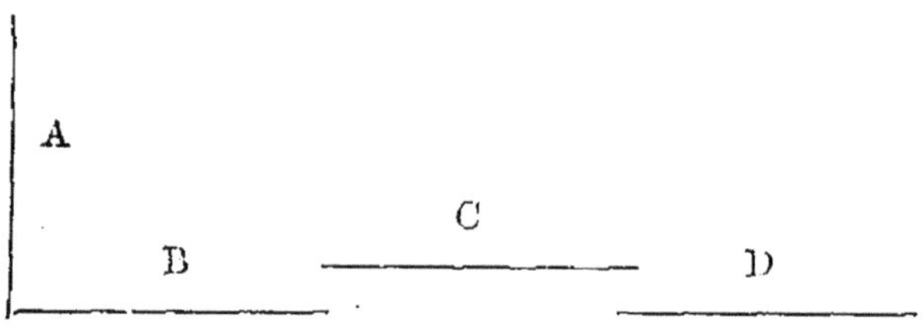

Fig. 109. — Pose des claies à l'angle d'un parc.

suite de la claie B une autre claie C, puis une troisième D, et ainsi de suite jusqu'à ce que le côté ait la longueur qu'il doit avoir. Toutes les claies sont placées l'une derrière l'autre de manière que les deux *voies* se rencontrent et qu'on puisse y introduire la partie supérieure d'une crosse, de manière qu'une des deux petites barres plates soit située derrière les montants des claies et l'autre devant. Dès que la partie supérieure a été placée, le berger abaisse la partie courbe contre le sol et la fixe à l'aide d'une cheville.

Souvent on ne met pas de crosse aux angles du parc (fig. 110); on réunit alors les deux montants avec un anneau en saule ou en fer à la partie supérieure et à l'aide d'une corde au-dessus de la première ou de la seconde traverse inférieure.

Quand l'un des côtés est construit, le berger termine celui

qui a été commencé lors de la formation de l'angle droit. Ensuite, il termine le parc en construisant deux côtés parallèles à ceux qu'il vient d'établir.

Les parcs ne sont pas toujours simples. Souvent, quand le nombre de claies le permet, le berger construit deux parcs contigus l'un à l'autre. Cette disposition est très commode quand on doit changer le parc de place pendant la nuit.

Fig. 110. — Claies formant un des angles d'un parc.

a, place libre pour porter la claie. — *c*, crosse. — *f*, maillet pour enfoncer les chevilles. — *g*, cordes assemblant les claies.

Dans plusieurs localités, les parcs sont disposés en *échiquier*. Cette manière d'agir n'oblige pas le berger, lorsqu'il change le parc de place, de transporter autant de claies que lorsque deux parcs sont contigus.

Supposons qu'il soit question de déplacer les deux parcs A et B (*fig.* 111). Le berger transportera les claies de la ligne AB du parc A en *ab*, et celles de la rangée DE du parc B en *ed*. Ainsi placées, ces claies formeront, avec les côtés 1 et 2 des parcs A et B, le parc C. Quand cette construction aura été faite, le berger transportera les claies de la ligne AC du parc A en *ac*, et celles EF du parc B en *fe;* ces lignes, avec celles 3 de l'ancien parc A et 4 du parc B, formeront un quatrième carré, le parc D. Ainsi donc, pour changer deux parcs disposés en échiquier, le berger n'a que quatre lignes de claies à déplacer ; par la méthode ordinairement suivie, il est obligé, chaque fois qu'il change les parcs de place, de transporter toutes les claies qui composent les côtés. Quand les surfaces C et D ont été parquées, on place les claies en dessous du carré D, on dispose de nouveau les parcs en échiquier comme ils avaient été placés tout d'abord ; le côté *fe* du parc D est le seul qui doit être conservé, parce qu'il forme l'un des côtés du cinquième parc.

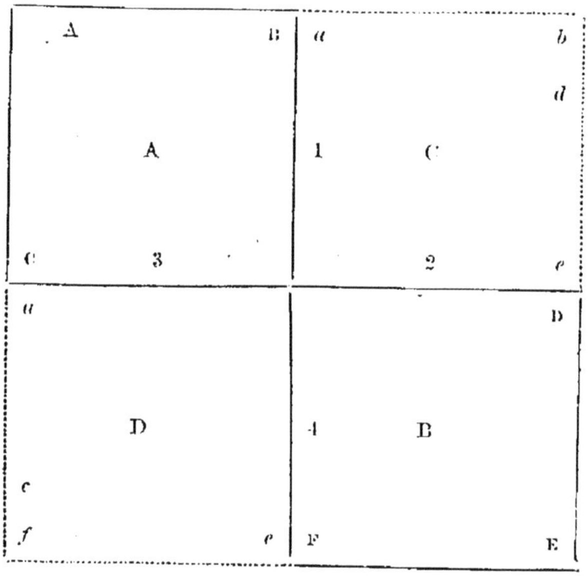

Fig. 111. — Parcage en échiquier.

Toutes les crosses sont situées à l'extérieur des parcs. Celles qu'on place à l'intérieur gênent les bêtes à laine et rendent la fumure inégale.

Quand le berger doit déplacer le parc pendant la nuit et qu'il craint que celle-ci soit sombre, durant le jour il implante à chaque angle du futur parc un piquet portant un chiffon blanc. Ces jalons lui serviront de guide parce qu'il les apercevra assez facilement.

Pendant la belle saison, les troupeaux prennent le parc à la fin du jour ; au printemps et en automne, ils y rentrent avant le coucher du soleil. Quand les jours sont longs et lorsque les pâturages nourrissent bien les bêtes à laine, le berger change le parc de place vers minuit ou une heure du matin. Pendant ce changement, les animaux sont maintenus réunis par le chien sur la partie qui vient d'être parquée. Quand le berger dispose de deux parcs contigus, il déplace une des claies qui séparent les deux enclos et fait passer le troupeau d'un parc dans l'autre.

Chaque matin, avant de quitter le parc, le berger déplace l'enclos dans lequel les bêtes à laine ont été renfermées la veille au soir en revenant du pâturage ; ce nouveau parc est destiné à recevoir le troupeau vers dix ou onze heures du matin. Ce troisième coup de parc n'a lieu que quand les jours sont longs ; il se termine vers deux ou trois heures de l'après-midi.

Chaque changement de parc se nomme *coup de parc.*

Avant de faire sortir le troupeau du parc pour le conduire pâturer, le berger doit faire lever les animaux, les mettre en mouvement dans l'enclos et attendre quelques instants, afin qu'ils se vident complètement.

Quand le temps est beau et sec et lorsque le troupeau pâture sur les chaumes de céréales, le berger quitte le parc dès six heures du matin. Dans les circonstances ordinaires, il attend que la rosée soit entièrement dissipée.

On enterre le parc le plus tôt possible à l'aide d'un léger labour. C'est commettre une très grande faute que d'attendre que tout le champ ait été parqué pour exécuter cette opération. Les déjections solides qui restent longtemps exposées à l'action d'une forte chaleur solaire, diminuent de volume et perdent une partie notable de leur action fertilisante.

CHAPITRE V.

APPLICATION DES ENGRAIS LIQUIDES.

Les engrais liquides bien fabriqués sont très fertilisants et produisent toujours de très bons effets quand on les applique en temps convenable soit sur les prairies naturelles, soit sur les prairies temporaires et les pâturages, soit enfin sur les terres labourables. Aussi est-ce bien à tort qu'on laisse souvent encore écouler sur la voie publique les urines ou le purin qui sortent des étables ou qui découlent des tas de fumier. On oublie que ces engrais liquides paient largement par leur énergie fertilisante les faibles dépenses qu'on doit s'imposer pour les recueillir dans une fosse ou une citerne étanche.

Cette fosse a aussi l'avantage de fournir le liquide avec lequel on peut arroser les fumiers dans le but de hâter leur fermentation et empêcher qu'ils ne prennent le *blanc*.

Les engrais liquides à la disposition du cultivateur sont de deux sortes : les uns sont répandus sur les prés et les terres labourables soit à l'aide d'une écope, soit au moyen d'un tonneau d'arrosage, comme le purin, l'engrais flamand, le lizier et les eaux vannes; les autres servent uniquement à l'arrosage des terres arables, comme les eaux sortant des féculeries, des distilleries, etc.

1. — Engrais liquides animaux.

Le *purin* se compose d'urines animales et humaines et de

jus de fumier. On l'utilise quand il a fermenté dans une

Fig. 112. — Tonneau d'arrosage.

fosse ou citerne et lors qu'il a perdu son action nuisible. Les urines fraîches et pures sont corrosives et *brûlent* les plantes en végétation sur lesquelles on les répand. On les modifie très heureusement et très promptement en y ajoutant un tiers ou la moitié de leur volume d'eau. Par cette addition

Fig. 113. — Tonneau d'arrosage belge.

Fig. 114. — Cuveau et écope.

on peut les utiliser à mesure qu'on les récolte. On peut au besoin les répandre sur les terres destinées à être jachérées.

L'*engrais flamand* est plus fertilisant que le purin. Il se

Fig. 115. — Hotte munie d'un robinet.

Fig. 116. — Chariot flamand.

Fig. 117. — Chariot alsacien.

compose d'urine, de matières fécales, de tourteaux, d'eaux ménagères, etc., qui ont fermenté dans une citerne pendant

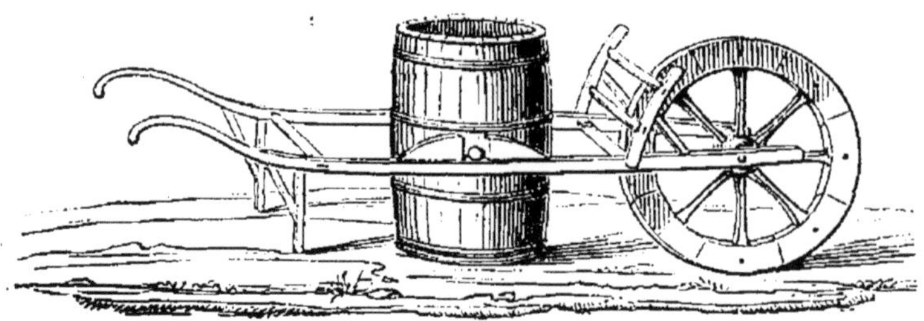

Fig. 118. — Tonneau-brouette.

Fig. 119. — Tonneau portatif.

Fig. 120. — Tonneaux sur chariot.

un ou deux mois. Cet engrais développe une odeur nauséabonde ; néanmoins les Flamands ne répugnent pas de le toucher et de l'appliquer, parce qu'il est supérieur aux fumiers quand il a été bien fabriqué.

Le *lizier*, très connu en Suisse, se compose d'urine, de bouses de vaches ou de bœufs et d'eau, qui ont séjourné un certain temps dans une fosse. Cet engrais liquide n'est pas plus fertilisant que le purin qui sort des étables ou des tas de fumier. On le fabrique principalement dans les localités montagneuses qui n'ont pas de paille à utiliser comme litière.

Les *eaux vannes* ou liquides des vidanges ont une grande puissance fertilisante. On les utilise avec succès dans les environs de Lyon, de Grenoble, de Strasbourg, etc. On les répand ordinairement sur des sols qui ont été préalablement labourés. Leur application précède toujours de plusieurs semaines le moment où le sol doit être ensemencé ou occupé par des plants de chou, de tabac, etc. Ces déjections humaines jouent aussi un rôle important à Grasse, Nice, etc., dans la culture des plantes à parfums. Dans cette circonstance on ne les utilise qu'après les avoir additionnées d'une certaine quantité d'eau.

Les eaux vannes pures doivent être appliquées avec modération à la fin de l'hiver ou au printemps sur les prairies et les céréales, parce qu'elles rendent très active la végétation des plantes sur lesquelles on les répand.

Les engrais liquides précités sont répandus sur les prairies ou les terres :

1° A l'aide de tonneaux d'arrosage (fig. 112 et 113) qui les distribuent régulièrement sous forme de pluie très abondante. Le cheval ou le bœuf qui traîne un de ces appareils doit marcher plus ou moins vite, selon la quantité de liquide qu'on veut répandre par hectare.

2° Au moyen d'une écope, alors que le liquide à répandre a été versé dans un large cuveau (fig. 114). L'ouvrier chargé de cette opération doit avoir le soin de bien diriger l'écope de droite à gauche sous forme de demi-cercle, afin que l'engrais soit distribué très uniformément.

Lorsque l'engrais liquide doit être appliqué à des plantes

cultivées en lignes, comme le chou, le tabac, etc., on le verse dans des trous pratiqués à 10 ou 15 centimètres de distance de chaque pied, à l'aide d'un vase portatif ou d'une hotte munie d'un robinet (fig. 115). On le transporte de la ferme au champ au moyen d'un chariot spécial (fig. 116 et 117) ou au moyen d'un tonneau brouette (fig. 118) et d'un tonneau muni de deux anses en fer (fig. 119).

Les eaux vannes peuvent être très bien transportées au moyen de tonneaux placés sur un chariot (fig. 120).

2. — **Engrais liquides végétaux.**

Les eaux qui sortent des féculeries, des distilleries, arrivent d'abord dans un réservoir et sont dirigées ensuite à l'aide d'une rigole de dérivation sur un champ peu éloigné de l'usine. Les terrains qu'on fertilise avec ces liquides sont toujours très meubles quand on les arrose. Le plus ordinairement on les dispose en petits billons exécutés avec le binot flamand ou un buttoir. Ces billons sont peu élevés et formés de deux bandes de terre. C'est dans les petits sillons qui les séparent qu'on fait arriver successivement le liquide qu'on veut utiliser. D'abord, on arrose la partie supérieure, puis la partie médiane et en dernier lieu la partie inférieure de la pièce. On change de place l'arrivée du liquide quand la couche arable d'une des trois parties a été parfaitement imbibée.

Lorsque le champ a été arrosé et que l'engrais a été utilisé, on abandonne la terre à elle-même pendant plusieurs jours ou durant une ou deux semaines ; puis, à l'aide d'un scarificateur, quand la terre est sèche et le temps beau, on détruit les billons en agissant perpendiculairement à leur direction. Cette opération suffit ordinairement pour que la terre soit préparée à recevoir une semaille de betterave, de maïs, comme plante fourragère, de navet, etc.

Les récoltes qui suivent les vinasses ou les eaux de féculeries ainsi appliquées sont toujours vigoureuses ou productives.

3. — Eaux des égouts.

Les eaux qui s'écoulent par les égouts qui suivent les rues des villes populeuses sont utilisées avec succès à Gennevilliers (Seine), Reims (Marne), etc., à la fertilisation des terres consacrées à la culture des gros légumes. C'est à l'aide de rigoles d'arrosage qu'on les fait arriver sur les champs dont on veut accroître la fécondité. Ces eaux sont presque toujours chargées de matières salines et organiques qui ont une remarquable action sur les végétaux cultivés pour leurs produits herbacés, comme les choux, le poireau, le ray-grass, l'angélique, la menthe, le géranium rosat, etc. Le dépôt qu'elles laissent dans les rigoles qu'elles parcourent peut être transformé à l'aide de la chaux vive en un excellent engrais pulvérulent.

L'emploi de la chaux est presque indispensable sur les terres arrosées avec des eaux d'égouts très riches en matières organiques.

Dans diverses villes les eaux des égouts reçoivent les déjections d'un grand nombre de latrines. C'est pourquoi elles ont souvent une odeur peu agréable et une très grande puissance fertilisante.

CHAPITRE VI.

POIDS DES MATIÈRES FERTILISANTES.

Les matières employées dans la fertilisation des terres ont des poids variables qu'il est utile de connaître.

Engrais minéraux (mètre cube).

Chaux vive	800 à	850	kil.
Marne...........	1600	1800	—
Tangue..........	1200	1400	—
Merl.............	1100	1200	—
Plâtre cru........	1900	2200	—
— cuit.........	1200	1300	—
Cendres pyriteuses	800	1200	—
— non lessivées.	460	500	—
Charrées.........	700	750	—
Cendres de tourbe	250	700	—
Phosphate natif...	1400	1500	—
Superphosphate de chaux.........	1100	1300	—
Os concassés	400	600	—
— calcinés......	260	280	—
— en poudre....	450	500	—
Noir animal......	860	920	—

Engrais animaux (hectolitre).

Poudrette pure...	67	70	kil.
Colombine........	40	45	—
Sang sec.........	70	80	—
Guano du Pérou..	90 à	95	kil.
— d'Afrique...	80	85	—
— du Chili....	100	110	—
Râpure de cornes.	22	25	—
Cornes divisées...	60	65	—

Fumiers.

Fumiers frais (mètre cube).

Cheval...........	350 à	400	kil.
Bêtes à cornes....	500	600	—
Bêtes à laine......	400	450	—

Fumiers ayant fermenté

Cheval...........	500	550	kil.
Bêtes à cornes....	700	800	—
Bêtes à laine.....	550	700	—

Engrais composés (mètre cube).

Boues de ville....	800	1200	kil.
Vases d'étangs....	1600	1800	—
Cendres de mer...	750	850	—

Engrais liquide (mètre cube).

Urine............	1000	1020	kil.

La charrée, le phosphate de chaux natif réduit en poudre, les cendres de tourbe, la poudrette, le sang sec, etc., ont un poids d'autant plus élevé qu'ils contiennent davantage de parties siliceuses ou terreuses.

QUATRIÈME PARTIE.

LES SEMAILLES.

Les semailles constituent des opérations d'une grande importance. Elles sont faites :

1° à la main ;
2° au semoir ;
3° à la volée ;
4° en lignes.

On les exécute après un labour, après un labour et un hersage ou sur des champs occupés par une plante agricole annuelle ou bisannuelle en végétation.

Les semences sont enterrées avec :

1° Le râteau ;
2° La herse ;
3° Le rouleau ;
4° La charrue ;
5° Un fagot d'épines.

Les semailles bien exécutées sont toujours favorables au cultivateur. Ainsi, un blé régulièrement semé a toujours une végétation plus uniforme, des tiges plus vigoureuses, des feuilles plus amples; enfin, les plantes sont moins sujettes à verser sous l'influence des pluies continuelles et abondantes ou quand le sol renferme un excès de fécondité.

CHAPITRE PREMIER.

PRINCIPES GÉNÉRAUX.

1. — Germination.

Lorsqu'une graine de bonne qualité se trouve placée dans des conditions convenables de chaleur et d'humidité, elle absorbe une certaine quantité d'eau. Alors, l'amande se gonfle, et, par suite de cette augmentation de volume, son enveloppe externe se déchire, ce qui favorise la sortie de l'*embryon*.

On désigne sous ce nom le *germe* qui est à l'état rudimentaire dans la graine. Il est presque toujours solitaire et sa situation est droite et inverse ou pour mieux dire sa partie inférieure est toujours dirigée vers le haut de la graine.

Cet organe se compose de trois parties distinctes : 1° la radicule ; 2° la plumule ; 3° le ou les cotylédons.

La *radicule* ou rudiment des racines est la partie qui se dirige vers le centre de la terre. La *plumule*, par contre, se dirige sans cesse vers le ciel, en servant de support aux cotylédons ; c'est elle qui constitue l'état rudimentaire de la tige et qui donne naissance au premier bourgeon, que l'on désigne sous le nom *gemmule*.

Les *cotylédons* sont les premières feuilles qui apparaissent après la germination. Dans la graine, ils sont faibles et étiolés ; mais aussitôt qu'ils sont exposés à l'air, à la lumière et à la chaleur, ils se développent et se colorent. Ils prennent alors le nom de *feuilles séminales*.

Dans les graines à un seul cotylédon, comme le blé, le maïs, etc., ce corps est toujours latéral et il engaine la base de la tigelle. Dans celles à deux cotylédons, ces corps sont toujours placés sur la plumule vis-à-vis l'un de l'autre. Par exception, dans quelques végétaux, comme dans les haricots, la fève, etc., les cotylédons ne se changent point en feuilles, et ils tombent dès que la gemmule a pris de l'accroissement. Dans cette circonstance, les deux petites feuilles roulées sur elles-mêmes qui formaient la gemmule, deviennent des *feuilles primordiales*.

Toutes choses égales d'ailleurs, les cotylédons, par les substances qu'ils contiennent, fournissent aux jeunes plantes les premiers éléments qu'elles exigent pour se développer : ce n'est que quand la gemmule a donné naissance à quelques feuilles primordiales que les cotylédons se flétrissent et qu'ils tombent ou se détruisent.

Le sol exerce aussi une influence heureuse dans la germination. Il fournit aux plantes les substances organiques et inorganiques dont elles ont besoin et il leur sert aussi de support ou de point d'appui.

En résumé, il ne suffit pas qu'une graine ait été fécondée et bien conservée pour pouvoir germer ; il est nécessaire aussi qu'elle subisse à la fois l'action de l'eau, de la chaleur et de l'air.

La germination ne se produit pas sans humidité. C'est pourquoi des graines déposées dans un lieu sec peuvent conserver pendant plusieurs années leur faculté germinative. D'un autre côté, on sait que la lumière s'oppose à la germination des semences ou du moins qu'elle la retarde d'une manière sensible.

La germination exige une certaine somme de chaleur, mais elle n'a pas lieu hors de certaines limites thermométriques. Ainsi, elle se manifeste toujours très heureusement entre 10° et 30° quand l'humidité est suffisante, mais elle ne se produit pas à 0° et au delà de + 35°. Dans le premier cas, la graine conserve sa faculté germinative ; dans le second, la vitalité de l'embryon est presque toujours détruite.

2. — Préparation du sol.

La préparation des terres qui doivent recevoir des semences a une importance considérable. Elle varie suivant la nature de la couche arable et les plantes qu'on vient de récolter.

Les terres bien jachérées sont généralement en très bon état au moment des semailles d'automne. Il en est de même des champs qui ont porté une récolte de betteraves, de pommes de terre, de chanvre, de sarrasin, de maïs fourrage, etc., et qui ont reçu un seul labour opéré le plus tôt possible. Ce labour unique suffit dans la généralité des cas, quand il a été bien exécuté, pour que la couche arable puisse être ensemencée en blé, en seigle, etc. Il en est de même quand une céréale de printemps suit une plante sarclée, une luzerne, un sainfoin, etc.

Malheureusement il existe encore en France des localités dans lesquelles les terres destinées à être emblavées en septembre ou octobre sont bien mal préparées. Non seulement les labours y sont imparfaits, mais ces terres sont souvent envahies par un grand nombre de plantes vivaces à racines traçantes. D'un autre côté, on constate parfois aussi que des fumiers pailleux y ont été appliqués très tardivement et qu'ils y ont été bien mal enfouis.

J'ai dit, en parlant des *labours de semailles,* qu'il ne fallait pas dans *les emblavures d'automne* chercher à obtenir des terres très bien ameublies. L'expérience prouve chaque année que les *terres un peu motteuses,* mais bien labourées dans toute leur épaisseur, sont toujours plus favorables aux céréales d'hiver que les terrains qui ont été divisés à l'extrême par la charrue et la herse.

Les petites mottes qu'on observe à la surface des champs ensemencés pendant les mois d'octobre et de novembre ont l'avantage d'arrêter la neige, qui est partout une excellente couverture pour les blés d'hiver. Je puis ajouter que les vents du nord et de l'est ont toujours, pendant cette saison, une action moins nuisible sur les froments d'automne, et l'avoine d'hiver que lorsque la couche arable a été très unie superficiellement avant les emblavures. Les mottes, en se délitant, après les gels et les dégels, rechaussent très efficacement les céréales d'hiver qui ont été déchaussées.

Dans les circonstances ordinaires et toutes les fois que cela est possible, on abandonne à elles-mêmes, pendant quelques semaines, les terres qu'on a préparées pour être ensemencées en céréales d'automne, afin qu'elles se *tassent* ou se *plombent*. En général, les semailles de froment exécutées en octobre ou novembre sur des labours trop récents ne sont pas toujours bonnes, parce que cette céréale y souffre souvent pendant l'hiver des dégels suivis de gelées, c'est-à-dire du fâcheux effet que leur déchaussement produit sur leur vitalité. Ce fait explique pourquoi le froment d'hiver n'est pas toujours productif quand il suit un trèfle violet de dix-huit mois, alors que le défrichement de cette prairie artificielle a été exécuté très tardivement, c'est-à-dire en octobre, et que la couche arable n'est pas suffisamment rassise.

Avant de commencer une semaille à la volée, on opère un hersage léger avec une herse à dents de bois sur toute la surface du champ. Cette opération a pour but de régaler les arêtes formées par les bandes de terre et d'unir grossièrement la couche arable. On l'exécute de manière que les trains dans le hersage soient perpendiculaires ou obliques à la direction du rayage suivi par la charrue, si le champ a été labouré à plat, en grande ou en moyenne planche.

3. — Époque des semailles.

L'époque à laquelle les semailles doivent être faites varie suivant les plantes, les habitudes locales et la nature et les propriétés physiques des terres labourables.

Avant de prendre une détermination, il faut savoir si la semence de l'espèce ou de la variété qu'on veut cultiver possède la propriété de résister à des froids rigoureux, à une humidité abondante, ou si elle peut supporter sans périr les grandes sécheresses. Il faut aussi connaître la somme de température que la plante exige pour germer, fleurir et mûrir ses semences, et la faculté qu'ont les végétaux qu'on veut faire naître, de résister aux froids de l'hiver et aux hâles de mars ou d'avril ou de croître assez promptement au printemps afin d'accomplir leurs dernières phases d'existence avant l'arrivée des grandes chaleurs. Il ne faut pas oublier qu'à partir de la fin de l'été, on marche vers l'humidité, et que dès la fin de l'hiver on a devant soi la perspective d'une atmosphère de plus en plus chaude et sèche.

Le mieux, dans cette circonstance, c'est d'avoir égard à la pratique agricole de la contrée que l'on habite, sauf plus tard, quand on aura fait des observations sérieuses, à devancer ou retarder les époques considérées jusqu'alors comme les plus rationnelles.

Sous toutes les latitudes, on a intérêt à opérer les semailles d'automne et celles de printemps le plus tôt possible. Le proverbe qui dit : *Semailles hâtives, récoltes productives,* est vrai pour toutes les contrées. Toutefois, il ne faut pas oublier qu'une semaille faite en novembre dans la région méridionale est aussi hâtive qu'un semis exécuté en octobre dans la région septentrionale, et que celle faite en mars dans la Provence ou le bas Languedoc est aussi tardive que celle qu'on opère en avril dans la Brie, la Beauce ou la Picardie.

En général, on sème très tard en automne le froment d'hiver dans le midi de l'Europe, parce que la douceur de la température hivernale et printanière lui permet de croître promptement et d'arriver à maturité bien avant le blé qu'on a semé au commencement d'octobre dans la région septentrionale.

4. — **Nettoiement des semences.**

Les semences ne doivent être confiées à la terre qu'après avoir été nettoyées. Ainsi, avant de les semer, il faut les tararer, les cribler ou les cylindrer, afin de les bien purger des graines provenant de plantes indigènes ou nuisibles.

Le *froment*, le *seigle*, l'*avoine* et quelquefois aussi l'*orge* comprennent souvent des semences des plantes suivantes :

Ivraie enivrante (LOLIUM TEMULENTUM),
Ivraie multiflore (LOLIUM MULTIFLORUM),
Nielle ou coquelourde (AGROSTEMMA GITHAGO),
Grateron ou grapelle (GALIUM APARINE),
Vesceau ou Vesceron (VICIA UNIFLORA),
Sanve ou moutardon (SINAPIS ARVENSIS),
Ravenelle (RHAPHANUS RAPHANISTRUM),
Melampyre (MELAMPYRUM ARVENSE),
Coquelicot (PAPAVER RHEAS).

Le *sarrasin* ou *blé noir* est souvent associé à des siliques de ravenelle et à des graines de *sarrasin d'eau* (POLYGONUM PERSICARIA).

La graine de luzerne et quelquefois aussi celle de trèfle ordinaire comprennent des semences de cuscute (CUSCUTA EUROPŒA).

Le trieur Vachon, le trieur Marot, le trieur Josse et le

cylindre Pernollet séparent très bien les mauvaises graines qui sont alliées aux semences des céréales.

Le cylindre trieur de Pernollet (fig. 121), régulièrement alimenté, crible en une journée de 30 à 40 hectolitres de blé déjà tararé ou vanné ; il exige deux personnes ; un ouvrier qui alimente la trémie, surveille la marche du cylindre et vide les récipients; 2° une femme ou un enfant qui fait mouvoir le cylindre régulièrement et lentement de manière à ne pas dépasser 10 à 12 tours par minute.

La surface du cylindre comprend quatre compartiments ou divisions. Le compartiment le plus rapproché de la tré-

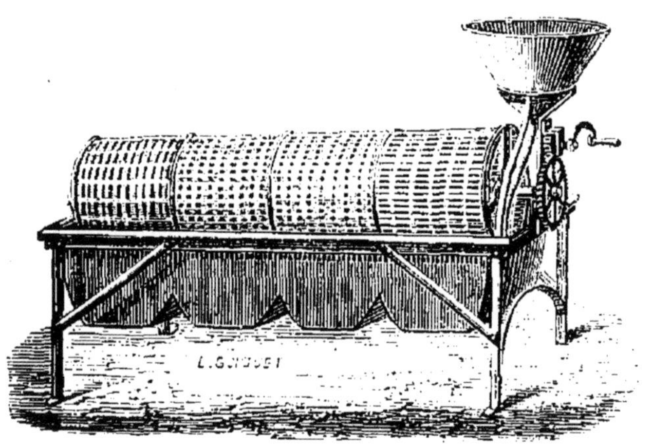

Fig. 121. — Cylindre trieur de Pernollet.

mie laisse échapper la poussière, le petit sable, les graines de coquelicot, etc. Les semences de blé, de seigle, etc., qui sortent du deuxième compartiment sont petites, défectueuses et souvent mêlées avec des graines de nielle, de vesceron, etc. ; le troisième compartiment laisse échapper le blé de deuxième choix ou de deuxième qualité ; le plus beau blé s'échappe du quatrième ou dernier compartiment. Quant aux petites pierres, elles sortent du cylindre par son extrémité.

Dans la petite culture ou lorsque la quantité de graines à nettoyer est faible, on se sert du *van*, panier plat muni de deux anses. Toutefois, il faut savoir se servir de cet appareil pour qu'on puisse le préférer à l'emploi des cribles.

A défaut de cylindres cribleurs, on peut jeter le blé dans un baquet rempli aux trois quarts d'eau. Alors on agite le grain avec un bâton, on l'abandonne à lui-même pendant un instant pour qu'il tombe au fond du vase, et on enlève ensuite avec la main ou au moyen d'une écumoire ou d'une pelle percée de trous toutes les graines qui surnagent.

On procède ensuite à l'enlèvement du blé qu'on chaule ou qu'on sulfate immédiatement.

5. — Qualité des semences.

Les semences ne sont réputées belles que lorsqu'elles sont nouvelles et qu'elles ont atteint avant d'être récoltées leur complète maturité. Pour qu'on puisse conserver l'espoir que des graines de luzerne, de betterave, de maïs, de froment, etc., donneront naissance à des plantes vigoureuses, il faut qu'elles soient belles, bien nourries et lourdes. Les graines chétives, retraites, ridées, etc., doivent être rejetées des ensemencements.

Le cultivateur ne saurait apporter trop de soin dans le choix des semences. L'expérience a mille fois prouvé qu'une graine de mauvaise qualité, si elle germe, donne toujours naissance à une plante chétive ou prédisposée à être maladive.

On a souvent dit que des semences petites et de qualité secondaire, étaient susceptibles de germer et de produire des plantes vigoureuses. Ce fait peut être vrai quand on confie de telles semences à des terres de jardin, des sols d'excellente qualité; mais dans la grande culture, les champs ne sont pas ordinairement assez fertiles pour que ces mêmes semences puissent être regardées comme aussi utiles que les graines de belle qualité. On ne doit pas oublier que la plantule, au moment de la germination, se nourrit des matières que renferment les semences. Il est donc nécessaire d'employer des graines bien nourries, afin que les jeunes plantes puissent s'approprier facilement et en abondance les substances dont elles ont besoin pour croître avec vigueur.

Dans la graine arrivée à maturité complète, l'embryon conserve longtemps sa vitalité, surtout si elle a été soustraite à l'action de l'air. C'est ce qu'on observe chaque jour lorsqu'on ramène à la surface du sol des graines qui y avaient été enfouies profondément.

Toutefois, pour que les semences agricoles conservent leur faculté germinative, il faut qu'elles soient placées dans des conditions déterminées. Une humidité constante et une chaleur très élevée détruisent promptement leur vitalité.

On a souvent dit qu'on pouvait confier à la terre des semences ayant plusieurs années d'existence. Il est très vrai que diverses graines peuvent germer à la deuxième, à la troisième et même à la quatrième année; mais si on a égard aux avantages que procure l'emploi des graines nouvelles et aux inconvénients que présentent les semences ayant plusieurs années d'âge, on reconnaîtra aisément qu'il est indispensable, surtout dans la culture des céréales et des légumineuses, de semer de préférence des graines provenant de la dernière récolte, parce qu'elles germent plus tôt et plus uniformément.

Dans la culture du froment, plus que dans toute autre, l'agriculteur doit choisir avec soin les semences qu'il veut confier à la terre, parce que les variétés dérivées de cette céréale sont susceptibles de dégénérer facilement et de perdre dès lors les caractères organiques, et surtout agricoles, qui les distinguent les unes des autres.

De ce principe, que nul cultivateur ne peut révoquer en doute, il résulte qu'il est indispensable de bien déterminer la variété ou la race qu'on peut ou qu'on doit cultiver, eu égard à la nature et à la fertilité du sol qu'on exploite, au climat qu'on habite et à la manière d'être des grains qu'on peut livrer à la vente avec avantage ou profit.

Cette loi bien constatée, il est nécessaire de choisir les grains les plus beaux, les mieux nourris, les plus pesants et exempts de graines de plants indigènes nuisibles, et de séminules de carie ou de charbon.

Mais peut-on employer, dans les semailles d'automne ou de printemps, des *blés de deux années*, avec la presque certitude d'en obtenir de bons résultats? A cette question je réponds sans hésitation aucune : *non !*

En me prononçant aussi affirmativement je n'oublie pas qu'on a souvent dit et écrit qu'on ne devait pas se préoccuper si les graines anciennes germaient un peu plus tardivement que les semences de la dernière récolte. Cette observation est juste si on ne constate pas, après la germination, qu'un certain nombre de grains n'ont pas levé.

Je n'oublie pas non plus qu'on a plusieurs fois répété que la beauté ou la belle qualité des semences avait peu d'importance, et qu'il suffisait qu'une graine pût germer pour qu'on fût autorisé à l'utiliser dans les semailles d'automne ou de printemps.

Ces conseils ne sont vrais que lorsqu'on peut opérer les semailles de bonne heure et les exécuter sur des terres fertiles ou abondamment pourvues de matières alimentaires d'une prompte assimilation par les plantes.

Quand, en automne, dans les circonstances ordinaires, on confie à la terre des semences de qualité secondaire ou des grains chétifs, on constate toujours, à la germination des graines, que les germes ou cotylédons n'ont jamais cette vigueur, cette vitalité qui distinguent les mêmes organes ayant pour origine des grains bien nourris, bien remplis et réputés de premier choix. Alors les plantes provenant de telles semences croissent lentement, et elles n'ont jamais avant l'arrivée des premiers froids cette verdeur, cette énergie végétative qu'on observe toujours dans les champs de blé qui ont été ensemencés avec des graines bien choisies et de belle qualité.

Mais il ne suffit pas de reconnaître que les blés de deux ans peuvent être employés avec succès, il est important dans cette occurrence de ne point oublier que ces semences n'ont une véritable valeur que lorsqu'elles ont été bien conservées et qu'elles n'ont pas été attaquées par le *charançon*, l'*alucite* ou la *teigne*.

Il est rationnel, quand on sème des grains de deux ans, de bien les tararer et les cylindrer avant de les sulfater ou chauler, dans le but de séparer les petits grains des semences de choix.

Si, par nécessité, on devait utiliser dans les semailles d'automne ou de printemps des blés de deux ans que les charançons ou les alucites auraient attaqués, il faudrait préalablement les tararer et les jeter successivement dans *un cuvier contenant de l'eau*, afin de pouvoir, comme je l'ai dit précédemment, séparer les semences légères des semences lourdes.

Ce moyen de séparer les bonnes semences de celles qui ont perdu leur faculté germinative est peu coûteux, et il peut être mis aisément en pratique dans toutes les exploitations.

Toutes choses égales d'ailleurs, le cultivateur ne peut un seul instant méconnaître qu'il se doit à lui-même, quand il emploie comme semences des *blés de deux ans ou de la dernière récolte, qui laissent beaucoup à désirer quant à leur qualité*, de *répandre par hectare un peu plus de semence que de coutume*. C'est en obligeant le semeur à *forcer un peu sa poignée*, qu'on parvient à reconnaître que des blés de deux ans qui ont été bien conservés et qui sont de bonne qualité possèdent les avantages dont jouissent les semences provenant de la récolte qui précède la semaille.

Les blés qu'il faut éviter de semer sont ceux qui sont chétifs, retraits, mal nourris et qui laissent par conséquent beaucoup à désirer sous le rapport de leur poids et de leur qualité.

On doit aussi rejeter des semis les graines des légumineuses qui ont été percées ou rongées intérieurement par la *bruche*, etc., car très souvent ces semences ont perdu leur faculté germinative.

En général, sous toutes les latitudes, les belles semences, par l'abondance de leurs parties amylacées, albumineuses et gommeuses, assurent le développement rapide des jeunes plantes, quand leur germination a été favorisée par une température à la fois suffisamment chaude et humide.

On peut aisément et promptement s'assurer de la faculté germinative d'une graine, soit en la semant dans une terrine peu profonde remplie de terreau maintenu humide, placée sous châssis ou dans un local où la température est de + 15°, soit en plaçant les semences entre deux morceaux de drap ou de papier buvard très épais reposant dans une assiette contenant de l'eau chlorurée. Dans les deux cas, on opère l'essai sur 100 graines et le nombre de celles qui germent indique la proportion des bonnes semences.

6. — Pureté des semences.

La pureté des graines a une grande importance ; malheureusement il n'est pas toujours facile de savoir, quand on achète des semences de blé, de betterave, de navet, de carotte, de lin, etc., si ces graines proviennent d'une seule variété, parce que les semences des variétés ou des races produites par ces espèces ont la même forme et la même coloration.

C'est en s'adressant à des agriculteurs dont les cultures sont bien connues ou à des maisons de commerce de premier ordre qu'on peut conserver l'espérance de semer les variétés qu'on désire cultiver.

Toutes les graines que livre le commerce à l'agriculture ne sont pas toujours exemptes de semences différentes de l'espèce ou de la variété qu'on a l'intention d'avoir. Ainsi, parfois on constate que des graines de seigle sont alliées au froment, que la graine de pimprenelle est associée au sainfoin, que des graines de lupuline ou de cuscute sont mêlées aux semences de luzerne, etc. C'est au cultivateur acheteur qu'incombe la tâche de savoir si les graines qu'on veut lui vendre sont pures ou si elles sont associées à des graines de plantes qui ne lui sont pas utiles.

Il ne faut pas oublier que toutes les graines agricoles livrées par le commerce ne sont pas toujours pures. Certaines semences de graminées fourragères sont souvent alliées à d'autres espèces différentes, et cela non seulement en France, mais aussi en Angleterre et en Allemagne. De là la presque impossibilité pour le commerce de les livrer complètement pures, à moins de les payer un prix très élevé.

7. — Préparation des semences.

Les graines ne sont pas toujours confiées à la terre dans leur état normal. Parfois, on les fait préalablement tremper pour hâter le développement de leurs germes. Dans d'autres circonstances, on fait subir aux semences de blé, de seigle, de maïs, etc., une préparation particulière, dans le but de prévenir sur les épis que doivent produire les plantes auxquelles elles donneront naissance, l'apparition de cryptogames parasites, comme le *charbon,* la *carie* et l'*ergot.* C'est la veille ou l'avant-veille des semailles d'automne et de printemps qu'on prépare les semences des céréales.

TREMPAGE. — Le trempage des semences est parfois une opération utile. Bien pratiqué, il hâte la germination du maïs, de la betterave, etc.; mais il peut être nuisible si la graine qu'on a fait tremper pendant 24 ou 48 heures n'est pas enfouie dans le sol de manière à conserver l'humidité qu'elle a acquise.

Cette opération est inutile dans les temps pluvieux et lorsqu'il est question d'opérer des semailles automnales.

PRALINAGE. — On a proposé depuis plus d'un siècle de *praliner* les semences des céréales, de betteraves, etc., dans le but de hâter leur germination et d'activer le développement des jeunes plantes auxquelles elles donnent naissance. Ce moyen, quand il est bien appliqué, n'a aucun inconvénient. Toutefois, comme par le pralinage exécuté avec des déjections animales, de la suie, du noir animal, de la poudrette, etc., et une substance adhérente, les semences augmentent de volume dans une forte proportion, on se trouve dans l'obligation d'en semer beaucoup plus par hectare.

Les semoirs qui répandent à la fois dans les mêmes tubes conducteurs et des semences et des engrais pulvérulents dispensent aujourd'hui de recourir au pralinage.

Quand un pralinage a été bien exécuté, toutes les semences sont entièrement enveloppées par les matières qui ont servi à les praliner.

SULFATAGE. — Le *sulfatage*, que l'on désigne souvent sous le nom de *procédé de Dombasle* ou *chaulage de Dombasle*, a donné jusqu'à ce jour d'excellents résultats. Voici comment on le pratique :

On fait dissoudre 7 à 8 kilogrammes de *sulfate de soude* ou *sel de Glauber* dans 100 litres d'eau, puis on réduit de la *chaux en poudre* en la faisant *fuser* par l'addition d'une petite quantité d'eau. Quand ces préparations ont été faites, on verse sur l'aire du bâtiment dans lequel on opère, 2,4 ou 6 hectolitres de blé bien nettoyé. Alors deux ouvriers, munis chacun d'une pelle en bois, le remuent vivement pendant qu'un troisième ouvrier verse successivement sur le tas de grains environ 6 à 8 litres de la solution par chaque hectolitre de semence qu'on veut sulfater.

Lorsque le blé est bien humide ou qu'il a été complètement imprégné de la solution précitée, on le saupoudre de chaux vive à raison de 1 à 1 kil. 500 par hectolitre de grain. Alors les ouvriers remuent de nouveau toute la masse de blé avec beaucoup de soin, afin que tous les grains bien mouillés soient parfaitement chaulés. On abandonne ensuite le tas à lui-même pour que les semences se sèchent et blanchissent superficiellement.

CHAULAGE. — Le chaulage est pratiqué depuis fort longtemps dans la culture du froment. On l'exécute de deux manières : par aspersion et par immersion.

Voici comment on opère le *chaulage par aspersion* :

On éteint de la chaux grasse dans un baquet ou cuvier dans lequel on verse 20 à 30 litres d'eau. Quand la chaux est dissoute, on y ajoute une nouvelle quantité d'eau, de manière à avoir un très bon *lait de chaux*. Ceci fait, on verse sur le froment 8 à 10 litres de cette solution par chaque hectolitre qu'on veut préparer, en ayant soin de bien remuer les semences. Quand celles-ci sont bien imprégnées de lait de chaux, on y projette du *sel marin* et on agite de nouveau le tas de grain. Le sel marin, par son hygroscopicité, a l'avantage de faire adhérer la chaux à la semence et de rendre celle-ci moins poudreuse pendant la semaille.

En général, dans ce mode de chaulage, on emploie 8 à 10 litres d'eau, 1 litre de chaux vive et 500 grammes de sel par hectolitre de blé.

Le *chaulage par immersion* est plus efficace et plus expéditif que le chaulage par aspersion. Voici comment on l'exécute : lorsque le lait de chaux a été préparé, on prend une manne cylindrique ou un panier en osier commun ayant une capacité de 15 à 20 litres environ, et on le remplit aux trois quarts avec le grain qu'on veut préparer. On doit se garder de le remplir complètement, afin que le blé, pendant l'immersion du panier, ne s'épanche pas au dehors et tombe au fond du cuvier ou du baquet.

Aussitôt que cet ustensile a été ainsi préparé, on saisit ses deux anses ou son anse, on l'élève au-dessus du vase contenant le lait de chaux ou la dissolution cuivrique ou sulfatée, et on le plonge en ayant la précaution que son bord excède de plusieurs centimètres la surface du liquide. (fig. 122). Au bout d'une ou deux minutes, on retire la manne en l'élevant avec précaution, et on la pose sur deux traverses placées horizontalement sur un autre cuvier, afin que la masse du grain puisse s'égoutter.

Fig. 122. — Ouvrier chauleur du blé par immersion.

Alors, on prend un autre panier, on le remplit de grain, comme le précédent, et on le pose au pied du vase contenant le liquide. Ce travail fait, on saisit le premier panier, on le vide au milieu du bâtiment dans lequel on opère, on le pose près du grain à chauler et on élève l'autre manne pour la plonger aussi dans la dissolution. On continue ainsi l'opération.

Quand l'ouvrier chauleur est aidé par une femme ou un enfant, sa mission consiste à plonger les paniers dans le liquide et à les vider, l'aide étant chargé de les remplir.

Lorsque tout le grain a été préparé, on le remue à l'aide d'une pelle en bois et on l'abandonne à lui-même pendant 12 ou 24 heures pour qu'il sèche.

En général, la chaux employée seule a peu d'effet sur les séminules de la carie et du charbon.

VITRIOLAGE. — Le vitriolage des blés se fait avec le *sulfate de fer* ou *vitriol vert*, ou le *sulfate de cuivre* ou *vitriol bleu*. Ainsi, on fait dissoudre environ 2 kilogrammes de l'un de ces sels dans 100 litres d'eau, et on emploie environ 6 à 8 litres de cette solution par chaque hectolitre de grains qu'on veut préparer. On abandonne ensuite le grain à lui-même ou on le saupoudre de chaux vive éteinte, comme s'il s'agisssait de suivre le procédé de Dombasle.

Les grains préparés avec le sulfate de fer ont leur houppe verdâtre ; ceux vitriolés avec le sulfate de cuivre l'ont bleuâtre. Les unes et les autres ne doivent pas être donnés aux volailles quand la quantité préparée excède les besoins des semailles.

Le sulfate de cuivre est un excellent préservatif contre le charbon et la carie.

Ordinairement, on chaule la veille les grains qui doivent être semés le lendemain. On peut aussi préparer dans la matinée ceux qu'on répandra dans l'après-midi.

Quand la pluie ne permet pas de semer le grain qu'on a chaulé ou sulfaté, il faut, pour prévenir toute fermentation, le remuer une fois au moins par jour.

On a souvent proposé de préparer les blés d'automne ou de printemps avec de l'urine ; mais les faits constatés permettent de dire que ce liquide a presque toujours le grave inconvénient de détruire la faculté germinative des semences.

Dans les circonstances ordinaires, on ne fait subir aux semences du seigle et du maïs aucune préparation. On oublie, bien à tort, que par un bon sulfatage on peut prévenir l'apparition de *l'ergot* sur le seigle et celle du *charbon* sur le maïs.

Augmentation de volume. — Le blé augmente de volume par le chaulage, le sulfatage ou le vitriolage. Cette augmentation varie du 1/4 au 1/6. Dans les circonstances ordinaires, elle est, en moyenne, d'un cinquième.

Ainsi, 100 litres de blé en produisent 125 litres après le chaulage et un hectolitre du poids de 77 à 78 kilogrammes ne pèse, 24 heures après avoir été préparé, que 68 à 70 kilogrammes.

On doit donc, quand il est nécessaire de semer le blé dans la proportion de 200 ou 250 litres par hectare, en répandre sur la même surface 240 ou 300 litres. Si le blé chaulé était semé à raison de 200 ou 250 litres, chaque hectare ne recevrait réellement que 170 ou 225 litres. De telles semailles pourraient être considérées comme très fâcheuses, surtout si la terre était pauvre, si elle était sujette à être soulevée par les gelées et si la variété cultivée n'était pas parfaitement acclimatée.

8. — Quantité de graines à répandre par hectare.

Il est difficile, pour ne pas dire impossible, d'indiquer exactement la quantité de semences qu'il faut répandre par hectare lorsqu'on sème des céréales : froment, seigle, escourgeon, avoine, ou d'autres semences.

La quantité qu'on doit projeter par hectares varie :

1° Suivant le climat qu'on habite;

2° Selon la nature du terrain qu'on ensemence;

3° La fertilité de la couche arable dans laquelle les plantes doivent végéter ;

4° La variété qu'on cultive ;

5° La qualité des graines ;

6° L'époque plus ou moins avancée à laquelle on exécute le semis ;

7° Le mode d'enfouissement des semences.

Sans aucun doute, si toutes les semences que l'on répand sur le sol pouvaient germer, lever et donner naissance à des plantes vigoureuses, les quantités que l'on emploie ordinairement seraient beaucoup trop fortes. Mais toutes les graines confiées à la terre ne germent pas et les oiseaux, les insectes, les mulots, campagnols, etc., une humidité excessive comme une température élevée, en détruisent un très grand nombre.

Dans les circonstances ordinaires, on répand par hectare les quantités moyennes suivantes :

PLANTES FOURRAGÈRES.

1. *Plantes cultivées pour leurs racines et tubercules.*

Betterave en place	5 à 6 kg.
— en pépinière	25 à 30
— sur billons	4 à 5
Carotte semée à la main	4 à 5
— — au semoir	3 à 4
Panais — en lignes	4 à 5
Navet — à la volée	4 à 5
— — en lignes	2 à 3
Rutabaga en pépinière par are	100 à 150 gr.
Choux id.	100 à 150

2. *Plantes fauchables vivaces.*

Luzerne à la volée par hect	18 à 20 kg.
Sainfoin id.	120 à 150
Ajonc id.	12 à 16
Ray-grass anglais à la volée	50 à 60 kg.
— d'Italie	40 à 50
Vulpin à la volée	18 à 25
Timothy id.	8 à 10
Fromental id.	90 à 100
Pimprenelle id.	26 à 30

3. *Plantes fauchables bisannuelles.*

Trèfle rouge à la volée	15 à 20 kg.
Lupuline id.	12 à 15
Pastel id.	10 à 12
Trèfle incarnat mondé	20 à 25
— en gousse	40 à 50
Vesce à la volée	200 à 300 lit.
Gesse blanche id.	180 à 200
Gesse-jarosse id.	250 à 300
Pois gris id.	230 à 250
Féverole id.	200 à 250
Lentillon id.	120 à 150
Lentille ers id.	100 à 120 kg.
Serradelle id.	20 à 25

Moha de Hongrie	à la volée	10 à 15 kg.
Maïs	id.	120 à 200 lit.
—	en lignes......	70 à 100
Seigle	à la volée.	250 à 300
Avoine	id...	220 à 250
Escourgeon	id...	250 à 300
Sarrasin com.	id...	60 à 70
— de Tartarie	id...	115 à 60
Spergule	id...	12 à 15
Moutarde blanche	id...	15 à 20
Lupin jaune	id...	50 à 60

PLANTES ALIMENTAIRES.

1. *Plantes céréales.*

Blé ou from.	à la volée	220 à 250 lit.
—	en lignes	120 à 100
Épeautre	à la volée	300 à 400
Seigle d'hiver	id...	200 à 250
— de mars	id...	220 à 300
Orge d'hiver	id...	200 à 250
— de mars	id...	250 à 300
Avoine d'hiver	id...	220 à 250
— de print.	id...	250 à 300
Maïs	en lignes..	80 à 100
Millet	id....	10 à 12 kg.
Sarrasin	à la volée..	50 à 40 lit.
Riz.................		120 à 175 kg.

2. *Plantes légumineuses.*

Féverole..............	150 à 200 lit.
Lentille..............	80 à 100
Haricot..............	120 à 200
Pois.................	150 à 200

PLANTES INDUSTRIELLES.

Betterave à sucre......		15 à 20 kg.
Colza, semé en pépinière		8 à 10 lit.
Navette d'hiver semée en place..............		6 à 8 kg.
Pavot, semé en place..		3 à 4
Cameline	id........	6 à 10
Arachide	id........	100 à 120
Sésame	id........	10 à 12
Gaude	id........	6 à 8
Safran (bulbes)	id...	115 à 125 hectol.
Pastel	en lignes...	8 à 10 kg.
—	à la volée..	12 à 15
Maurelle..............		4 à 6
Garance	en place.....	120 à 130
—	en pépinière..	250 à 300
Chicorée à café.........		8 à 10
Moutarde noire.........		5 à 6 lit.
Cardère...............		8 à 10
Lin..................		200 à 300
Chanvre...............		200 à 250
Cotonnier.............		10 à 20
Anis.................		10 à 12 kg.
Carvi................		8 à 10
Indigotier............		12 à 15
Sorgho à balais........		30 à 40
Madia................		10 à 12
Carthame.............		8 à 10
Coriandre.............		8 à 12
Ricin................		10 à 12
Tabac, par mètre carré.		3 à 4 gr.

Ces quantités seront *moins élevées* si la terre est fertile, si elle n'est pas sujette à être soulevée par les gelées, si la variété cultivée est susceptible de produire de nombreuses tiges, si le semis est fait en temps opportun, si les graines sont enfouies par un hersage.

Elles seront *plus fortes* si la couche végétale est pauvre, si la terre a été médiocrement fumée, si la céréale est sujette à être déchaussée après les gels et les dégels, si le semis est pratiqué très tardivement, si la semence est enfouie par la charrue.

En général, plus on sème de bonne heure, plus la terre est fertile, plus le grain est petit, et moins il faut répandre de semences par hectare.

En Flandre, dans la vallée du Rhin, etc., où les terres sont fertiles et bien fumées, les quantités de semences que l'on répand par hectare sont toujours moins grandes que celles dont on fait usage dans les plaines de la Beauce ou du Berry. Si la proportion en usage dans l'Artois, l'Alsace, etc., était plus considérable, les plantes végéteraient moins facilement et elles seraient exposées à verser.

En général, les semailles très tardives, celles faites la veille des grandes pluies ou à l'approche des froids intenses, nécessitent une augmentation d'un cinquième environ de semence que la quantité qu'on répand quand les semis ont lieu en temps ordinaire.

Les oiseaux et les animaux rongeurs causent parfois de grands dégâts dans les terres qu'on vient d'ensemencer en chanvre, en maïs, etc. On prévient ces dégâts en faisant garder les champs par des enfants munis de crécelles ou de tam tam, ou en plaçant à l'intérieur des champs des épouvantails ou des fils de coton blanc soutenus par des baguettes à 30 centimètres environ au-dessus du sol.

Les semis exécutés dans une trop forte ou trop faible proportion ont souvent de graves inconvénients.

Lorsque les semis sont trop épais, les plantes sont très rapprochées les unes des autres ; alors elles s'étiolent et fructifient mal. C'est pourquoi le proverbe dit : *Qui sème dru, récolte menu.*

Les semis trop clairs ont aussi souvent de fâcheuses conséquences. Ainsi, lorsque les plantes utiles sont trop espacées, les mauvaises herbes se multiplient aisément parce qu'elles ont plus d'espace, plus d'air et plus de lumière pour se développer. Le proverbe qui dit : *Qui sème menu récolte dru* n'est vrai que quand on cultive des terres d'une grande fécondité et sur lesquelles les plantes tallent ou se développent très facilement. Un ancien adage a dit : *Gagner moitié de semence, c'est perdre la moitié de la moisson;* j'ajouterai : « dans les cultures stationnaires et à la volée ».

Toutes choses égales d'ailleurs, il vaut mieux semer un peu plus dru que trop clair. On ne doit pas oublier que si on a la ressource souvent de pouvoir éclaircir un semis un peu trop épais, il n'est pas toujours facile de remédier à un semis qui a été exécuté dans une trop faible proportion.

9. —**Poids des semences.**

Les semences ont des poids qui varient suivant leur nature et leur qualité. Voici ce qu'elles pèsent à l'hectolitre quand leur qualité est marchande :

Agrostis vulgaire......	18 à	20 kg.	Féverole	78 à	80 kg.
Ajonc marin..........	65 à	70	Flouve odorante.......	14 à	15
Anis.................	33 à	35	Fromental............	16 à	20
Arachide.............	30 à	40	Froment..............	76 à	80
Avoine...............	46 à	50	Garance..............	50 à	52
Avoine jaunâtre.......	6 à	8	Gaude................	60 à	62
Betterave............	24 à	27	Gesse-jarosse.........	75 à	80
Brome des prés.......	15 à	18	Haricot	76 à	80
Cameline.............	68 à	70	Houlque..............	8 à	10
Carvi	40 à	45	Lentille ers..........	78 à	80
Cardère..............	36 à	40	Lentillon............	80 à	82
Carotte ébarbée.......	23 à	25	Lin..................	68 à	72
Carthame.............	48 à	50	Lotier corniculé......	75 à	76
Chanvre..............	52 à	53	Lupin blanc..........	66 à	70
Chicorée sauvage......	40 à	45	Lupin jaune..........	74 à	78
Choux................	65 à	70	Lupuline.............	78 à	80
Colza................	66 à	70	Luzerne..............	76 à	80
Coriandre	30 à	32	Maïs................	70 à	78
Crételle..............	35 à	38	Millet...............	65 à	70
Cotonnier............	50 à	52	Millefeuille	30 à	35
Cumin	32 à	35	Moha de Hongrie.....	63 à	65
Dactyle..............	18 à	20	Moutarde blanche.....	65 à	70
Fenugrec............	76 à	78	Moutarde noire.......	65 à	70
Fétuque élevée........	16 à	18	Navet...............	65 à	67
— ovine.........	18 à	20	Navette..............	65 à	68

Orge	63 à 65 kg.	Sarrasin ordinaire	64 à 65 kg.
Panais	18 à 20	— de Tartarie	58 à 62
Pavot-œillette	60 à 65	Seigle	72 à 76
Pastel	10 à 12	Serradelle	45 à 50
Persil	50 à 52	Sésame	62 à 65
Plantain lancéolé	70 à 72	Sorgho sucré	50 à 55
Pimprenelle	28 à 32	Spergule	60 à 65
Poa des prés	18 à 20	Timothy	50 à 55
Pois gris	78 à 80	Trèfle blanc	80 à 82
Ray-grass anglais	25 à 35	— incarnat	76 à 80
— d'Italie	20 à 25	— violet	78 à 80
Riz cultivé	52 à 55	Vesce d'hiver	78 à 80
Rutabaga	68 à 70	Vulpin	12 à 15
Sainfoin	32 à 34		

10. — Durée de la faculté germinative des semences.

Les graines perdent plus ou moins promptement leur faculté germinative. Les unes, comme les semences de panais, d'angélique, de bouleau, etc., germent difficilement quand elles ont plus d'une année ; par contre, les graines de colza, de cameline, de citrouille, etc., germent encore très bien quand elles ont quatre et même cinq années d'existence.

Les semences des légumineuses qui n'ont pas été attaquées par la *bruche* conservent leur faculté germinative plus longtemps que les graines des céréales.

Les semences de chanvre ne germent pas très bien quand elles ont plus d'une année.

Dans la plupart des espèces, comme je l'ai déjà dit, on doit semer des graines nouvelles, parce qu'elles germent plus tôt et plus uniformément et donnent toujours naissance à des plantes plus vigoureuses.

Les graines déjà âgées obligent l'agriculteur à semer un peu plus épais que de coutume.

Les graines qu'on conserve dans le but de les semer doivent être emmagasinées dans des locaux ni trop humides ni trop chauds. On doit les tararer ou les cribler de temps à autre, afin de séparer les insectes ou les mites qui les attaquent et qui nuisent à leur bonne germination.

11. — **Changement de semences.**

Il existe des contrées, des terrains où l'on récolte toujours des semences de qualité supérieure, mais il en est d'autres dans lesquelles les variétés dégénèrent avec une extrême facilité.

C'est commettre une grande faute que de nier les avantages que présente le renouvellement périodique de diverses semences. Les blés à grains tendres, les betteraves à sucre, le lin de Riga, etc., perdent facilement les caractères qui les distinguent et les font rechercher, et c'est en renouvelant de temps à autre leurs graines qu'on continue à les considérer comme d'excellentes plantes agricoles.

Mais doit-on rechercher les semences provenant d'un terrain plus fertile ou moins riche, d'une terre plus forte ou plus légère, d'un climat plus doux ou plus froid ? La pratique permet de dire qu'il faut toujours accorder la préférence aux graines qui ont été récoltées sur des terres à peu près identiques, autant que possible, à celles que l'on cultive.

Nonobstant, il faut éviter de semer dans des sols silicieux ou granitiques des blés provenant des contrées calcaires ; dans les terres sablonneuses, des froments qui ont toujours été cultivés sur des terrains argileux ; dans les contrées septentrionales, des blés qui sont pour ainsi dire originaires du midi de l'Europe.

Il vaut mieux importer des espèces ou des variétés des climats froids dans les régions du centre que d'introduire des plantes des climats méridionaux dans les contrées septentrionales.

Les blés du midi de l'Europe sont riches en gluten ; ceux des contrées du nord se distinguent par les belles farines amylacées qu'ils donnent à la mouture.

12. — Temps que les graines mettent à germer.

Les graines germent plus ou moins promptement, selon leur nature, leur manière d'être et aussi suivant le degré de chaleur et d'humidité de la couche arable.

Voici le nombre de jours moyens que les graines mettent à germer quand elles ont été semées en temps normal :

Crucifères : Chou, navet, colza	6 à 8 jours.
Malvacées : Coton *Caryophyllées* : Spergule *Borraginées* : Consoude	9 à 10
Chénopodées : Betterave	13 à 14
Graminées : Froment, avoine, maïs	12 à 13
Polygonées : Sarrasin	8 à 10
Composées : Chicorée sauvage	10 à 12
Légumineuses : Pois, haricot, lentille	12 à 15
Labiées : Thym, mélisse	12 à 15
Solanées : Pomme de terre, tomate	15 à 16
Rosacées : Pimprenelle, fraisier	16 à 17
Renonculacées : Nigelle	19 à 20
Ombellifères : Carotte, persil, anis	20 à 24

En faisant tremper les graines avant de les confier à la terre, ou en les semant sur couche ou sous cloches, on hâte toujours leur germination de plusieurs jours.

13. — Profondeur à laquelle on doit enfouir les semences.

Les grosses graines doivent être enterrées plus profondément que les petites semences.

Plus le climat est sec et venteux, plus le ciel est serein, plus le sol est léger, plus les semences doivent être enfouies profondément, mais proportionnellement à leur volume.

Dans la région du midi, et pendant l'été dans les régions du centre et du nord, on enterre les graines plus profondément que si on agissait dans les mêmes contrées pendant l'automne ou à la fin de l'hiver.

Dans les contrées où le climat est brumeux, humide, on se borne souvent à répandre les graines de trèfle, de luzerne et de lupuline sans les enterrer par un hersage ou un roulage.

En général, on enterre les semences aux profondeurs suivantes : colza, chou-navet, 2 à 3 centimètres; seigle, orge, 4 à 6; froment, avoine, 6 à 9; maïs, féverole, 7 à 10.

Les graines de pavot, gaude, spergule, trèfle, luzerne, etc., à cause de leur petitesse, demandent à être enterrées très superficiellement.

Mais il ne suffit pas de prendre en considération le volume des semences lorsqu'on veut déterminer la profondeur à laquelle elles doivent être enfouies. Il faut aussi avoir égard à leur manière d'être. Si la fève, qui est une grosse semence, peut être enterrée à 10 et même 15 centimètres de profondeur, le haricot, qu'une humidité abondante fait gonfler et pourrir très promptement, demande à être enterré plus superficiellement. Il en est de même du ricin.

Pour qu'une graine germe promptement après avoir été enfouie dans le sol, il faut que celui-ci lui fournisse une certaine humidité et que l'oxygène de l'air et la chaleur solaire y arrivent facilement.

CHAPITRE II.

LES SEMAILLES A LA VOLÉE.

1. Le semeur.

Les ouvriers agricoles ne savent pas tous bien semer. Aussi doit-on ne confier l'exécution des semailles à un ouvrier que lorsqu'on a pu apprécier son savoir-faire. On sait, suivant le proverbe, que *bonne semaille vaut bonne grenaille.*

En général, les bons semeurs sont actifs, robustes et intelligents. Dans la vallée de la Garonne, la plaine du Quercy, et en Auvergne, on rencontre souvent des femmes qui sèment aussi bien que les hommes.

J'observerai que la pratique des semailles ne consiste pas seulement dans l'épandage de la semence, mais aussi dans la distribution uniforme d'une quantité donnée de semence sur une surface déterminée.

Je ne connais pas d'opération agricole qui soit à la fois plus importante et plus pénible que la semaille à la volée (fig. 123).

Mais un semeur, quelque habile qu'il soit, ne doit pas être abandonné à lui-même. Le chef de l'exploitation doit le surveiller sans cesse afin de constater s'il exécute bien, s'il sait surmonter avec succès les difficultés accidentelles, et s'il ne sera pas obligé, faute de semence, de rester plusieurs heures inactif.

Fig. 123. — Semailles à la volée.

Dans la semaille à la volée bien faite, le semeur jette la semence devant lui de droite à gauche, et *vice versa,* en lui faisant décrire une sorte de demi-circonférence.

Les billons de 10 à 12 raies sont plus difficiles à semer que les larges planches.

Les semeurs portent les semences dans :

1° Des *paniers* munis de deux anses opposées auxquelles sont fixées les extrémités d'une courroie qui passe sur le cou (fig. 124).

2° Des *tabliers* attachés à la ceinture et relevés en forme de poche ;

Fig. 124. — Panier pour semeur.

3° Des *nappes* portées en baudrier ;

4° Des *corbeilles en osier* maintenues avec le bras sur le côté opposé à la main qui sème ;

5° Des *tabliers semoirs*, espèces de longues blouses fendues sans manches (fig. 125).

Le panier doit être abandonné, parce qu'il gêne le semeur dans sa marche ; la nappe ne convient que quand on ne sème que d'une seule main.

Le tablier semoir est le plus parfait ; l'ouvrier qui le porte peut semer de la main droite et de la main gauche ; en outre, il marche plus librement, parce que la charge ou le poids du grain est supporté par les épaules et le bras qui ne projette pas la semence.

Le semeur, après avoir pris de la semence, enroule l'extrémité inférieure du semoir autour du bras gauche et recouvre ce bras par un repli du semoir, afin que l'ouverture soit large et commode.

Fig. 125. — Tablier semoir.

Ce tablier est très en usage dans les environs de Paris ; il a 1m,50 à 1m,65 de longueur.

2. — Disposition des sacs de semences.

Les sacs de grains ne doivent pas être placés arbitrairement sur le champ où la semaille doit être faite.

Quand la pièce à semer n'a qu'un hectare, on dépose deux sacs intérieurement et un peu en deçà des deux fourières ou chaintres qui ont une direction opposée à celle du rayage.

Lorsque l'étendue à semer est plus considérable, par exemple 2 à 3 hectares, on place les sacs suivant la manière indiquée par la fig. 126.

Enfin, quand les champs ont 4 ou 6 hectares, on les dispose comme l'indique la fig. 127.

Ainsi placés, les sacs sont toujours à la portée du semeur, et celui-ci peut, dans ses allées et venues, remplir facilement son semoir sans perte de temps.

Dans le second exemple, le semeur chargera son semoir

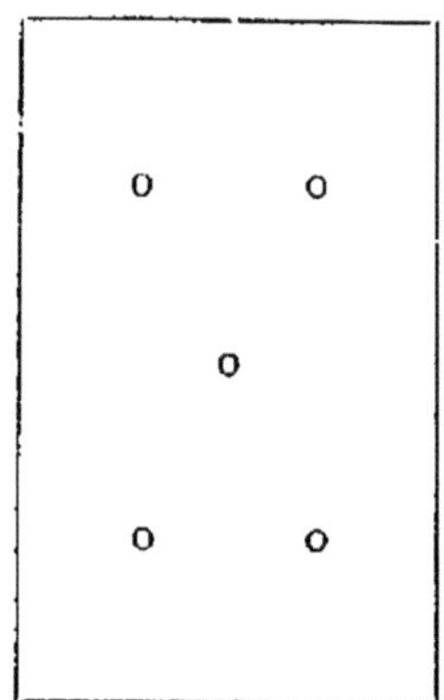

Fig. 126. — Pose des sacs de semences.

au point de départ A. Si, arrivé à la hauteur de la ligne BB, il a vidé son semoir, ou s'il constate qu'il n'aura pas assez de semence pour atteindre la ligne CC, il *marque avec le pied sur le sol le point qu'il abandonne*, puis se dirige vers le premier sac situé sur la signe BB. Dès que son semoir est chargé de semence, il revient trouver son *point de repère* et chemine de nouveau vers E, et ainsi de suite.

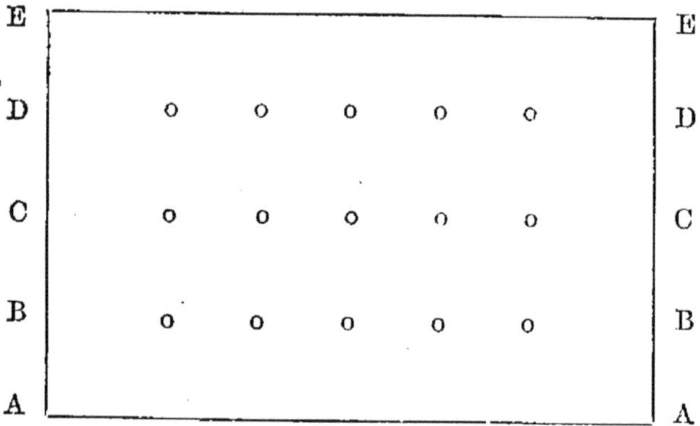

Fig. 127. — Pose des sacs de semences.

En général, un semoir bien rempli permet au semeur de parcourir, en semant à jets croisés, de 200 à 300 mètres. Le semoir contient de 25 à 30 litres de semence.

Quand les pièces sont longues et qu'on néglige de déposer des sacs à l'intérieur du champ, le semeur est parfois obligé, lorsqu'il veut se charger de nouveau de semence, de quitter le milieu de la pièce pour se rendre près des sacs situés non loin des forières, et revenir ensuite sur ses pas, afin de continuer la semaille à partir du point où il a suspendu son travail.

Les sacs bien placés rendent la semaille plus facile et plus expéditive.

Si le semeur se charge chaque fois de 20 ou 30 litres de semence, il devra disposer les sacs de manière qu'ils soient éloignés les uns des autres de 200 à 300 mètres.

3. — **Détails préliminaires.**

Réage ou rayage. — Le *réage* est la ligne droite parcourue par le semeur. Sa largeur et sa longueur varient d'abord selon la volonté du semeur et ensuite suivant l'étendue et la forme du champ à ensemencer.

Train. — Le *train* est l'espace que couvre le jet de semence projetée par le semeur. Il doit être plus ou moins large selon le pas du semeur.

Poignée de grains. — La *poignée de grains* que projette le semeur est ordinairement de dix centilitres quand il est question de semer des graines égales en grosseur à la semence du froment; mais elle est plus forte ou plus faible si on sème du maïs ou du lentillon, c'est-à-dire des semences plus grosses ou plus petites.

Le semeur doit puiser la semence dans son semoir en tenant ses doigts en l'air, afin que les graines restent bien dans sa main.

Les petites graines comme la luzerne, la cameline, etc., se sèment ordinairement par pincées ou à l'aide de très petites poignées.

Jet de semence. — Le *jet* est la courbe décrite par la semence.

Le semeur l'exécute en trois mouvements : *une, deux, trois.* D'abord, il prend une poignée de semences dans son semoir, en second lieu, il étend son bras un peu en arrière de la hanche, enfin, élevant son bras pour le rapprocher de l'épaule opposée, sa main décrit un arc de cercle. C'est pendant ce dernier mouvement qu'il projette la semence, qu'il divise et éparpille sa poignée en tenant l'index toujours tendu, et que la graine décrit une véritable parabole.

Le jet de semence a ordinairement 6 mètres de longueur quand les semences sont de moyenne grosseur ; il ne dépasse pas 4 mètres quand on sème des petites graines.

Un semeur habile sème tous les deux pas de la main droite ou de la main gauche. Il projette la semence quand le pied situé du côté de la main qui sème s'avance et s'appuie sur le sol. Quand le pas s'accorde avec le jet, la semaille est toujours plus régulière et le semeur fatigue beaucoup moins.

Enfin, un bon semeur examine toujours de quel côté l'air est agité, afin de *semer toujours avec le vent.*

Lorsqu'on commence et termine un train, on *engrène* et on *dégrène* sur les chaintres ou les bordures.

Pour *engrener,* on entre dans le champ, on se place sur la limite intérieure de la forière en regardant le bord de la pièce ; puis, avec des *demi-poignées* et en projetant la semence *en coulant,* c'est-à-dire en abaissant la main, on sème le chaintre sur une largeur égale au train qu'on se propose de faire.

Pour *dégréner* sur l'autre chaintre lorsqu'on arrive à

l'extrémité du rayage, on opère de même manière et on regarde encore la limite du champ.

4. — Jalonnage des trains.

Quand le sol a été labouré à plat ou en grandes planches de 16 à 20 mètres de largeur, et que le labour a été effacé par un hersage, le semeur qui n'est pas très exercé dans la pratique des semailles jalonne les lignes qu'il doit suivre. A cet effet, il se sert de branchages, de bouchons de paille et au besoin de pierres ou de mottes de terre.

Par ce jalonnage, il s'indique à lui-même la largeur des trains qu'il doit exécuter.

Supposons qu'il soit question de semer le champ A,B, C, D (fig. 128).

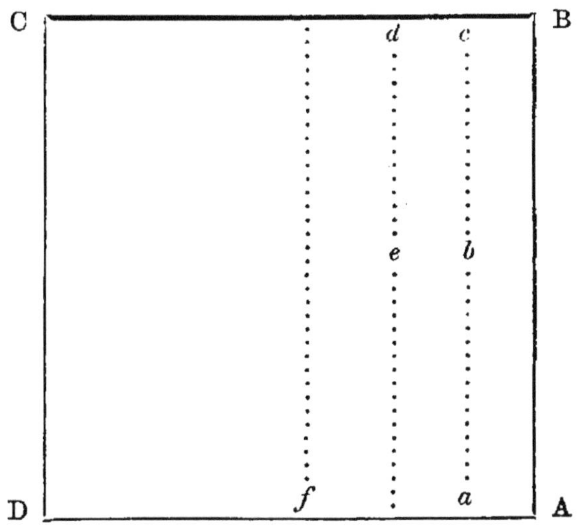

Fig. 128. — Jalonnage des trains.

Le semeur placera des jalons aux points *a*, *b*, *c*. Après avoir semé un premier train le long de la rive AB, il se portera en *c*, prendra le jalon qui y existe, le placera en *d* et reviendra au point *c*; alors, semant de la main gauche, il se dirigera sur les jalons *b a*; mais, arrivé en *b*, il s'arrêtera, fera une marque sur le sol avec son pied et ira planter le jalon *b* en *e* et reviendra à son point de départ pour se diriger vers *a*. Lorsqu'il sera arrivé à l'extrémité de son rayage, il plantera le jalon *a* en *f*, et, semant de la main droite, il se dirigera sur *e d* en ayant soin de déplacer encore le jalon *e* lorsqu'il parviendra au milieu du champ. Il continuera ainsi jusqu'à ce qu'il soit arrivé à l'extrémité de la pièce.

Les semeurs très exercés n'emploient pas de jalons ; ils se guident à l'aide de *traces* imprimées sur le sol par leurs pieds.

5. — Semaille à jets simples.

Quand les sacs ont été placés, le semeur détermine la direction du vent, afin d'arrêter le côté qu'il sèmera en premier lieu, et il remplit ensuite son tablier de semence. Supposons qu'il veuille semer le champ A, B, C, D (fig. 129).

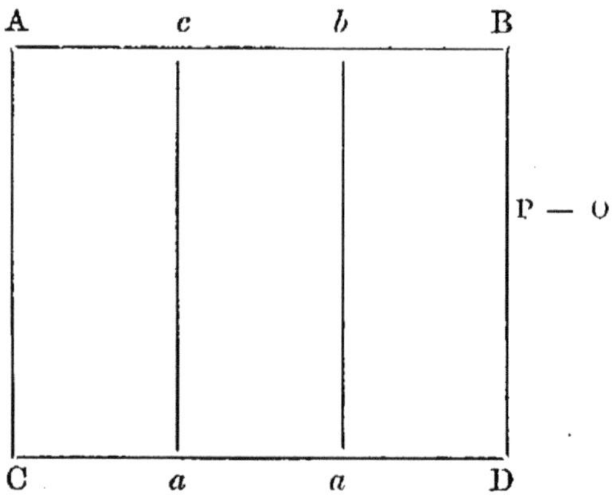

Fig. 129. — Semaille à jets simples.

Si le vent souffle de O vers P, le semeur se placera en D, et avec la main droite et en se dirigeant de D en B, il sèmera le rectangle D, B, *a*, *b*, après avoir *engrené* la forière située sur le bord de la ligne CD. En se dirigeant de D en B, il suivra une ligne intérieure parallèle et distante de 30 à 40 centimètres du bord de la pièce, afin de bien semer la *rive* DB et ne pas projeter de graine sur le champ voisin. Arrivé à 2 mètres environ de la ligne AB, il *dégrènera* sur la forière qui limite cette ligne et se portera ensuite au point *b*. Alors, après avoir rempli son semoir de semence, il le changera de bras pour pouvoir projeter la graine avec la main gauche. Alors encore, il avancera de $1^m,50$ à 2 mètres à l'intérieur du champ, fera face à la ligne BA et engrènera la partie de la forière comprise entre les points *b* et *c*. Ensuite il se dirigera vers *a* et sèmera encore avec le vent le rectangle *a, b, c, d*. Il continuera ainsi jusqu'à ce qu'il ait terminé l'ensemencement du champ D, B, A, C.

En exécutant ces détails, le semeur aura fait une *semaille à jets simples*.

6. — Semaille à doubles jets ou à jets croisés.

La méthode précédente n'a qu'un avantage, celui de la simplicité. Quant à ses résultats, ils sont rarement satisfaisants. Ordinairement la partie médiane des rectangles semés à chaque train présente plus de semence que les côtés. C'est ce fait qui a engagé à abandonner ce procédé primitif pour lui préférer la méthode *à doubles jets*, ou *à jets croisés* (fig. 130). Voici comment on exécute ce dernier procédé :

Supposons qu'il faille semer le champ L, M, R, S dans les semailles à jets doubles (fig. 130).

Le vent soufle encore de O vers P.

Le semeur se placera en S après avoir engrené la partie de la forière comprise entre S et *o'* et il se dirigera vers M ; puis, avec des *demi-poignées*, il sèmera le rectangle S,M, *o* et

o' en projetant la graine avec la main droite. Lorsqu'il aura terminé ce *demi-train*, c'est-à-dire lorsqu'il sera arrivé sur la forière qui est limitée par la ligne ML, il

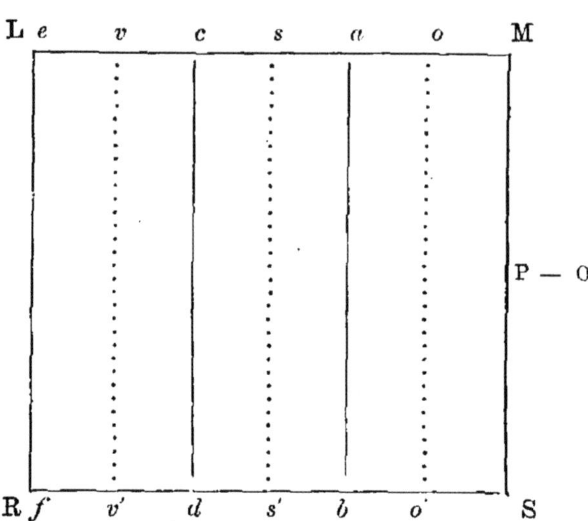

Fig. 130. — Marche du semeur dans les semailles à jets doubles.

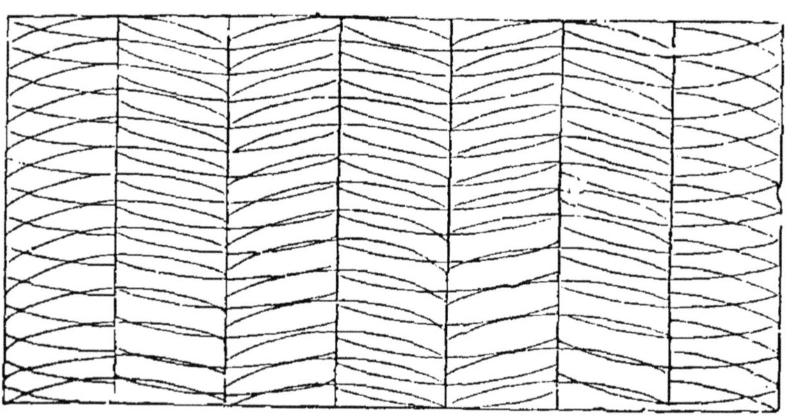

Fig. 131. — Semaille à jets doubles.

dégrénera, remplira son semoir de semence, changera ce dernier de bras et suivra la ligne qu'il a précédemment parcourue, en répandant des poignées entières de semence avec la main gauche, afin de semer encore avec le vent.

Cette fois, le jet de semence ne s'arrêtera pas seulement à la ligne ponctuée *o* et *o'*; il franchira cette limite, et arrivera jusque sur la ligne pleine *a* et *b* en semant deux rectangles : 1° le rectangle M, S, *o* et *o'* et le rectangle *o o'*, *a* et *b*. Ce second jet croisera le premier projeté au premier train sur le rectangle M, S, *o*, *o'*.

Quand le semeur aura dégréné sur la ligne SR, il aura projeté 2 demi-semences ou une semence complète sur le rectangle MS, *o* et *o'* et une demi-semence seulement sur le rectangle *o*, *o'*, *a* et *b*. Alors, il changera de nouveau son semoir de bras, le remplira de graines, engrènera la forière comprise entre les points *o'* et *s'*, et, se dirigeant de *o'* en *o*, il sèmera avec la main et toujours avec le vent le rectangle *o'*, *o*, *s* et *s'*. Quand il sera arrivé sur la ligne M, L, il aura complété la semaille du rectangle *o'*, *o*, *a* et *b*, puisque cette surface aura reçu deux demi-semences, et il aura projeté un demi-semence ou la moitié d'une poignée entière sur le rectangle *b*, *a*, *s* et *s'*. Il continuera ainsi jusqu'à l'extrémité du champ en *marchant toujours sur grain*.

7. — Semaille à jets triples.

Le mode de semaille à doubles jets n'est pas toujours celui qu'on suit dans les fermes des environs de Paris. Parfois on opère les semailles à jets triples (fig. 133) de la manière suivante :

Soit le champ G, K, V et X (fig. 132).

Le semeur se place au point *b* de la ligne VX et se dirige sur le point *d* situé sur la ligne GK. En semant de la main droite et *avec le vent* qui souffle de L vers P, il dirige son jet de manière qu'il couvre le rectangle *a*, *b*, *c* et *d*. Alors, il se porte en I, chemine vers J, et, prenant des poignées égales à 2/3 du volume de la poignée normale, il sème le grand rectangle *a, c, h* et *f*. De cette manière, le train O a reçu 2/3 de semence et le train O′ 1/3 seulement.

Lorsqu'il a dégrené sur la forière que limite la ligne VX, il se porte au point Z, engrène la forière et se

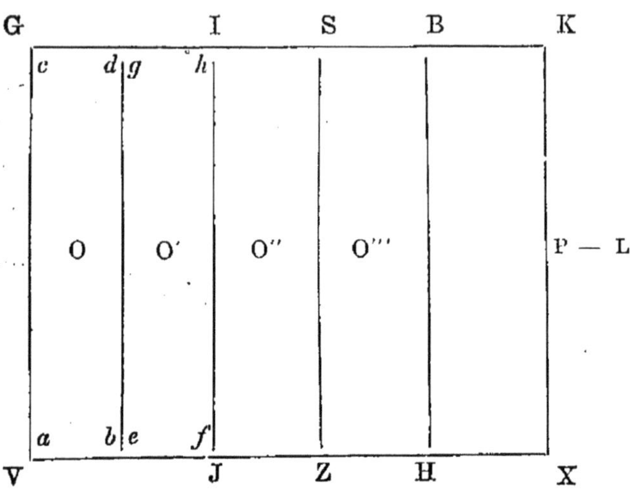

Fig. 132. — Marche du semeur dans les semailles à jets triples.

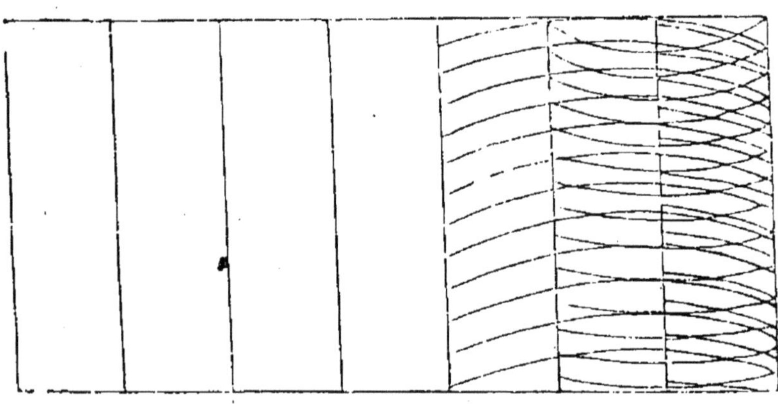

Fig. 133. — Semailles à jets triples.

dirige vers S en semant avec la main droite et *avec le vent* des poignées entières. Alors son jet couvre une plus grande largeur et sème uniformément les rectangles O″, O′ et O. Ainsi, il répand sur chacun 1/3 seulement de semence.

En opérant ainsi, il complète la semaille du rectangle O, puisque cette surface aura reçu trois fois 1/3 de semence. La semaille des rectangles O′ et O″ doit être complétée : le premier a reçu 2/3 de semence, et le second 1/3 seulement.

Aussitôt que le semeur a dégréné sur la forière située près de la ligne GK, il se porte vers la gauche, s'arrête au point B, engrène la tête du rectangle O‴ et continue la semaille en se dirigeant vers le point H et en semant encore avec le vent. Son jet couvre la même étendue et projette 1/3 de semence sur le rectangle O‴, 1/3 sur le rectangle O″ et 1/3 sur le rectangle O′. Ce troisième train complète la semaille de ce dernier rectangle, et augmente de 1/3 la semence projetée sur le rectangle O″.

Il continue ainsi sur toute la partie qui reste à semer.

Cette méthode a l'avantage d'être plus parfaite sans être plus expéditive que la méthode à doubles jets. Le seul reproche qu'on puisse lui faire, c'est qu'elle oblige au premier train de semer le rectangle O en projetant la graine contre le vent. Les semeurs habitués à la pratique ne se précocupent pas de cet inconvénient : ils baissent la main, c'est-à-dire *jettent plus en coulant* et lancent la semence avec moins de vigueur.

Par cette méthode, le semeur *marche toujours hors grain*.

8. — **Surface qu'un semeur peut ensemencer en un jour.**

Un bon semeur peut ensemencer, en une journée de 9 à 10 heures, de 3 à 5 hectares, selon la largeur des trains qu'il sème à chaque rayage et selon aussi qu'il suit la méthode à jets simples ou la semaille à jets doubles ou croisés.

Un semeur qui projette la semence en croisant ses jets a utilement employé son temps quand il a semé, en automne ou au printemps, en moyenne, 4 hectares par jour.

9. — Recouvrement des graines semées à la volée.

L'enfouissement des semences projetées à la volée dans les circonstances ordinaires se fait à l'aide des moyens suivants :

RATEAU ORDINAIRE. — L'emploi du *râteau ordinaire* appartient spécialement à la petite culture. Cet instrument, lorsqu'il est bien dirigé, exécute un travail parfait, mais il opère avec lenteur. Aussi n'est-il employé que dans les contrées où le sol est disposé en petits billons et sur les exploitations ayant de très petites parcelles.

Les graines de *lin* et de *chanvre,* alors que ces plantes textiles sont cultivées sur de petites étendues, sont presque toujours enterrées avec le râteau.

HERSE. — La *herse* présente des avantages incontestables. D'abord son emploi est souvent indispensable pour ameublir et régaler les guérets qui doivent être ensemencés. Je n'ignore pas que, dans diverses localités, les semailles sont faites sur un sol labouré mais non hersé. Ce procédé laisse beaucoup à désirer, surtout si le labour a été mal exécuté : ainsi, dans cette circonstance, les semences sont presque toujours agglomérées dans les cavités que présente le sol ou dans les sillons situés entre les angles saillants formés par les bandes de terre. C'est pour obvier à cet inconvénient ou pour que la semence soit mieux répartie sur le sol et qu'elle se trouve uniformément enterrée qu'on exécute un hersage léger avant d'opérer le semis.

Les semences, dans les semailles des céréales, sont enterrées ordinairement avec la herse.

Quand on enterre des semences de seigle, sur des champs labourés en planches, on ne herse ordinairement qu'une fois, parce que ces graines ne doivent pas être enfouies profondément. Alors, on choisit de préférence des herses légères à dents de bois et à un cheval.

Lorsqu'on enterre des semences de froment ou d'avoine avec des herses à dents de bois sur des sols labourés à plat, il faut, si l'on emploie des herses à dents un peu inclinées par rapport au plan du bâtis, diriger les *pointes des dents en avant*, c'est-à-dire *herser en accrochant*. On ne peut *herser en décrochant*, c'est-à-dire diriger les *pointes des dents en arrière*, que lorsqu'il s'agit d'enfouir des graines peu volumineuses. Enfin, il est souvent utile, dans les mêmes circonstances, de répéter le hersage, afin que toutes les graines soient enterrées à 5, 6 et 8 centimètres de profondeur. Ce *hersage à deux dents* est très en usage dans les départements appartenant à la région nord-ouest, où la plupart des cultivateurs enterrent les semences avec des herses trapézoïdales à dents de bois ou de fer.

Les agriculteurs qui ont remplacé les anciennes herses par les herses parallélogrammiques, emploient de préférence celles qui sont armées de dents en fer pour enterrer les semences un peu volumineuses, comme les graines de froment, d'avoine, de féverole. Le plus ordinairement, on herse deux fois, une fois en large et une fois en travers, si les circonstances le permettent. On n'exécute pas de *hersage à une dent* avec la herse Valcour, parce que cette opération est insuffisante pour bien enfouir les grosses semences.

Nonobstant, on doit, en automne, éviter de trop ameublir les terres sujettes à être soulevées par les gelées. Des mottes d'un volume moyen ne nuisent jamais à la végétation des céréales d'hiver.

Comme règle générale, on peut rappeler que plus les

graines sont grosses et plus elles doivent être enterrées.

Les semis qu'on exécute après un labour ou après un labour et un hersage sont désignés par ces mots *semis sur labour* ou *semis sur labour et hersage.*

CHARRUE. — La *charrue* n'est utilisée dans l'enfouissement des semences que lorsqu'on exécute des *semailles sous raies.* (Voir le chapitre suivant.)

ROULEAU UNI. — Le *rouleau uni* sert souvent pour enterrer des semences fines telles que les graines de trèfle, de luzerne, de lupuline, de fléole des prés, de gaude, de navet, etc. Cet instrument n'opère bien que quand la surface du sol est meuble et sèche. En écrasant les petites mottes, il couvre très bien les graines. Il a aussi l'avantage d'enfoncer les pierres dans la couche arable, ce qui rend plus tard le fauchage plus facile.

HERSE MILANAISE. — La *herse milanaise* ou *herse d'épines* (fig. 134) sert aussi à enfouir les petites graines et

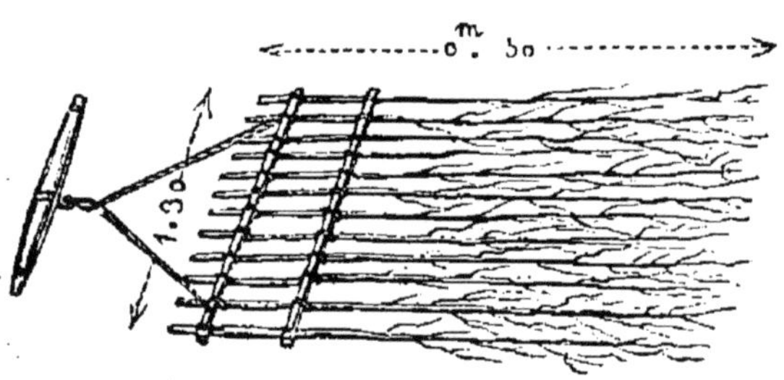

Fig. 134. — Herse d'épines.

les semences fines destinées à créer des prairies naturelles, comme les graines des agrostis, de la millefeuille, du lotier, du trèfle blanc, etc., etc.

SCARIFICATEUR. — Lorsqu'on sème une céréale de printemps sur un labour d'hiver ou sur une prairie naturelle ou artificielle défrichée par un bon labour pendant les mois de novembre ou de décembre, on peut remplacer la herse ayant des dents en fer par un *scarificateur* léger, si le sol a été labouré à plat ou en grandes planches. Cet instrument ameublit bien le sol et enterre parfaitement les graines. On le fait suivre par une herse ordinaire ou à dents de bois, si on juge cette opération utile.

10. — Semences non enfouies.

Il existe des circonstances où certaines semences ne sont pas enterrées après avoir été projetées par la main de l'homme. Ainsi très souvent, dans la région septentrionale, les graines de trèfle violet, de lupuline ou minette, de luzerne et de trèfle blanc, qu'on sème en mars ou avril sur les champs occupés par une céréale d'automne ou de printemps, sont abandonnées à elles-mêmes, surtout lorsque la semaille peut être suivie immédiatement par une température à la fois chaude et humide ou lorsque le semis est exécuté avant ou après une forte pluie.

CHAPITRE III.

LES SEMAILLES SOUS RAIES.

Les *semailles sous raies* sont celles dans lesquelles les semences des céréales d'automne et de printemps sont enterrées par la charrue avec ou sans avant-train.

On les exécute principalement dans le Poitou, le Limousin, la Bretagne, l'Anjou, le Périgord, etc., où les terres sont labourées tantôt à plat, tantôt en petits billons.

Ces semailles ont leur raison d'être dans les localités où les céréales sont déchaussées à la fin de l'hiver par suite des gels et des dégels, où les terres sont entraînées par les pluies.

Les semences, dans ces semailles particulières, sont projetées sur le sol de trois manières différentes :

Dans le *premier cas*, on les répand à la volée sur toute la surface du terrain et on les enterre ensuite en exécutant un labour.

Il est très utile que le sol ait été ameubli préalablement par un labour. Lorsque le sol est un peu dur ou compact superficiellement, les semences tombent en grande partie suivant une ligne dans la raie, lorsque les bandes de terre soulevées par le soc et le versoir font leur demi-évolution.

Dans le *second cas*, la semence est projetée dans le fond de la raie par une femme ou un ouvrier qui suit la charrue. Cette semence est recouverte par la bande de terre peu épaisse que la charrue soulève et renverse en opérant un second tour.

Les semis opérés derrière la charrue et dans la raie ouverte par celle-ci exigent une grande habitude. La personne qui projette ainsi la semence marche ordinairement sur le guéret et sème toujours avec la main droite.

Dans le *troisième cas*, on répand la semence sur les endos exécutés à l'aide de l'areau et on la couvre au moyen d'une *charrue à deux versoirs*, que l'on nomme souvent *charrue pour les couvrailles*. Dans cette semaille, le sol est disposé en petits billons et la graine est placée au centre de l'épaisseur de ces ados.

Les labours qui servent à couvrir les semences dans les semailles sous raies sont plus ou moins profonds selon les terrains; mais, dans les sols un peu argileux, leur profondeur ne doit pas excéder 10 centimètres.

Les semailles sous raies sont moins parfaites que les semailles sous la herse; elles ne sont convenablement exécutées que lorsqu'elles sont faites par un beau temps.

En général, les semailles sous raies ne sont pas économiques parce qu'elles ne sont pas expéditives, car on ne peut ensemencer chaque jour avec un attelage que la surface qu'il peut labourer dans le même espace de temps. On les rend moins onéreuses en substituant à la charrue ordinaire ou à l'*areau* une charrue bisoc.

Quoi qu'il en soit, les semailles sous raies ne doivent pas être rejetées *a priori* de la pratique. Il existe des circonstances où l'enfouissement des semences par la charrue donne de bons résultats.

Les terres qui souffrent des sécheresses printanières ou que les gelées soulèvent beaucoup parce qu'elles sont peu profondes et situées sur un sous-sol imperméable, seront très certainement pendant longtemps encore ensemencées à l'aide des semailles sous raies.

CHAPITRE IV.

LES SEMAILLES EN LIGNES.

Les semailles en lignes se font à la main ou à l'aide d'un semoir mécanique.

1. — Semailles à la main.

Pour exécuter un semis en lignes à la main, on est forcé de tracer des rayons soit à l'aide d'un *cordeau* et d'un *traçoir,* soit au moyen d'un *rayonneur*.

Quand les rayons ont été ouverts, on y répand les graines avec la main ou à l'aide d'une *bouteille* (fig. 135), lorsque les semences sont très petites. Dans le premier cas, l'ouvrier laisse glisser la graine entre le pouce et l'index.

On couvre ensuite les graines avec un râteau ou au moyen d'une herse légère. Quand on emploie la herse, on la dirige obliquement ou perpendiculairement à la direction des rayons suivant la largeur du champ.

2. — Semailles au semoir mécanique.

Ce fut vers la fin du dix-septième siècle qu'on comprit en Europe la nécessité d'imiter les Chinois, en construisant des semoirs. Le premier de ces appareils fut inventé par Lucatello, mais il n'eut pas le succès du semoir que Tull proposa aux agriculteurs anglais et que Duhamel fit connaître à la France en 1750. L'apparition du semoir de Tull fit naître, en Europe, la culture en lignes, qui fait chaque année tant de prosélytes. L'enthousiasme fut tel, vers la fin du siècle dernier, que chacun cherchait à inventer un semoir, dans le but d'en obtenir un plus parfait que ceux que l'on connaissait. La passion pour les semoirs n'a cessé d'exister ; aujourd'hui on en connaît plus de cent.

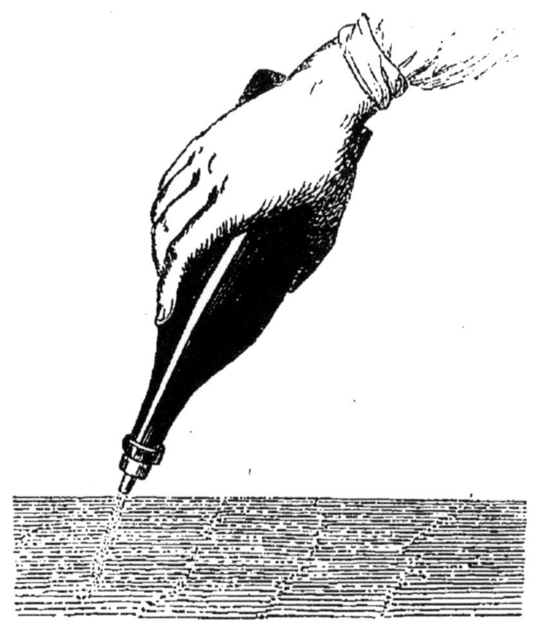

Fig. 135. — Bouteille pour répandre les graines fines.

La France possède plusieurs bons semoirs. Les plus estimés sont ceux sur lesquels sont fixées des cuillers de grandeurs proportionnées au volume des semences que l'on doit répandre. Ces cuillers, par le mouvement rotatif des disques sur lesquels elles sont fixées, jettent les graines dans des tubes conducteurs. Ce sont ces derniers qui les enterrent, étant armés de griffes à leur partie postérieure. Ces semoirs sont munis d'une limonière, et doivent être traînés par un cheval ou deux animaux, suivant leur dimension.

L'Allemagne a eu aussi ses appareils. Les semoirs inventés par Thaër, par Fellemberg, ont eu leur réputation ; mais cette renommée a disparu depuis le jour où les Anglais sont arrivés à construire des semoirs qui répandent à la fois les semences et les engrais pulvérulents.

Je ne citerai pas les semoirs à lanterne. L'expérience a prouvé depuis longtemps qu'ils sont loin de rivaliser avec le semoir à cuillers de Mathieu de Dombasle, et qu'on peut à bon droit regarder comme le plus simple de tous les semoirs inventés en France. Cet appareil ne répand que les graines ; mais, en doublant les disques, les cuillers et les tubes, on pourrait aisément lui faire répandre des engrais pulvérulents en même temps que les semences.

Les semoirs que l'on regarde, en Angleterre, comme les meilleurs sont ceux qu'ont perfectionnés MM. Smyth, Garrett et Hornsby. Ces appareils ne laissent rien à désirer, en effet, sous le rapport de leur construction. Leur disposition intérieure est telle qu'on peut toujours proportionner la quantité d'engrais et de semence à la fertilité du sol que l'on ensemence. Aucun des semoirs inventés en France n'est aussi parfait.

Ces semoirs se distinguent entre eux par quelques particularités importantes. Ainsi, le semoir de Hornsby est muni de tubes conducteurs en caoutchouc, au lieu de godets en étain. Cette disposition rend les semailles plus régulières et plus parfaites. Le semoir de Garrett présente une modification fort utile. Tous les tubes conducteurs sont munis de leviers qui permettent de laisser telle ou telle quantité de terre entre les semences et l'engrais que l'on applique. Le semoir de Smyth présente, outre cette particularité, une disposition fort ingénieuse, qui rend toujours la caisse horizontale, malgré la déclivité du sol : il ne répand que les semences.

Toutes choses égales d'ailleurs, un grand nombre de cultivateurs français, à la vue de ces appareils si parfaits, n'ont pas manqué de se dire en 1855 qu'il fallait que les semailles en lignes fussent bien préférables à celles exécutées à la volée, pour que les cultivateurs de l'Angleterre consentissent à payer un semoir de 800 à 1200 francs.

De tous ces appareils, perfectionnés avec tant de succès, et qui laissent loin derrière eux les semoirs de Coke, de Frost, de Ducket, que l'Angleterre employait il y a un demi-siècle, les plus répandus en France, sont le *semoir Smyth* et *le semoir Garrett*. On avait cru que leur mécanisme serait un obstacle à leur propagation. Les faits ont prouvé qu'on peut les faire réparer partout et qu'ils ne sont pas aussi difficiles à régler qu'on l'avait pensé, bien à tort, il y a trente ans.

Les semoirs en usage pour répandre les semences en lignes forment deux catégories : les *semoirs à main* et les *semoirs à cheval*.

A. Les *semoirs à main* ou *semoirs à brouette* sont à brosses, à lanterne ou à cuillers.

Fig. 136. — Semoir à brouette de Dombasle.

Le semoir à brouette de Dombasle (fig. 136 et 137) est le plus simple et le plus parfait. Voici sa description sommaire : il comprend un compartiment pour la graine; une vanette servant à régler le passage de la graine dans le compartiment où est situé l'arbre de couche portant le disque sur lequel sont fixées les cuillers; puis, un plan incliné conduisant la graine dans les cuillers; une poulie sur laquelle s'enroule la chaîne qui est mise en mouvement par la roue; des plans inclinés dirigeant la graine dans le tube conducteur. Il existe dans la caisse du semoir un compartiment contenant les cuillers de rechange, des clavettes et un marteau.

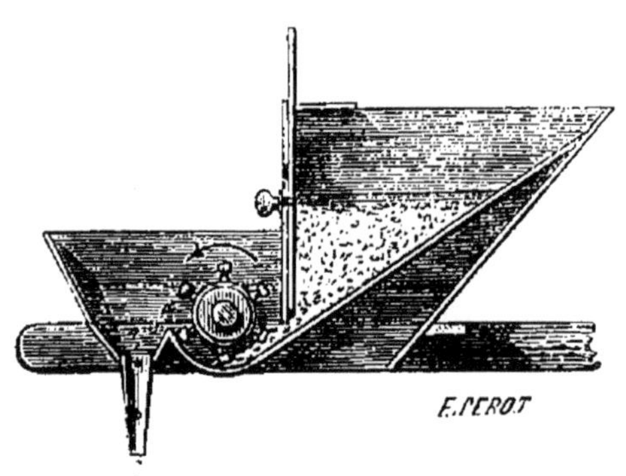

Fig. 137. — Coupe du semoir à brouette de Dombasle.

Après avoir rayonné le terrain et fixé sur le disque les cuillers qui conviennent le mieux pour la graine qu'on veut semer, on dirige la roue de l'appareil dans chaque sillon ouvert. On couvre la semence ainsi projetée au moyen d'un hersage et quelquefois d'un hersage et d'un roulage.

B. Les *semoirs à cheval* sont aujourd'hui beaucoup plus répandus que les semoirs à brouette. Ils sont aussi à brosse, à lanternes et à cuillers. Les semoirs à cuillers sont les plus perfectionnés et les plus en usage.

Le *semoir Garrett* (fig. 138) présente cette particularité qu'il comprend des organes compresseurs en arrière des tubes conducteurs, ce qui rend souvent plus prompte la germination des semences un peu volumineuses.

Un bon semoir doit satisfaire aux conditions suivantes :

1° Avoir un mécanisme simple qui puisse répandre à volonté plus ou moins de semences par hectare ;

2° Distribuer avec régularité et sans interruption les semences grosses, moyennes et petites;

3° Enterrer les graines à des profondeurs variables selon le gré du conducteur;

4° Une fois réglé, enterrer les semences à une profondeur toujours la même.

Fig. 138. — Semoir de Garrett.

L'emploi d'un semoir exige que le sol soit disposé à plat ou en larges planches légèrement convexes et qu'il ait été préalablement labouré et hersé.

Les labours exécutés avec un double brabant n'ayant ni enrayure ni dérayure, doivent être préférés aux labours faits avec une charrue à versoir fixe parce que le semoir y est toujours conduit facilement dans toutes les directions.

Les lignes sont plus ou moins espacées selon la manière d'être des semoirs dont on fait usage et suivant aussi la volonté des exécutants. La distance la plus rationnelle, la plus satisfaisante, celle qu'on a généralement adoptée en Angleterre et en France dans la culture du froment et de l'avoine, varie entre 0m,18 et 0m,22. Les lignes ainsi espacées peuvent être facilement binées au printemps avec la houe à cheval. Il faut cultiver des terres fertiles, propres et très favorables à la végétation du froment ou multiplier une variété remarquable par l'élévation et la rigidité de ses tiges et par l'ampleur de ses feuilles, pour qu'on soit autorisé, sans expérience préalable, à éloigner les lignes de 0m,25 les unes des autres.

Les semailles en lignes bien exécutées avec un bon semoir ont des avantages qu'on ne peut aujourd'hui contester, en présence des faits que la pratique éclairée permet d'observer chaque année.

Les céréales ainsi semées ont toujours une germination plus uniforme, une croissance plus égale, plus vigoureuse, parce que les graines ont été répandues avec régularité et qu'elles ont été enterrées à une profondeur qui varie peu. D'un autre côté, ces semailles sont sans cesse plus productives parce qu'on peut y exécuter aisément les cultures d'entretien qu'elles exigent, comme un ou plusieurs binages et sarclages.

Enfin, les semoirs ont l'avantage d'*économiser un cinquième ou un quart de la quantité de semence qu'on répand ordinairement dans les semailles à la volée.*

Un semoir bien dirigé sème, suivant le nombre de tubes conducteurs qu'il comprend, de 2 à 4 hectares par jour.

Toutefois, il ne suffit pas de distribuer les semences de blé en lignes régulièrement espacées les unes des autres, il faut aussi que ces mêmes graines soient placées dans les rayons à égales distances. Lorsque les semences sont distribuées confusément ou dans une trop forte proportion dans les raies ouvertes par les tubes, les plantes, après la germination des graines, sont trop nombreuses ou trop épaisses :

alors, au printemps, les racines s'enchevêtrent, s'entrelacent, les plantes s'étiolent, développent de nombreuses feuilles qui couvrent presque complètement la couche arable, et les tiges manquant de vigueur sont renversées, couchées par les premières pluies qui suivent l'épiaison. Quand, au contraire, le semoir n'a confié à la terre que la quantité nécessaire de semence, les tiges restant apparentes jusqu'à l'épiaison, les feuilles n'empêchent pas l'air, la chaleur et surtout la lumière d'agir sur les tiges et de les durcir ou de les rendre plus rigides ou plus robustes. Alors aussi la végétation du blé est plus uniforme, les épis sont plus développés et les plantes sont bien moins sujettes à la verse.

En résumé, les avantages que présentent les semoirs sont les suivants :

1° Ils répandent les semences avec plus de régularité que la main de l'homme ;

2° Ils enterrent les semences à la même profondeur, ce qui empêche les céréales d'automne d'être déchaussées par les effets des gels et des dégels ;

3° Ils répandent souvent un engrais pulvérulent en même temps qu'ils projettent les graines dans les tubes conducteurs ;

4° Les céréales semées en lignes ont une végétation plus uniforme ;

5° Ces plantes sont toujours moins exposées à la verse, parce que leurs tiges acquièrent plus de rigidité avant ou après l'épiaison ;

6° La distribution des semences en lignes rend très faciles les binages et les sarclages.

Toutefois, on leur reproche encore dans diverses localités :

1° De mal fonctionner sur les terrains très pierreux, les sols très motteux, et les champs envahis par de nombreuses plantes à racines traçantes ;

2° De nécessiter parfois des réparations que ne peuvent souvent pas exécuter les ouvriers des campagnes.

Ces objections ont de nos jours peu de valeur. L'expérience prouve, en effet, sur les exploitations qui emploient les semoirs depuis vingt ans, que les cultures en lignes sont plus économiques que les semailles à la volée, en ce qu'elles donnent toujours des produits supérieurs dans les mêmes conditions que celles exécutées par la main de l'homme.

Les semoirs doivent être confiés à des ouvriers habiles et traînés par des chevaux actifs et très dociles.

L'ouvrier qui dirige un semoir doit s'attacher à ce que les lignes ensemencées par cet appareil soient aussi droites que possible, que les trains composés de 7 à 16 et même 18 lignes soient bien parallèles, et que la dernière ligne du train précédent et la première ligne du train suivant ne soient pas plus ou moins espacés que les autres rayons.

Lorsque l'attelage n'est pas docile ou n'obéit pas bien à la voix du conducteur, on le fait conduire par un jeune homme intelligent. Les grands semoirs exigent l'emploi de deux hommes ; l'un dirige l'attelage, l'autre surveille le fonctionnement de l'appareil.

Dans le semoir Smyth, l'un des plus perfectionnés (fig. 139 et 140), on règle la quantité de semence à répandre par hectare à l'aide des grandes ou des petites cuillers et de la grande roue et des pignons.

Quand le semoir a été réglé et que le coffre est rempli de semences, on ouvre les coulisses pour que les graines arrivent dans les augets où sont situés les disques portant les cuillers. Alors, on abaisse les socs rayonneurs à l'aide de la manivelle située à l'extrémité du cylindre en bois sur lequel s'enroulent autant de chaînes que l'instrument comprend de tubes distributeurs, puis on embraie le mécanisme et on fait aussitôt avancer l'attelage. On doit avoir le soin de mettre le semoir en fonction un mètre environ avant l'endroit où l'on veut commencer la semaille, car c'est à cette distance seulement du point de départ que la semence commence à arriver dans le sol.

Le conducteur, pendant la marche du semoir, doit diriger sans cesse ses regards sur la direction que suit l'attelage ou

Fig. 139. — Semoir Smyth.

le cheval et sur le compartiment dans lequel sont situés les organes distributeurs de la semence, afin de s'assurer si les graines arrivent régulièrement dans chaque auget et si toutes les cuillers les projettent continuellement dans les tubes conducteurs.

Quand on est forcé d'arrêter la marche du semoir au milieu d'un champ, il ne faut pas oublier, lorsqu'on remet l'appareil en fonction, de répandre à la main un peu de semence, sur un mètre environ de longueur, dans tous les rayons que comprend le train, ou de faire reculer l'attelage et le semoir.

Le vent ne nuit nullement à la marche régulière du se-

Fig. 140. — Semoir Smyth pour la moyenne culture.

moir et celui-ci fonctionne bien après une pluie, quand quelques heures de hâle ou de soleil ont ressuyé la surface de la couche arable.

Lorsque l'attelage arrive à l'extrémité du rayage, le conducteur arrête le jeu des cuillers, et élève ou déterre les socs en enroulant leurs chaînes sur le cylindre en bois. Alors, il fait tourner son attelage soit à droite soit à gauche, et place bien le semoir près du train qui vient d'être ensemencé. Ceci fait, il déroule de nouveau les chaînes des socs, pour que ceux-ci puissent pénétrer dans le sol, il engrène le pignon avec la roue motrice et il met aussitôt l'attelage en marche. En agissant ainsi, il opère facilement ses tournées et ne sème pas inutilement les chaintres ou forières.

On ne doit jamais opérer une tournée en laissant les socs engagés dans le sol. Il faut agir de même, lorsque, par nécessité, on est obligé d'effectuer un mouvement de recul. Dans les deux cas, on a à craindre l'engorgement ou la rupture des socs distributeurs.

Il est très utile, quand les dimensions des champs et la configuration du sol le permettent, de *diriger les lignes du nord au sud*, afin que la lumière et la chaleur agissent, à toutes les époques de la végétation des plantes, sur les deux faces de celles-ci.

Fig. 141. — Semoir pour culture en billons.

Les semoirs, quoi qu'on dise, ne fonctionnent pas très bien :

1° Sur les *terres calcaires très détrempées* par les pluies;

2° Sur les terrains inclinés ayant une pente très sensible :

3° Sur les sols couverts de grosses mottes ou de nombreuses pierres ;

4° Sur les champs qui ont été fertilisés tardivement avec des fumiers pailleux ;

5° Sur les terres envahies par des plantes à racines traçantes.

Quoi qu'il en soit, les semailles en lignes faites avec des semoirs sont très répandues dans les régions des plaines du nord et du nord-ouest.

Les semoirs qu'on emploie dans la culture de la betterave, de la carotte, du maïs, du colza, répandent les graines en lignes espacées les unes des autres de 0m,50, 0m,70, selon les circonstances et suivant aussi la volonté du conducteur.

Lorsqu'on cultive la betterave ou le navet sur billons, il faut choisir de préférence un semoir qui répand les semences sur des billons larges de 55 à 85 centimètres. Ces semoirs (fig. 141) répandent à la fois et la semence et un engrais pulvérulent. Par leur disposition et les rouleaux concaves qui précèdent les tubes conducteurs, ces semoirs donnent aux billons une forme régulière. Les semoirs qui ont des rouleaux en arrière des tubes distributeurs, ferment bien les sillons ouverts par les petits socs qui précèdent les tubes.

CHAPITRE V.

SEMIS EN POQUETS.

Les *semis en poquets* ou en *pochets* sont en usage dans la culture du haricot, de la fève, de la lentille, etc.

On les exécute avec la *houe pleine* ou à l'aide d'une *large binette*, sur des terres qui ont été préalablement bien ameublies. L'ouvrier qui sème des haricots en poquets est muni d'un panier qui contient les semences. Après avoir fait avec l'instrument qu'il possède, un auget large de 30 centimètres et profond de 6 à 10, il y dépose de 6 à 10 graines, en ayant la précaution de les espacer les unes des autres de plusieurs centimètres. Les semences déposées dans ces creux sont couvertes avec la terre qui provient d'autres poquets, situés sur la même ligne ou sur la rangée voisine.

L'ouvrier doit faire les poquets de manière qu'ils soient en quinconces ou en triangles isocèles. Par cette disposition, les touffes ont plus d'espace pour se développer. Dans ce travail, il marche en avant.

Les plantes ainsi cultivées souffrent toujours moins des grandes chaleurs, parce qu'elles se protègent mutuellement. De plus, on peut les butter plus aisément que si elles avaient été semées en lignes.

On a imaginé, dans ces derniers temps, des semoirs pour opérer des semis de froment, d'avoine, etc., en poquets; mais ces appareils n'ont pas été jusqu'à ce jour acceptés par la pratique.

CHAPITRE VI.

OPÉRATIONS QUI SUIVENT LES SEMAILLES.

Il est très utile, aussitôt que les semailles sont terminées, de nettoyer les dérayures à l'aide d'un buttoir, ou, à défaut, avec une charrue à deux versoirs. Cette opération, exécutée sur des champs labourés en planches, contribue à l'assainissement de la couche arable pendant les saisons pluvieuses, et elle favorise l'écoulement des eaux qui proviennent de la fonte des neiges.

Ces *rigoles d'écoulement* sont suffisantes quand les terres sont perméables. Lorsque celles-ci sont argileuses ou qu'elles sont situées sur des sous-sols imperméables, et sous un climat brumeux, on doit ouvrir çà et là, avec la pelle, le buttoir ou la charrue, des *rigoles obliques* à la ligne de plus grande pente. C'est en agissant ainsi qu'on prévient, pendant l'hiver, ces amas d'eau qui compromettent toujours l'avenir des céréales d'automne.

Sur les terres très plastiques, aussitôt après les semailles d'automne, on doit *briser les grosses mottes*. Ce travail se fait à bras. On l'exécute chaque année dans les marais du Poitou et de la Saintonge. Il facilite la germination et la végétation du froment.

Sur les plateaux très pierreux, il faut *débarrasser les champs des grosses pierres* qu'on observe à leur surface et que les charrues ont soulevées pendant le labour de semaille; cet épierrement se fait en décembre ou janvier, quand la gelée permet de circuler librement sur les emblavures d'automne.

Pendant l'hiver, on doit visiter les champs ensemencés pendant l'automne et donner une issue aux eaux qui restent stagnantes, lorsque le sous-sol est peu perméable.

Dans bien des cas, il est très utile d'opérer un léger *plombage* sur les terres qui ont été semées en betterave. Cette opération rapproche la terre de la graine et facilite beaucoup la germination de celle-ci.

Dans les jardins, où l'on exécute souvent des semis de rutabaga, de chou-rave, de chou pommé, de chou à vache, etc., on répand sur les planches, aussitôt que les graines ont été enterrées avec le râteau, du fumier à demi-décomposé et très divisé. Cette couverture, que l'on nomme *paillis* ou *paillage*, préserve la terre des hâles de mars et d'avril, empêche les pluies de battre la surface de la couche arable et permet au sol de conserver sa fraîcheur pendant plus longtemps.

Cette opération est souvent pratiquée dans les petites cultures de lin et de chanvre.

Dans la Camargue, aussitôt que les semailles de blé sont terminées sur des *terres salifères*, on y répand ou de la paille ou des roseaux provenant des *roselières;* ces couvertures sont faites dans le but d'empêcher le *sel* ou la *salure* (CHLORURE DE SODIUM) de venir s'effleurir pendant les jours chauds et ensoleillés, à la surface de la couche arable, sous forme de nappe blanche, légère et cristalline, et de nuire dès lors très sensiblement à la végétation du froment.

CHAPITRE VII.

MULTIPLICATION PAR BOURGEONS ET DIVISIONS DES TIGES.

Le *tubercule de la pomme de terre* est un véritable bourgeon ; il verdit quand il reste exposé à la lumière du soleil, et, mis en terre en saison convenable, il produit des pousses qui forment une touffe plus ou moins forte.

Ces tubercules sont munis d'yeux à leur surface, ce qui permet de les diviser ou les couper en plusieurs morceaux plus ou moins gros ; chaque division doit posséder au moins deux yeux.

Les tubercules de la pomme de terre doivent être extirpés avant les froids de l'automne, parce que les gelées les désorganisent. Ceux du topinambour passent tout l'hiver en terre, parce qu'ils se conservent mal quand ils ont été arrachés.

Tous les tubercules, ainsi que ceux de la batate, servent de pérule aux pousses annuelles. A mesure que les tiges se développent, les tubercules diminuent de volume, deviennent flasques, se rident et disparaissent.

Les *bulbes de safran* sont aussi de petits bourgeons. On ne peut les arracher que quand leurs fanes sont sèches. Ils donnent naissance à des caïeux qui sont destinés à les remplacer. Les uns et les autres n'ont jamais de tuniques vertes.

Les *œilletons* sont des pousses qui se développent sur le

collet des racines des plantes vivaces. Ils sont très apparents chez l'artichaut.

Il faut œilletonner l'artichaut le plus près possible de la souche, afin que l'œilleton ait un peu de chevelu.

On œilletonne aussi la canne à sucre, l'ananas, etc.

Les *éclats de pieds* sont des parties séparées des souches mères. Ce sont de véritables bourgeons végétant sur le corps des racines, ou au collet de la plante mère.

Les éclats des touffes comprennent toujours des gemmes ou des boutons. Leur séparation a lieu au milieu de l'automne ou à la fin de l'hiver.

C'est à l'aide d'éclats qu'on multiplie le figuier, le caprier, l'estragon, l'oseille, etc., etc.

Un grand nombre de végétaux ligneux se propagent par *boutures* et par *marcottes*, c'est-à-dire par divisions de leurs tiges.

La *bouture* est une partie détachée d'une pousse croûtée ou ligneuse et placée dans des conditions qui lui permettent de développer des racines ; ce rameau doit être muni de plusieurs yeux.

La *marcotte* consiste en une branche couchée en terre et qui n'a pas été détachée de la plante mère. On la sépare de celle-ci lorsqu'elle a développé des racines.

VOCABULAIRE

DU LABOUREUR ET DU SEMEUR.

Ados. — Ensemble des deux premières bandes de terre renversées l'une contre l'autre en sens inverse.

Ados. — Synonyme de *Billon.*

Adosser. — Renverser continuellement les bandes de terre les unes contre les autres, ou labourer en tournant autour de l'endos.

Age. — Pièce en bois ou en fer qui, dans une charrue, relie les étançons, le coutre et les mancherons.

Agrener. — Synonyme d'*Engrener.*

Aiguillade. — Synonyme d'*Aiguillon.*

Aiguillon. — Longue gaule armée d'une pointe de fer, qui sert à piquer et à diriger les bœufs.

Andos. — Synonyme d'*Ados.*

Araire. — Charrue sans avant-train.

Areau. — Ancienne charrue à avant-train.

Balance. — Appareil composé d'un grand et de deux ou trois petits palonniers.

Bande de terre. — Parallélépipède ou prisme quadrangulaire de terre que la charrue soulève, divise et renverse sur le côté, à chaque raie.

Barré (Champ). — On dit qu'un champ est barré quand les côtés des trains ont reçu moins de semences que la partie médiane.

Billon. — Partie étroite de terrain labouré, formée par la réunion de 2 à 10 ou 12 bandes de terre et séparée par des sillons dont la partie médiane présente une convexité plus ou moins prononcée.

Billonnage. — Labourage en billons.

Binot. — Araire flamand ayant deux versoirs convexes.

Binotage. — Action de binoter.

Binoter. — Diviser la terre à l'aide d'un binot.

Bordure. — Synonyme de *Chaintre* ou de *Forière.*

Brabant. — Araire flamand muni d'un patin et n'ayant qu'un manche.

Brande. — Synonyme de *Lande.*

Brumaille. — Lande avec genêt à balais.

Butter. — Rechausser une plante ou entourer sa base d'une butte de terre, afin de la fraîchir à ses racines ou faciliter le développement de celles-ci.

Chaintre ou *Cheintre.* — Bordure des champs, sur laquelle la charrue et l'attelage exécutent les tournées.

Coutre. — Pièce de la charrue qui sert à couper la terre verticalement.

Courroies. — Lanières en cuir qui servent à attacher les jougs de tête aux bœufs.

Croskillage. — Roulage opéré avec un rouleau Croskill.

Curette. — Palette en fer servant à nettoyer les versoirs des charrues.

Curoir. — Synonyme de *Curette.*

Curon. — Synonyme de *Curette.*

Déchaumage. — Action de déchaumer.

Déchaumer. — Arracher le chaume en labourant les terres, après l'enlèvement des céréales, à 6, 8 ou 10 centimètres de profondeur.

Défonceuse. — Charrue puissante avec laquelle on exécute des labours profonds.

Dégrener. — Semis que le semeur exécute sur les forières, quand il arrive à l'extrémité de son rayage. Ce semis se fait en projetant, en coulant, quelques poignées de semences.

Dérayer. — Exécuter une dérayure.

Dérayure. — Dernière raie creusée par la charrue, pour séparer deux planches ou deux billons contigus et faciliter l'écoulement des eaux surabondantes.

Dos. — Partie médiane des billons ou des planches convexes.

Double labour. — Synonyme de *Rayolage.*

Double brabant. — Charrue à deux corps mobiles et superposés l'un à l'autre.

Écrêter. — Labourer des deux côtés les billons, de manière que les deux premiers comblent en partie les sillons qui les séparent.

Écroûter. — Labourer à 6 ou 8 centimètres de profondeur.

Émottage. — Action de briser les mottes.

Émotter. — Briser les mottes de terre, à l'aide d'une herse ou d'un rouleau uni ou denté.

Endos. — Synonyme d'*Ados.*

Endosser. — Synonyme d'*Adosser.*

Engrener. — Semis que le semeur exécute sur la forière avant de commencer un train. Il jette encore la graine en coulant.

Enrayer. — Exécuter une enrayure.

Enrayure. — Première *raie* que la charrue ouvre en labourant.

Entrure. — Profondeur à laquelle pénètre le soc ou le coutre d'une charrue.

Épaule. — Synonyme de *Versoir.*

Érayer. — Synonyme d'*Écrêter.*

Éteules. — Parties des céréales qui constituent le chaume.

Étrempure. — Synonyme d'*Entrure.*

Extirpateur. — Scarificateur ayant des socs plats et triangulaires.

Fendre. — Labourer de manière à détacher et à renverser les bandes de terre, en faisant tourner la charrue et l'attelage de droite à gauche, si le versoir est fixé sur le côté droit de l'instrument, afin que la dérayure soit au milieu de la partie labourée.

Fouilleuse. — Charrue qui fonctionne dans le fond des raies ouvertes par une charrue.

Forière ou *Fourrière.* — Synonyme de *Chaintre.*

Frayon. — Arête de terre que présentent les dérayures bien exécutées, qui est opposée à la bande de terre renversée la dernière.

Froisi. — Synonyme de ***Déchaumage.***

Guéret. — Terre labourée et ameublie et non ensemencée.

Hersage. — Action de herser.

Herser. — Ameublir ou diviser un terrain avec une herse.

Herseur. — Celui qui herse.

Herser en décrochant. — Diriger les dents de la herse, les pointes en arrière.

Herser en accrochant. — Diriger les dents de la herse, les pointes en avant.

Hoyau. — Houe fourchue.

Jauge. — Synonyme de *Raie.*

Jet. — Espace parcouru par la semence projetée par le semeur. Un jet ne doit pas excéder 8 à 9 mètres.

Jet simple. — Jet de semence qui n'est pas croisé sur le terrain par d'autres jets.

Jet croisé. — Jet de semence qui tombe sur un terrain déjà ensemencé avec des jets parallèles et en sens contraire.

Jet double. — Synonyme de *Jet croisé.*

Labour. — Façon qu'on donne aux terres en les labourant, soit à la bêche, soit avec la charrue.

Labour léger. — Synonyme de labour superficiel.

Labourage. — Action de labourer les terres.

Labourer. — Fendre, soulever et retourner la terre avec une charrue ou une bêche.

Laboureur. — Celui qui laboure.

Lande (petite). — Lande sur laquelle on ne voit que des bruyères.

Lande (grande). — Lande où croissent les bruyères, l'ajonc marin et la fougère.

Latte. — Synonyme d'*Age.*

Louchet. — Bêche flamande munie d'une pédale.

Oreille. — Synonyme de *Versoir.*

Palaratre. — Synonyme de *Pelleversage.*

Patte d'oie. — Pièce de terre triangulaire.

Pelleversage. — Défoncement exécuté par des ouvriers dans le fond de la raie et en arrière de la charrue.

Pelleverser. — Défoncer à bras le sol et le sous-sol.

Perche. — Synonyme d'*Age.*

Pincée. — Quantité de graines qu'on prend avec trois ou quatre doigts.

Piquant. — Bâtonnet muni d'une pointe de fer, qui sert à écarter les bœufs l'un de l'autre.

Piquer. — Faire pénétrer le soc de la charrue plus profondément dans le sol.

Planche. — Groupe de douze raies au moins, formant une surface parallélogrammique presque unie et comprise entre deux dérayures.

Planche bombée. — Large billon.

Plombage. — Action de plomber.

Plomber. — Tasser la terre avec un rouleau à surface unie.

Ploutrage. — Action de ploutrer.

Ploutrer. — Émottage pratiqué au printemps, sur les terres occupées par les céréales d'hiver, à l'aide d'une herse renversée ou d'une barre de bois.

Poignée. — Toute la quantité de semences que la main peut contenir. Une poignée ordinaire contient de 8 à 10 centilitres.

Quenouille. — Bâton qui sert à réunir deux chevaux attelés de front.

Rabattre. — Détruire avec la herse les arêtes que présentent les bandes de terre.

Raie. — Petit fossé ou rigole que la charrue laisse derrière elle et dans laquelle marche le laboureur.

Raie d'écoulement. — Rigole tracée avec la bêche, la charrue ou le buttoir, pour faciliter l'écoulement des eaux.

Rayage. — Longueur et direction du labour, ou d'une semaille.

Rayoler. — Faire suivre deux charrues l'une derrière l'autre, dans la même raie.

Rayolage. — Action de rayoler.

Réage. — Synonyme de *Rayage.*

Refendre. — Labourer une planche en commençant par les côtés pour opérer la dérayure au milieu.

Rège. — Synonyme de *Raie.*

Régulateur. — Pièce située à la partie antérieure de la charrue et qui sert à prendre plus ou moins de profondeur et de largeur de bande.

Rive. — Bord d'un champ parallèle au rayage.

Roulage. — Action de rouler.

Rouler. — Tasser le sol à l'aide d'un rouleau.

Savart. — Terre inculte crétacée de la Champagne.

Scarifiage. — Façon qui sert à ameublir un ancien labour, à enfouir de grosses semences, etc., et qu'on exécute avec un scarificateur.

Semelle. — Synonyme de *Sep.*

Semer en coulant. — Projeter la semence en abaissant la main, afin que les graines tombent à une faible distance.

Sep. — Pièce horizontale, qui relie les étançons et glisse dans le fond de la raie ouverte par la charrue.

Sillon. — Raie tracée par la charrue. Synonyme, dans diverses localités, de *Billon* et de *Dérayure.*

Soc. — Pièce qui coupe ou fend la terre horizontalement.

Sous-solage. — Opération faite avec une charrue fouilleuse dans le but de diviser le sous-sol.

Tourne-oreille. — Charrue à versoir mobile.

Tournée. — Demi-cercle, ou ellipse, décrit par la charrue, la herse, etc., lorsqu'ils terminent un train ou un réage pour en commencer un autre.

Tournée à zéro. — Tournée pendant laquelle l'attelage pivote sur lui-même.

Train. — Espace qu'embrasse la herse ou le rouleau en fonctionnant ou espace compris entre le rayage du semeur et sur lequel tombe la semence.

Tranche. — Synonyme de *Bande de terre.*

Versoir. — Pièce de la charrue qui soulève et renverse la bande de terre.

TABLE ALPHABÉTIQUE

DES MATIÈRES.

FIN DE LA TABLE ALPHABÉTIQUE DES MATIÈRES.

LIBRAIRIE AGRICOLE

DE LA

MAISON RUSTIQUE

RUE JACOB, 26, A PARIS

☞ *La* **Librairie agricole de la Maison Rustique** *envoie franco, à toute personne qui en fait la demande, son catalogue le plus récent.*

Un numéro spécimen AVEC PLANCHE COLORIÉE *du* **Journal d'agriculture pratique** *ou de la* **Revue horticole** *est adressé à toute personne qui en fait la demande accompagnée de 30 centimes en timbres-poste pour chaque journal.*

(Voir l'*Avis important* à la page suivante.)

DIVISION DU CATALOGUE

Série C. n° 23. — Octobre 1889.

AVIS IMPORTANT

La Librairie agricole, ne pouvant ouvrir un compte à toutes les personnes qui s'adressent à elle, est forcée de n'exécuter que les commandes accompagnées de leur paiement.

Toute commande de livres doit donc être accompagnée du montant de sa valeur et des **frais de port.**

Envois par la poste. — Si l'envoi doit se faire par la poste, ajouter pour les frais de port 0 fr. 25 au montant de toute commande inférieure à 2 fr. 50, et 10 0/0 du montant de la commande au-dessus de 2 fr. 50.

Envois par colis postaux. — Si l'envoi peut se faire par colis postal, le prix d'un colis postal étant de 0 fr. 60 pour l'expédition en gare, et de 0 fr. 85 pour l'expédition à domicile, calculer le montant des frais de port à raison d'un colis postal par commande de 20 francs.

Nos clients peuvent payer leurs commandes par l'envoi de mandats-poste dont le talon sert de quittance, bons de poste, chèques ou mandats sur Paris, à l'ordre du *Directeur de la Librairie agricole de la Maison rustique.* (Les très petites sommes ou les appoints peuvent être envoyés en timbres-poste.)

On ne reçoit que les lettres affranchies.

Conditions spéciales offertes aux abonnés

du Journal d'Agriculture pratique et de la Revue horticole.

Les abonnés du *Journal d'Agriculture pratique* et de la *Revue horticole* ont droit à une remise de 10 °/₀ *sur tous les livres qui figurent au présent catalogue,* lorsqu'ils viennent les prendre directement à la Librairie agricole, rue Jacob, 26, à Paris.

Au lieu de la remise de 10 °/₀ ci-dessus spécifiée, les abonnés ont droit à l'*envoi franco*, quand les livres doivent leur être remis à domicile; mais ce droit à l'*envoi franco*, est réservé aux abonnés de France; il ne s'applique à l'étranger que si l'expédition peut se faire par la poste, et reste comprise dans *l'Union postale.*

La commande doit toujours être accompagnée du montant de sa valeur.

I. — MAISON RUSTIQUE DU XIXe SIÈCLE. — TRAITÉS GÉNÉRAUX D'AGRICULTURE.

Maison rustique du XIXe siècle, cinq volumes grand in-8° à deux colonnes comprenant ensemble 2,700 pages, avec 2,500 gravures, publiée sous la direction de MM. Bailly, Bixio et Malpeyre.

Tome Ier. — Agriculture proprement dite.

Climat. Sol et sous-sol. Amendements. Engrais. Défrichement.	Desséchement. Labours. Ensemencements. Arrosements. Irrigations.	Récoltes. Voies de communication, clôtures. Céréales. Légumineuses.	Plantes-racines. Plantes fourragères. Maladies des végétaux. — Animaux et insectes nuisibles

Tome II. — Cultures industrielles; animaux domestiques.

Cultures industrielles.		*Animaux domestiques.*	
Plantes oléagineuses. — textiles. — économiques. — médicinales. — aromatiques. — tinctoriales.	Houblon. Mûrier. Arbres : olivier. — noyer. — de bordures. — de vergers.	Pharmacie vétérinaire. — Maladies. Anatomie. Physiologie. Élevage et engraissement.	Cheval, âne, mulet Races bovines. — ovines. — porcines. Basse-cour. Chiens.

Tome III. — Arts agricoles.

Lait, beurre, fromages; fruitières. Incubation artificielle; élevage. Conservation des viandes; salaisons.	Laine. Vers à soie. Abeilles. Vins, eaux-de-vie. Cidres, vinaigres. Bière.	Sucre de betterave. Lin, chanvre. Fécule. Huiles. Charbon, tourbe. Potasse, soude.	Résines. Meunerie. Boulangerie. Sels. Chaux, cendres. Arts divers.

Tome IV. — Forêts, étangs; législation, administration.

Pépinières. Culture des forêts. Exploitation. Estimation. Pêche, Étangs. Empoissonnement.	Droits de propriété. Distinction des biens. Bail, cheptel. Biens communaux. Police rurale. Des peines.	Choix d'un domaine. Estimation. Acquisition. Location. Améliorations. Capital.	Personnel, attelages, mobilier. Bétail, engrais. Systèmes de culture. Ventes et achats. Comptabilité.

Tome V. — Horticulture.

Terrain, engrais. Outils de jardinage. Couches, bâches. Orangerie et serres.	Semis, greffes, taille. Pépinières. Arbres à fruits. Légumes.	Jardin fruitier. — fleuriste. — potager. Culture forcée.	Plans de jardins. Calendriers du jardinier, du forestier, du magnanier.

Il n'y a pas d'agriculteur éclairé, pas de propriétaire qui ne consulte assidûment la *Maison rustique du dix-neuvième siècle*, qui est encore l'expression la plus complète de la science agricole.

Prix des 5 volumes (ouvrage complet), brochés, 39 fr. 50. — Reliés, 52 fr.
Chaque volume se vend séparément, broché, 8 fr. — Relié, 10 fr. 50.

Borie (Victor). — **Les Travaux des champs** (*Bibl. du Cultiv.*). In-18 de 188 pages et 121 grav. 1.25

— **Les Jeudis de M. Dulaurier,** Cours élémentaire d'agriculture. 2 vol. in-18 de 216 pages et 67 grav. 1.50

Dombasle (de). — **Traité d'agriculture.** 4 vol. in-8° ensemble de 1,702 pages. . . . . 20. »

Tome Ier. *Économie générale.* 1 vol. in-8° de 410 pages. .

— II. *Pratique agricole, 1re partie :* améliorations du sol, engrais et amendements, assolements, instruments ; 1 vol. in-8° de 456 p. et 19 grav. . . .

— III. *Pratique agricole, 2e partie :* cultures préparatoires, céréales, fourrages, racines, prairies ; récolte et conservation des produits. 1 vol. in-8° de 400 pages et 6 grav. . . . .

— IV. *Le Bétail.* 1 vol. in-8° de 436 pages . . . . . .

Chaque volume se vend séparément . . . . 5. »

— **Calendrier du bon cultivateur.** 11e édition. 1 vol. in-12 912 pages et 39 gravures. 4.75

La première partie de l'ouvrage, aujourd'hui classique, de l'illustre agronome Mathieu de Dombasle, renferme l'indication, mois par mois, de tous les travaux à faire aux champs, à la ferme, au jardin et dans les forêts. — Dans la seconde partie l'auteur traite des conditions nécessaires pour la bonne conduite des entreprises d'améliorations agricoles : conditions matérielles et morales ; administration du personnel ; irrigations ; engrais et amendements ; assolement ; amélioration du bétail à cornes ; instruments perfectionnés d'agriculture.

— **Abrégé du Calendrier,** ou manuel de l'agriculteur praticien. (*Bibl. du Cultiv.*). In-12 de 280 pages 1.25

— **Extrait de l'Abrégé du Calendrier.** In-12 de 98 pages. ».60

Fruchier (Dr J.-A.). — **Traité d'agriculture théorique et pratique,** plus spécialement appliqué aux conditions agricoles du midi de la France. 1 vol. in-8° de 816 pag. et 140 gr. suivi d'un dictionnaire des plantes cultivées, des animaux domestiques, et de leurs principaux produits. . . . . . 8. »

Gasparin (Comte de). — **Cours d'agriculture.** 6 vol. in-8°, de plus de 4,000 pages et 235 grav. 39.50

Tome Ier. Terrains agricoles, propriétés physiques des terres, valeur des terrains, amendements, engrais.

— II. Météorologie agricole, constructions rurales.

— III. Mécanique agricole, agriculture générale, cultures spéciales, céréales et plantes légumineuses.

— IV. Plantes-racines, plantes oléagineuses, tinctoriales, textiles, fourragères ; vigne et arbres fruitiers.

— V. Assolements, systèmes de culture, organisation et administration de l'entreprise agricole.

— VI. Principes de l'agronomie ; nutrition et habitation des plantes, appendices sur les machines.

Chaque volume se vend séparément . . . . 7. »

GIRARDIN ET DU BREUIL. — **Traité élémentaire d'agriculture.** 2 vol. in-18 de 1500 pages et 955 fig . . . . 16. »

Tome Ier. — Agronomie; le sol, assainissement, irrigations, labours; amendements et engrais; défrichements; arts agricoles; plantes alimentaires cultivées pour leur semence; céréales, plantes légumineuses.

Tome II. — Plantes fourragères à racines alimentaires; prairies artificielles et prairies naturelles; plantes textiles, tinctoriales, économiques; plantes potagères de grande culture, assolements, notions sommaires d'économie agricole; organisation d'un domaine, exploitation.

GRANDEAU. — **Cours d'agriculture de l'École forestière:**

Tome 1er. — La Nutrition de la plante, un beau volume grand in-8° de 624 pages, 39 fig. et 1 planche; prix : cartonné à l'anglaise . . . . 12. »

Le tome Ier seul a paru.

JOIGNEAUX (P.). — **Le Livre de la ferme et des maisons de campagne**, publié sous la direction de M. P. Joigneaux, avec la collaboration d'un grand nombre de savants et de praticiens, formant une véritable encyclopédie : nouvelle édition entièrement refondue et augmentée. 2 vol. in-4° de 2,116 pages à 2 colonnes avec 2,690 figures dans le texte.

Tome Ier. — *Agriculture proprement dite :* Terrains et engrais; labours, roulages, binages; méthodes de culture et instruments; assolements et cultures spéciales; céréales, légumineuses, racines, fourrages, plantes industrielles, plantes nuisibles. — *Zootechnie générale :* élevage des bestiaux; chevaux, ânes, mulets, bœufs et vaches laitières, laitages et laiteries; moutons, porcs; basses-cours et colombiers; abeilles et vers à soie; pisciculture; animaux et insectes nuisibles.

Tome II. — *Arboriculture et horticulture :* Généralités, pépinières, semis; vignes, vendanges et vinification; eaux-de-vie et vinaigres; jardin fruitier, poirier, pommier, pêcher, cerisier, etc.; vergers; culture potagère; fleurs; parcs et jardins paysagers; arbres et arbustes d'ornement, sylviculture. — *Connaissances utiles :* Hygiène de l'homme et du bétail comptabilité, droit civil, pêche et chasse; recettes diverses.

Prix des deux volumes : brochés. . . . . 32. »

Les mêmes, reliés, 40 fr.

— **Les Champs et les Prés** (*Bibl. du Cult.*), entretiens sur l'agriculture : Sols et sous-sols; labourage, engrais; semis, plantation et récoltes; plantes racines, légumineuses, fourragères, oléagineuses, textiles; prairies naturelles. In-18 de 154 pages. 1.25

— **Traité des graines** de la grande et de la petite culture, importance et choix des bonnes graines; durée des facultés germinatives; fixation des variétés; porte-graines de la grande culture, du potager, du parterre et des arbres. (*Bibl. du Cult.*). In-18 de 168 pages. 1.25

— **Les Veillées de la ferme de Tourne-Bride**, entretiens sur l'agriculture, l'exploitation des produits et l'arboriculture : Les engrais, la terre et les plantes; élevage du bétail; vaches, moutons, porcs; la laiterie, le beurre, le fromage, la volaille à la ferme : culture des arbres; le jardin potager. Un volume in-18 de 188 pages avec gravures. . . . . . 1. »

— **Conseils à la jeune fermière** : de l'intérieur de la maison; entretien des animaux, vaches, porcs, lapins, oiseaux de basse-cour; la laiterie et ses produits; le jardin potager; les conserves à la ferme. 1 vol. in-18 de 170 pages. . . . 1. »

JOIGNEAUX (P.). — **Petite École d'agriculture** (*Bibl. des écoles primaires*). L'outillage agricole de l'enfant. — Le fumier, le drainage, les labours, les grains, les semis, les soins d'entretien. — Le jardin fruitier. — L'herbier de l'enfant. — Les insectes utiles et nuisibles. — A l'œuvre pour la récolte. — Petit bétail et petite volaille. — Des petites industries. Un vol. in-18 de 124 pages et 42 gravures, cartonné toile. 1.25

—— **Petits Entretiens sur la vie des champs.** 1 vol. in-18 de 112 pages avec grav. cartonné. . . . . » .60

LAURENÇON. — **Traité d'agriculture élémentaire et pratique** (*Bibl. des écoles primaires*). 2 vol. in-18, ensemble de 248 pages et 44 grav. 1.50

LENOIR. — **Notions usuelles d'agriculture,** manuel théorique et pratique à l'usage des instituteurs et des jeunes praticiens. 1 vol. in-8° de 160 pages. . . . . 2. »

MASURE. — **Leçons élémentaires d'agriculture,** à l'usage des agriculteurs praticiens, et destinées à l'enseignement agricole dans les écoles spéciales d'agriculture. 2 vol. in-18 ensemble de 800 pages et 52 figures . . . . 7. »

MILLET-ROBINET (Mme). — **Maison rustique des enfants.** In-4° imprimé avec luxe, de 320 pages, 120 grav. dans le texte, dessins de Bayard, O. de Penne, Lambert, etc., et 20 planches hors texte . . . . 8. »

Richement relié . . . . 13. »

MOLL ET GAYOT. — **Encyclopédie pratique de l'agriculteur,** publiée sous la direction de MM. *Moll,* ancien professeur d'agriculture au Conservatoire des arts et métiers, et *Eug. Gayot,* ancien directeur de l'administration des Haras, avec la collaboration d'un grand nombre de savants. 13 vol. in-8° à 2 col., contenant de nombreuses grav. insérées dans le texte. 90. »

OLIVIER DE SERRES. — **Le Théâtre d'agriculture et mesnage des champs,** d'Olivier de Serres, seigneur du Pradel, dans lequel est représenté tout ce qui est requis et nécessaire pour bien dresser, gouverner, enrichir et embellir la maison rustique, édition conforme au texte original, augmentée de notes et d'un vocabulaire, publiée par la Société d'agriculture du département de la Seine. 2 forts vol. gr. in-4° ensemble de 1856 pages. . . . . 50. »

Tome I. — Du devoir du Mesnager, c'est à dire de bien cognoistre et choisir les Terres; du Labourage des Terres à grains; de la Culture de la Vigne; du Bestail à quatre pieds, et des Pasturages.

Tome II. — De la Conduicte du Poulailler, du Colombier, du Rucher et des Vers à Soye; des Jardinages pour avoir des Herbes et Fruicts potagers, des Fleurs odorantes, des Herbes médicinales et des Fruits des Arbres; de l'eau et du bois; de l'usage des Aliments.

La Société centrale d'agriculture de Paris, en publiant cette nouvelle édition du *Théâtre d'agriculture* ne voulut pas que le style fût changé; elle voulut, au contraire, qu'il conservât son originalité, son langage pur et naïf et qu'il fût publié tel qu'Olivier de Serres l'avait livré à l'impression dans les éditions corrigées par lui. Ce livre remarquable à tant de titres est resté l'un des chefs-d'œuvre de la littérature agricole.

RICHARD (du Cantal). — **Dictionnaire raisonné d'agriculture et d'économie du bétail**, définitions des termes techniques, économie rurale, animaux domestiques, art vétérinaire, etc., etc.; 2 vol. gr. in-8°, ensemble de 1462 pages. 15. »

— **Vocabulaire agricole et horticole** à l'usage des élèves des collèges et des écoles primaires (*Bibl. des écoles primaires*). 2e éd. 1 vol. in-18 de 466 pages avec figures. . . 3.50

SCHWERZ. — **Préceptes d'agriculture pratique**, traduction par MM. de Schauenburg et J. Laverrière (1839-1847), ouvrage ayant obtenu la grande médaille d'or de la Société centrale d'agriculture de France. 4 vol. in-8° ensemble de 1442 pages. 19.50

Chaque volume se vend séparément aux prix suivants.

1re *Partie.* — Préceptes généraux, climat et sol, amendements, engrais animaux, végétaux et minéraux, litières et fumiers, valeurs comparatives et application des engrais. 1 vol. in-8°, 330 pages . . . . 5. »

2e *Partie.* — Culture des plantes à grains farineux, céréales et plantes à cosses; froment, épeautre, seigle, orge, avoine, maïs et millet. — Pois, vesces, lentilles, fèves, haricots, sarrazin. — Assolements, labours, quantité de semence, récolte et son rendement, paille, son rapport avec le grain, ses propriétés comme fourrage. 1 vol. in-8°, 472 pages....... 6.

3e *Partie.* — Culture des plantes fourragères, trèfle, luzerne, esparcette; fourragères supplétives. — Navets, betteraves, choux-raves, carottes, pommes de terre, topinambours, choux, leur récolte, leur conservation et leurs différents emplois économiques dans l'alimentation des chevaux et du bétail. 1 vol. in-8°, 408 pages.................... 5. »

4e *Partie.* — Culture des plantes économiques, oléagineuses, textiles et tinctoriales, trad. par M. Laverrière. Lin, chanvre, colza, navette, pavot, tabac. — Gaude, pastel, garance, etc. 1 vol. in-8° 232 pages. 3.50

— **Manuel de l'agriculteur commençant** (*Bibl. du Cult.*), traduit par Villeroy. In-18 de 332 pages. 1.25

— **Assolements et culture des plantes de l'Alsace** (1839), ouvrage traduit par V. Rendu, couronné par la Société centrale d'agriculture. 1 vol. in-8° de 312 pages. . . 3. »

TEISSERENC DE BORT (Edmond). — **Petit Questionnaire agricole** à l'usage des écoles primaires des pays de pâturage (*Bibl. des écoles primaires*). In-18 de 192 pages et 16 grav. 1.25

THOÜIN. — **Cours de culture** comprenant la grande et la petite culture des terres, celle des jardins, les semis et plantations, la taille, la greffe des arbres fruitiers, la conduite des arbres forestiers et d'ornement, un traité de la culture de la vigne et des considérations sur la naturalisation des végétaux (1845), publié par Oscar Leclerc. 3 vol. in-8° ensemble de 1618 pages et un atlas de 65 planches représentant les instruments d'agriculture et de jardinage, les greffes, taillis, boutures, les haies, clôtures, etc. . . . . 18. »

VIDALIN (Félix). — **Agriculture du centre de la France** : Les agents naturels de la végétation; le sol et les engrais; les champs, les prés, les bois; le bétail; conseils d'hygiène. 2 vol. in-18 cart. de 300 pages avec fig. . . . . 3. »

II. — ÉCONOMIE RURALE. — SYSTÈMES DE CULTURE ET COMPTABILITÉ. — MÉLANGES D'AGRICULTURE.

(*Voyages, annales, congrès, enquêtes. — Études agricoles appliquées à des régions particulières et monographies d'exploitations rurales.*)

Maison rustique du XIXe siècle, tome IV (*voir page* 3).

Almanach du Cultivateur, publié chaque année au mois de septembre, et comprenant toutes les nouveautés agricoles. 192 pages in-32 et nomb. grav . . . . » .50

Annales de l'Institut agronomique de Versailles.

1re Partie : Rapports sur l'administration, par Lecouteux; sur l'alimentation du bétail, par Baudement; sur les insectes nuisibles aux colzas, par Focillon; etc., etc. In-4° de 272 p. et 3 planches. . . . . 3. »

2e Partie : Recherches sur l'alucite des céréales, par Doyère. In-4° de 146 pages. . . . . 2. »

Primes d'honneur, décernées dans les concours régionaux en 1868. Grand in-8° de 582 pages, 19 planches coloriées et nombreuses figures dans le texte. . . . . 20.

BAHIER. — **Éléments d'économie et d'administration rurales.** 1 vol. in-18 de 432 pages. . . . . 3. »

BORIE (Victor). — **Étude sur le crédit agricole et le crédit foncier** en France et à l'étranger. 1 v. in-8° de 304 p. 5. »

« J'ai voulu, dit l'auteur dans sa préface, utiliser au profit de l'agriculture, à laquelle j'ai consacré la meilleure partie de ma vie, l'expérience que j'ai pu acquérir en me trouvant mêlé pendant près de dix ans, aux grandes opérations financières de notre temps. » Tous ceux qui s'intéressent à la question depuis si longtemps à l'étude, du crédit agricole, liront avec profit l'ouvrage de M. Victor Borie.

CACCIANIGA. — **La Vie champêtre,** études morales et économiques, trad. de l'italien par L. Dieu, 1 vol. in-8° de 208 pag. 2. »

CHAMBRELENT. — **Les Landes de Gascogne** : Description des landes; leur assainissement; desséchement des marais du littoral, leur mise en culture; exploitation et débouchés de leurs produits agricoles. 1 vol. in-8° de 116 pages et 2 planches. . . . . 4. »

DESBOIS. — **Le Barême agricole** pour l'évaluation des terres, des prés, des vignes et le prix de leur fermage, des récoltes en grains, vins, huiles, foin, paille, du rendement des grains en farine et en huile, du prix des grains par le mesurage, etc. Broch. in-4° de 108 pages ou tableaux . . . . 2. »

DESTREMX DE SAINT-CRISTOL. — **Agriculture méridionale ; le Gard** et l'Ardèche. Considérations générales; statistique agricole du Gard; les vers à soie et les mûriers; les animaux de boucherie; l'Ardèche : statistique agricole; viticulture, irrigations, zône fourragère. In-8° de 432 pages. 3.50

DOMBASLE (de). — **Annales agricoles de Roville**, (1829-1837), 8 vol. in-8° avec une table alphabétique et raisonnée des matières contenues dans les huit volumes, et un supplément.

Extrait de la table générale des matières : Administration d'un établissement agricole; inventaires; comptabilité. — Bail de Roville. — Améliorations foncières; défrichements, labours, irrigations, amendements, écobuage; façons du sol, hersages, binages, etc., systèmes de culture. — Chimie agricole et physiologie végétale; nutrition des plantes; engrais, fumiers. — Animaux de trait, attelages; bétail; bœufs et vaches, bêtes à laine, chevaux, porcs, etc.; engraissement. — Céréales, froment, seigle, orge, avoine, maïs; betteraves, carottes, navets, pommes de terre, fèves, gesses, trèfle, luzerne, sainfoin, ray-grass, chanvre, colza, houblon, vigne, tabac, forêts et plantations. — Bâtiments de la ferme et instruments aratoires.

Prix de l'ouvrage complet, 9 vol. cartonnés. . . . . . 45. »

— **Économie générale**, personnel, bâtiments, etc., (tome Ier du *Traité d'agriculture*, voir page 4). 1 vol. in-8°, 410 pag. 5. »

— **Économie politique et agricole**, études sur le commerce international dans ses rapports avec la richesse des peuples, et sur l'organisation du travail. In-18 de 196 pages. 1.50

— **Écoles d'arts et métiers**. In-18 de 104 pages . . . . 1. »

DREUILLE (de). — **Du Métayage et des moyens de le remplacer**. 1 vol. in-18 de 104 pages. . . . . 1. »

DUBOST et PACOUT. — **Comptabilité de la ferme**; notions générales, inventaire, comptabilité-matières, comptabilité-espèces, compte moral, produit brut et bénéfices. (*Bibl. du Cultiv.*) 1 vol. in-18 de 124 pages ou tableaux. 1.25

— **Registres pour la comptabilité de la ferme**, cinq registres in-folio pot avec instructions pratiques. . . . . 10. »

Livre d'inventaire. — Livre de magasin de la ferme. — Livre de magasin à l'usage de la fermière. — Livre de caisse de la ferme. — Livre de caisse de la fermière.

Chaque volume se vend séparément . . . . 2. »

DUBOST. — **Les Entreprises de culture et la comptabilité**. 1 vol. in-18 de 260 pages. . . . . 3. »

DURRIEUX. — **Monographie du paysan du Gers**; sol, industrie, population, mœurs, caractères, statistique, histoire de la famille, aliments, hygiène, habitation, moyens d'existence, étude sur le régime des successions. 1 vol. in-18 de 260 pages. 3.50

F.*** P.***. — **Des Réunions territoriales**, étude sur le morcellement en Lorraine. In-8° de 48 pages. . . . . ».75

FÉLIZET (Ch.-L.). — **Le Petit Berquin agricole**, ou dialogues ruraux entre un fermier, sa famille, ses serviteurs divers et quelques amis spéciaux. 1 vol. in-18 de 416 pages et 12 pl. 3.50

FONTENAY (L. de). — **Voyage agricole en Russie**. 1 vol. in-18 de 570 pages. 3.50

FRANÇOIS. — **Manuel de l'expert des dommages causés par la grêle**; effets de la grêle sur les différentes natures de récoltes; maladies et insectes dont les dégâts ne doivent pas être confondus avec ceux de la grêle; des expertises. (*Bibl. du Cultiv.*). 1 vol. in-18 de 108 pages. . . . 1.25

**

GASPARIN (Comte de). — **Cours d'agriculture, tome V** : assolements, systèmes de cultures, organisation et administration de l'entreprise agricole, etc. (voir page 4).

— **Fermage**, guide des propriétaires des biens affermés; estimation, baux, etc. (*Bibl. du Cultiv.*) In-18 de 216 pages . . . 1.25

— **Métayage**, contrats, effets, améliorations, culture des métairies (*Bibl. du Cultiv.*). In-18 de 164 pages 1.25

GIRARDIN. — **Mélanges d'agriculture.** 2 vol. in-18, 1094 p. 5. »

GRANDEAU. — **Annales de la station agronomique de l'Est**, chimie et physiologie appliquées à la sylviculture. 1 vol. grand in-8° de 414 pages . . . . 9. »

IMBART-LATOUR. — **De la crise agricole** relative à la vente et et à la consommation du bétail en France, notamment en ce qui concerne le Nivernais. Br. in-8° de 62 pages 1.50

LAVERGNE (Léonce de). — **Économie rurale de la France depuis 1789.** 4e édition. 1 vol. in-18 de 490 pages.. . . 3.50

— **Essai sur l'économie rurale de l'Angleterre, de l'Écosse et de l'Irlande.** 5e éd. 1 vol. in-8° de 474 pages. . 8.50

— **L'Agriculture et la Population.** 1 vol. in-18 de 472 pages. 3.50

LAVERGNE (Bernard). — **Agriculture des terrains pauvres** : assainissement des terrains humides; prairies naturelles et artificielles; reboisements; vigne; économie agricole, engrais, bestiaux, comptabilité; 2e édit. 1 vol. in-18 de 302 pages. . 3. »

LE CONTE. — **L'Agriculture dans ses rapports avec le pain et la viande**, écarts entre les cours du blé et des animaux et ceux du pain et de la viande, leurs causes, remèdes à apporter. Broch. in-8° de 132 pages.. . . . . . 2. »

LECOUTEUX (Éd.). — **Cours d'économie rurale**, professé à l'Institut national agronomique. 2me éd. 2 vol. in-18, 984 p. 7. »

Tome Ier. *Les milieux économiques* : Les richesses sociales et leur valeur; les agents directs de la production, la population, la propriété, la terre, le capital; l'État et ses institutions; les débouchés et le régime commercial; l'œuvre économique du dix-neuvième siècle.

Tome II. *Les entreprises agricoles et les systèmes de culture* : l'entrepreneur et ses moyens d'action, le domaine, le capital d'exploitation, le travail, les engrais; les produits agricoles; les systèmes de culture; administration et comptabilité agricoles.

— **Principes de la culture améliorante.** 1 vol. in-18 de 412 pages. 3.50

Principes généraux de la culture améliorante. — Culture de temporisation; culture intensive. — Défoncements, défrichements, irrigations, dessèchements et drainage. — Labours, emblavures, récoltes. — Prairies et pâturages. — Amendements, fumiers de ferme et engrais chimiques. — Assolements et rotations.

LEFOUR. — **Comptabilité et géométrie agricoles** (*Bibl. du Cultiv.*). In-18 de 214 pages et 104 grav. 1.25

LULLIN DE CHATEAUVIEUX. — **Voyages agronomiques en France.** 2 vol. in-8°, ensemble de 1,032 pages. . . . . 12. »

MALÉZIEUX. — **Études agricoles sur la Grande-Bretagne**, climat, plantes, opérations agricoles. — Cheval, bœuf, mouton, porc, volaille. Sociétés agricoles et économie générale. 1 vol. in-8°, 642 pages et 14 planches. 7.50

MARCHAND (Eugène). — **Notice sur les aménagements agricoles**, exécutés en Normandie aux fermes de Lisors et d'Amfreville-sur-Iton. Grand in-8° de 40 pages et 17 figures. 1. »

MÉHEUST. — **Économie rurale de la Bretagne.** In-18 de 220 p. 2.50

NICOLLE. — **Des Assolements et des systèmes de culture :** De la fertilité et des exigences de certaines récoltes ; des assolements qui conviennent aux différents sols et climats; choix de l'assolement. 1 vol. in-8° de 140 pages. . . . 2. »

NOAILLES, DUC D'AYEN (J. de). — **L'Agriculture et l'industrie devant la législation douanière** (1881). Broch. in-8° de 80 pages 1.50

PICHAT. — **Pratique des semailles à la volée**, 1 vol. in-8° 110 pages et 16 fig. . . . . 2. »

PICHAT et CASANOVA. — **Examen de la question agricole en Dombes.** In-8° de 72 pages avec tableaux. 1.50

POIRSON (Ch.). — **De la production de la viande** et de ses conséquences dans l'économie rurale. In-8° de 36 pages. . 1. »

RIEFFEL. — **Manuel du propriétaire de métairies**, principalement dans l'ouest de la France. Considérations générales, conventions, comptabilité, capitaux, bestiaux, assolements. — Pratique du métayage, avec indication, mois par mois, des travaux à exécuter. 1 vol. in-18 de 300 pages. 3.50

RIONDET. — **Agriculture de la France méridionale**, ce qu'elle a été, ce qu'elle est, et pourrait être. In-18 de 384 p. 3.50

SAINTOIN-LEROY. — **Cours complet de comptabilité agricole.**

1° *Manuel de comptabilité agricole pratique*, en partie simple et en partie double, troisième édition, avec modèle des écritures d'une exploitation rurale pour une année entière. 1 vol. gr. in-8° de 192 p. et tableaux. 3. »

2° *Comptabilité simplifiée, agricole et commerciale*, mise à la portée de la moyenne et de la petite culture. 1 vol. gr. in-8° de 96 pages et tableaux. 2. »

Registres pour la tenue de la comptabilité.

Registre-Mémorial de l'agriculteur (comptabilité-matières), réunion de tous les tableaux nécessaires à la constatation de tous les faits d'une exploitation rurale. 1 vol. gr. in-4° oblong. . . . . 3. »

Livre de caisse (comptabilité-espèces), registre en tableaux. Gr. in-4° obl. 2.50

Journal, registre en blanc réglé et folioté. 1 vol. gr. in-4° oblong. . . 2.50

Grand-Livre, registre en blanc réglé et folioté. 1 vol. gr. in-4° oblong. 3. »

Registre unique du cultivateur pour l'application, dans les écoles, de la comptabilité simplifiée. 1 vol. petit in-4° oblong, de 25 pages . . . ».60

SOULIER. — **Mémoire sur Parmentier**, avec un portrait de Parmentier. Broch. in-18 de 24 pages. . . . . ».50

TOURDONNET (Cte de). — **Traité pratique du métayage ;** Partage des fruits, apports mutuels charges domaniales, comptabilité et baux ; sur le métayage dans l'avenir ; amélioration domaniales ; développement du métayage. 1 vol. in-18 de 372 pages 3.50

TROGUINDY (Cte de). — **Mémoire sur le domaine du Brohet-Beftou**, plans, climat, cultures, matériel, bétail, comptabilité, etc. 1 vol. in-4° de 150 pages avec plans. . . . . 4. »

TUROT (Paul). — **L'Enquête agricole de 1866-1870 résumée**, ouvrage honoré d'une médaille d'or par la société nationale d'agriculture. 1 vol. grand in-8° de 520 pages. . 8. »

III. — CHIMIE ET PHYSIOLOGIE AGRICOLES. SOLS, ENGRAIS ET AMENDEMENTS. PHYSIQUE, MÉTÉOROLOGIE.

Maison rustique du XIXe siècle, tome Ier (*voir page* 3.)

BORTIER. — **Coquilles animalisées**, leur emploi. In-8° de 8 pag. ».50

DÉCUGIS. — **Les Tourteaux de graines oléagineuses**; définition, fabrication, formes, dimensions, analyse chimique, conservation et usages des tourteaux; — applications des tourteaux comme engrais, choix, classification, emploi; — applications des tourteaux comme aliments, valeur alimentaire, rations; — applications diverses. Ouvrage médaillé par la société nationale d'agriculture de France. 1 vol. in-8° de 516 pages ou tableaux . . . . 8. »

DOMBASLE (de). — **Améliorations du sol, engrais et amendements.** (Tome II du *Traité d'agriculture*, voir page 4).

FOUQUET (G.). — **Entretiens sur l'agriculture**, labours, fumier, épuisement du sol par les plantes et le bétail, production fourragère, etc. 1 vol. in-18 de 162 pages. . . . 1.50

GAIN. — **Manuel juridique de l'acheteur et du marchand d'engrais et d'amendements.** 1 vol. in-12 de 372 p. 3.50

Commentaires des lois et règlements concernant la répression de la fraude dans le commerce des engrais; produits ou engrais protégés par la loi; contrats donnant lieu à l'action pénale; fraudes prévues et punies; pénalité, compétence, prescription, échantillonnage, etc.

GASPARIN (comte de). — **Cours d'agriculture, tomes I, II, et IV** : terrains agricoles, engrais et amendements, météorologie, nutrition des plantes, etc. (voir page 4).

GAUCHERON. — **Mes Veillées au village**, entretiens d'un Beauceron sur l'agriculture et la chimie agricole, les amendements et les engrais. 1 vol. in-18 de 244 pages. . . . . . 2. »

GRANDEAU. — **Chimie et physiologie appliquées à la sylviculture** (Annales de la station agronomique de l'Est, travaux de 1868 à 1878). 1 vol. grand in-8° de 414 pag. . . 9.

— **La Nutrition de la plante** : les doctrines agricoles, l'atmosphère et la plante (tome Ier du *Cours d'agriculture de l'École forestière*), un beau vol. grand in-8° de 624 pages, 39 figures et une planche, cartonné à l'anglaise. . . . . 12. »

JOULIE. — **Guide pour l'achat et l'emploi des engrais chimiques.** 6me édition. 1 vol. in-8° de 488 pages. 3.50

Origine et sources industrielles des éléments essentiels : azote, phosphore, potasse, chaux. — Les formules. — Les besoins des plantes, les ressources des sols, le fumier de ferme. — Les engrais chimiques nécessaires; engrais complets et incomplets. — La culture à l'aide des engrais chimiques : betteraves, carottes, etc.; céréales, prairies artificielles et naturelles; vigne, horticulture. — La fabrication et le commerce des engrais chimiques.

LEFOUR. — **Sol et Engrais** (*Bibl. du Cult.*). In-18 de 176 pages et 54 grav. 1.25

LÉVY. — **Amélioration du fumier de ferme** par l'association des engrais chimiques et la création de nitrières artificielles. In-18 de 152 pages . . . . 2. »

MARCHAND (Eug.). — **Le Blé à Rothamsted**, résumé des expériences de MM. Lawes et Gilbert, et discussion des résultats. Br. gr. in-8° de 48 pages ou tableaux. 2.50

MARGUERITE-DELACHARLONNY. — **Le Fer dans la végétation :** Expériences du docteur Griffiths; amélioration des plantes par le fer; doses nécessaires. Br. in-18 de 80 pages . . . . . 1. »

—— **Le Sulfate de fer** en horticulture, son emploi comme engrais, pour la destruction des mousses et contre la chlorose; doses à employer. Br. in-18 de 80 pages. . . . . . . 1. »

MARIÉ-DAVY. — **Météorologie et physique agricoles.** 1 vol. in-18 de 400 pages et 53 grav. 3.50

L'atmosphère, sa composition, ses propriétés; températures de l'air, du sol, des végétaux. — Vents et tempêtes; eau atmosphérique, orages, pluies. — Physique agricole, action des vents, de la chaleur, de la lumière et de l'eau sur la végétation; régime des eaux courantes; limites des cultures; régions agricoles; pronostics du temps.

MASURE. — **Leçons élémentaires d'agriculture,** à l'usage des agriculteurs praticiens.

Première partie : les plantes de grande culture, leur organisation et leur alimentation. In-18 de 330 p. et 32 grav. . 3.50

Deuxième partie : Vie aérienne et vie souterraine des plantes de grande culture. 1 vol. in-18 de 477 pages et 20 grav. 3.50

MUSSA (Louis). — **Pratique des engrais chimiques,** suivant le système Georges Ville (*Bibl. du Cult.*). In-18 de 144 pages. 1.25

PETERMANN. — **La Composition moyenne des principales plantes cultivées.** Tableau colorié . . . . . 3. »

PIERRE (Isidore). — **Chimie agricole** ou l'agriculture considérée dans ses rapports principaux avec la chimie. 2 vol. in-18 ensemble de 778 pages et 25 figures . . . . 7. »

Tome Ier. — *L'atmosphère, l'eau, le sol et les plantes :* L'air, sa constitution, ses altérations, etc.; l'eau atmosphérique; composition chimique des plantes, cendres; composition chimique et analyse des sols; irrigations et amendements; théorie chimique des assolements.

Tome II. — *Les engrais :* Considérations générales; engrais organiques d'origine végétale, engrais verts, pailles, etc.; engrais d'origine animale, urines, déjections, excréments; engrais mixtes, litières et fumiers; engrais d'animaux divers; composts, boues, etc.; engrais minéraux ou salins, sels ammoniacaux, nitrates, phosphates, etc.

Chaque volume se vend séparément 3.50

***

RISLER. — **Géologie agricole,** faisant partie du cours d'agriculture comparée, fait à l'Institut national agronomique. 2 vol. gr. in-8°, ensemble 832 pages et 11 gravures hors texte. . . 15. »

Tome Ier. — Utilité de la géologie pour l'étude des terres arables. — Terres formées par la décomposition des roches : granite, gneiss, etc. — Terres formées par la décomposition des roches volcaniques : trachytes, basaltes, laves, etc. — Terrains de transition. — Terrains houillers, permiens, pénéens. — Le trias. — Terrains jurassiques.

Tome II. — Terrains infracrétacés des montagnes du Jura, du sud et du nord de la France, de l'Angleterre, etc. — Terrains crétacés du nord et du sud de la France, de l'Angleterre, de la Belgique et de l'Allemagne. — Terrains tertiaires.

Chaque volume se vend séparément.. . . . . 7.50

—— **Météorologie agricole,** observations faites à Calèves (Suisse) de 1867 à 1876. Br. gr. in-8° de 22 pages et 3 fig. 1. »

—— **Recherches sur l'évaporation du sol et des plantes.** Br. in-8° de 72 pages et 3 fig. . . . . 1. »

RONNA (A.) — **Chimie appliquée à l'agriculture, travaux et expériences du Dr. A. Woelcker;** sols arables, plantes agricoles, engrais, recherches culturales; expériences d'alimentation du bétail; etc. 2 vol. gr. in-8° ensemble de 1008 pages. 16. »

—— **Eaux d'égout de la ville de Reims,** irrigation ou épuration chimique. Broch. grand in-8° de 76 pages ou tableaux. 2. »

—— **Emploi des eaux d'égout en agriculture.** Broch. gr. in-8° de 20 pages. . . . . ».50

SACC. — **Chimie du sol** (*Bibl. du Cult.*). In-18 de 148 pages. . . 1.25

—— **Chimie des végétaux** (*Bibl. du Cult.*). In-18 de 220 pages. 1.25

—— **Chimie des animaux** (*Bibl. du Cult.*). In-18 de 154 pages. 1.25

STOCKHARDT. — **Chimie usuelle,** appliquée à l'agriculture et aux arts, traduite par Brustlein. In-18 de 524 p. et 225 gr. 4.50

Chimie inorganique. — Réactions chimiques; l'eau et la chaleur. — Métalloïdes : oxygène, hydrogène, azote, carbone, soufre, phosphore, chlore, etc. — Acides : azotique, carbonique, sulfurique, phosphorique, etc. — Métaux : potassium, sodium, calcium, etc.; fer et ses combinaisons, zinc, étain, plomb, cuivre, etc., etc. — *Chimie organique.* — Matières végétales : cellulose, amidon et fécule, sucres, alcools, éthers; huiles, beurres, savons; matières colorantes, etc. — Matières animales : œufs (albumine), lait (beurre, caséine), sang (fibrine), chair musculaire, peau, os (phosphate de chaux), urines, etc.

VILLE (Georges). — **Le Propriétaire devant sa ferme délaissée.** Conférences données à Bruxelles, 3e édit. : la production agricole, les engrais, l'aménagement des forces et leur résultat, la sidération. 1 vol. in-18 de 186 pages. . . 2. »

—— **M. Georges Ville et la Belgique agricole.** Conférences données à Bruxelles : la betterave; la doctrine des engrais chimiques; l'analyse de la terre par les végétaux. 1 vol. in-18 de 168 pages.. . . . . 2. »

—— **L'École des engrais chimiques,** premières notions de l'emploi des agents de fertilité (*Bibl. des écoles primaires*). In-12 de 108 pages et 1 planche.. . . . . 1. »

IV. — CULTURES SPÉCIALES.

(*Céréales, plantes fourragères, vigne, etc., etc.; maladies des plantes, insectes nuisibles.*)

Maison rustique du XIXe siècle, tomes I et II (*voir page* 3).

BORIT. — **Viticulture de l'Anjou.** 1 vol. in-18 de 140 pages. 1.50

CHAVANNES (de). — **Le Mûrier,** manière de le cultiver avec succès dans le centre de la France. 1 vol. in-8° de 128 pages. . . 1.75

COLLIGNON D'ANCY. — **Mode de culture et d'échalassement de la vigne** (1847). In-8° de 200 p. et 3 planches. . . 3. »

COURTIN. — **Utilisation et effets de l'eau sur les prés;** utilité de l'irrigation, systèmes divers, ensemencement et entretien du pré, engrais. Brochure in-8° de 78 pages et 16 figures . . . . 2. »

CROLAS ET VERMOREL. — **Manuel pratique des sulfurages,** guide du vigneron pour l'emploi du sulfure de carbone contre le phylloxéra : matériel de sulfurage, traitement, syndicats, etc. 1 vol. in-8° de 92 pages avec 24 figures. . . . 1. »

DÉJERNON. — **Les Vignes et les vins de l'Algérie.** 2 vol. in-8°, comprenant ensemble 680 pages. . . . . 10. »

Tome Ier. — L'Algérie agricole et viticole; compte d'un hectare algérien complanté en vignes. — Physiologie de la vigne; climats, terrains, situation, exposition, engrais et amendements; moyens de reproduction de la vigne; monographie de dix-sept cépages et leur façon de se conduire en Algérie.

Tome II. — Plantation de la vigne; vignes élevées, vignes moyennes, vignes basses; la vigne en chaintres; la vigne dans les sables. — La taille, but, principes, modes divers. — Labours et binages, sarclages, soutènements, palissages; pratiques de printemps et d'été. — Accidents atmosphériques : grêle, gelées, coulure, etc. — Maladies et insectes : oïdium, anthracnose, etc., pyrale, eumolpe, phylloxéra.

Chaque volume se vend séparément . . . . 5. »

DOMBASLE (de). — **Pratique agricole,** culture des plantes, récolte et conservation des produits, etc. (tome III du *Traité d'agriculture*, voir page 4), 1 vol. in-8° de 400 pages. . . . 5. »

DOYÈRE. — **Recherches sur l'alucite des céréales;** histoire naturelle de l'alucite, origine, nature et étendue de ses ravages, moyens de destruction (2e livraison des *Annales de l'Institut agronomique de Versailles*). In-4° de 146 pages. . 2. »

GASPARIN (c^te^ de). — **Cours d'agriculture, tomes III et IV :** cultures spéciales, céréales, plantes légumineuses, plantes-racines, tinctoriales, textiles, fourragères, etc. (voir page 3).

GUYOT (Jules). — **Culture de la vigne et vinification.** 2e éd. 1 vol. in-18 de 426 pages et 30 grav. (*Voir page* 24). . . 3.50

— **Viticulture de la Charente-Inférieure.** 1 vol. in-4° de 60 pages 2.50

— **Viticulture de l'est de la France.** 1 vol. in-4° de 204 pages et 46 grav. 3.50

HEUZÉ (Gustave). — **Plantes alimentaires,** 2 vol. in-8° ensemble de 1328 pag. et 244 grav.; avec un atlas grand in-8° jésus contenant 102 épis de céréales, gravés sur acier, grandeur naturelle. 30 »

Plantes céréales (blé, seigle, orge, avoine, maïs, riz, millet, sarrasin, céréales des régions équatoriales), les plantes légumineuses, haricot, dolic, fève, lentille, gesse, pois), les plantes des régions intertropicales et les gros légumes (carotte, betterave, etc., etc.).

— **Plantes fourragères,** 2 vol. in-18.

Tome Ier. — *Les plantes à racines et à tubercules, et les plantes cultivées pour leurs feuilles :* betteraves, carottes, panais, raves, navets, rutabagas, pommes de terre, topinambours, choux à vaches, 5e édit. 1 vol. in-18 de 324 pag. et 89 fig. 3.50

Tome II. — *Les Prairies artificielles :* luzerne, sainfoin, raygrass, trèfle, lupuline, vesce, gesse, jarosse, serradelle, moha de Hongrie, sorgho, maïs, etc., etc.; fourrages mélangés, feuilles d'arbres, plantes diverses proposées et non encore acceptées; météorisation; calendrier aide-mémoire. 5e édition. 1 vol. in-18 de 396 pages et 53 figures. . . 3.50

— **Les Pâturages, les prairies naturelles et les herbages.** 1 vol. in-18 de 372 pag. et 47 fig. 3.50

Pâturages permanents et temporaires, consommation des pâturages. Classification des prairies naturelles, influence du climat et du terrain, flore des prairies, création, entretien et irrigation des prairies, fenaison, valeur alimentaire des produits, rendement et défrichement des prairies. Création des herbages, clôtures et abreuvoirs, soins d'entretien. Usages locaux relatifs à la location des herbages.

— **La Pratique de l'agriculture,** 2 vol. in-18.

Tome Ier. — Les agents de la production, agents atmosphériques, sol et sous-sol; les opérations culturales, labours, hersages, roulages, ploutrage, défrichements; les applications des engrais; les semailles, 1 vol. in-18 de 340 pages et 141 fig. 3. 50

Tome II (*sous presse*). — Cultures d'entretien, fenaison, moisson, nettoyage et conservation des produits, organisation et direction du domaine. 3. 50

— **Culture du pavot**; variétés, engrais, semailles, cultures d'entretien, récolte et emploi; nature et propriété du tourteau. In-18 de 44 pages et 12 fig. . . . . ».75

HOOÏBRENK. — **Fécondation artificielle des céréales.** Broch. in-8° de 24 pages. . . . . ».50

JOULIE. — **La Production fourragère** par les engrais; prairies et herbages : classification usuelle et composition chimique des fourrages; flore des prairies et des herbages, exigences de la production du foin, valeur alimentaire du foin; composition des terres de prairies, eaux météoriques et d'irrigation; formation, entretien, régénération, défrichement des prairies et herbages. 1 vol. in-8° de 320 pages ou tableaux 3.50

JULLIEN. — **Topographie en 1866 de tous les vignobles français et étrangers** : position géographique, genre et qualité des produits de chaque cru; lieux où se font les chargements et le principal commerce des vins; nom et capacité des tonneaux et des mesures en usage, moyens de transport ordinairement employés, tarifs des douanes de France et des pays étrangers. Ouvrage couronné par l'Institut. 1 vol. in-8° de 580 pages. 7.50

KAINDLER. — **Culture du coton** en Algérie. Br. in-18, 24 p. » .50

LECOUTEUX. — **Le Blé**, sa culture intensive et extensive, commerce, prix de revient, tarifs et législation des céréales. 1 vol. in-18 de 422 pages et 60 figures 3.50

— **Le Maïs, et les autres fourrages verts, culture et ensilage**; les fourrages verts et l'alimentation du bétail, théorie, pratique, conséquences agricoles et économiques de l'ensilage. 1 vol. in-18 de 320 pages et 15 figures. . . . 3.50

LENOIR (B. A.). — **Traité de la culture de la vigne, et de la vinification.** Préceptes généraux de culture, théorie de la fermentation, et application à la fabrication des vins rouges et blancs, des vins de liqueur naturels, artificiels, des vins mousseux; soins à donner aux vins, etc. 1 vol, in-8° de 168 pages et 8 planches. 7.50

MARSAC (de). — **Reconstitution rapide et économique des vignobles phylloxérés** : plantations, labours, et engrais; plants américains; plants directs, porte-greffes, pratique du greffage. Broch. in-1° de 48 pages. . . . . 1. »

MARTIN (Léon). — **Reconstitution des vignobles** par les riparias géants glabres, et les jacquez fructifières : semis, bouturage, greffage, engrais, insecticides. Br. in-8° de 68 pages. 1.50

MICHAUX. — **Plus d'échalas**; remplacés par des lignes de fil de fer mobiles. In-8° de 18 pages et une planche. . . ».40

MOUILLEFERT. — **La Truffe** : histoire naturelle, production, récolte; qualités et emplois. Brochure in-18 de 88 pages et 18 fig. 1. »

MOUILLEFERT ET HEMBERT. — **Guérison et conservation des vignes françaises**; instructions théoriques et pratiques pour l'application du sulfocarbonate de potassium aux vignes phylloxérées. 1 brochure in-18 de 64 pages . . . . 1. »

MUHLBERG ET KRAFT. — **Le Puceron lanigère** : sa nature, les moyens de le découvrir et de le combattre. 1 brochure in-8° de 64 pages avec une planche coloriée, représentant dans tous leurs détails l'insecte et ses ravages. . . . . 2. »

NANOT. — **Culture du pommier à cidre, fabrication du cidre, et modes divers d'utilisation des pommes et des marcs** : généralités; culture dans la pépinière, semis, repiquages, etc.; culture en plein champ, plantation, soins, maladies; récolte des pommes. — Fabrication du cidre, de l'eau-de-vie et du vinaigre; cidres mousseux; maladies du cidre. — Conservation des pommes; marmelade, gelée, etc. 1 vol. in-18 de 324 pages et 50 figures 3.50

ODART (Comte). — **Ampélographie universelle** ou Traité des cépages les plus estimés dans tous les vignobles de quelque renom; considérations préliminaires sur le choix des cépages, la variation des espèces, les systèmes de classification; plan et division de l'ouvrage; étude des diverses régions. 6e éd. 1 vol. in-8° de 650 pages. 7.50

PAILLIEUX (A.). — **Le Soya**, sa composition chimique, ses variétés, sa culture, ses usages. 1 vol. grand in-8° de 128 p. 2.50

Patrigeon (Dr G.). — **Le Mildiou,** son histoire naturelle, son traitement, suivi d'une description comparative de **l'érinose de la vigne** : caractères extérieurs, développement, effets du mildiou ; traitements, bouillie bordelaise, solution simple de sulfate et d'acétate de cuivre, ammoniure de cuivre; examen comparatif, description, avantages des principaux pulvérisateurs ; l'Érinose, caractères, effets et traitements. 1 vol. in-18de 216 pages avec 38 fig. et 4 planches coloriées. 3.50

— **Un Nouveau Parasite** de la vigne, le *lopus albomarginatus :* Description et mœurs du lopus à ses différentes phases, dégâts. 1 brochure in-18 de 92 pages et 12 fig. . . . . 1. »

Planchon et Hugounenq. — **Le microscope,** théorie et applications, traité illustré, traduit d'après Hager. 1 vol. in-18 avec 350 fig., relié. . . . . 4. »

Prudhomme père. — **Guide pratique pour la reconstitution des vignes phylloxérées** : Sulfurage des vignes ; engrais pour les vignes, cépages étrangers. Br. in-18, 28 p. . 1. »

Rohart (F.). — **La Question du phylloxéra ;** la submersion, régénération par les semis, les cépages américains, l'asphyxie souterraine (1875). 1 vol. in-18 de 160 pages et 16 grav. . 2.50

Rommier. — **Le Phylloxéra,** traitements insecticides et principes fertilisants. Broch. gr. in-8° de 30 pages. . . . . . . ».50

Royer. — **La Ramie,** utilisation industrielle, culture et récolte, prix de revient. Broch. in-18 de 80 pages. . . . . 1. »

Schauenburg. — **Culture du houblon** en France (1836). Broch. in-8° de 84 pages et 4 pages. . . . . 2. »

Sol (Paul). — **Étude pratique sur l'Anthrachnose,** instructions sur les procédés suivis pour la guérison du charbon de la vigne. Broch. in-8° de 16 pages . . . . ».60

Stebler. — **Les Mélanges de graines fourragères,** pour obtenir les plus forts rendements de bonne qualité, étude scientifique et pratique : conditions climatériques de la culture fourragère; théorie et calculs des mélanges; choix des plantes, achats de semences ; semailles, entretien des prairies. Traduit par Denaiffe. 1 vol. in-8° de 172 pages 1.90

Stebler et Schrœter. — **Les meilleures plantes fourragères,** figurées en planches coloriées et décrites d'après les rubriques suivantes :

Dénomination, historique, valeur agricole, description botanique, variétés, habitat, exigences relatives au climat et au sol, engrais, végétation, récolte, mode d'exploitation et rendement, qualités, impuretés et falsifications des semences ; semis ; maladies.

Ce remarquable ouvrage, publié au nom du département fédéral suisse de l'agriculture, renferme l'étude approfondie des trente meilleures plantes fourragères. Chaque plante est en outre figurée en une planche coloriée, d'une exécution très soignée, représentant le port de la plante et sa description botanique complète.

2 beaux vol. grand in-4° de 200 pages, avec 30 planches coloriées et de nombreuses figures noires . . . . 12. »

VERMOREL. — **Le Mildiou** de la vigne, guide pratique des traitements : caractères et apparition du mildiou ; traitements par les liquides et les poudres, pulvérisateurs, pompes. 1 vol. in-8° de 198 pages, 13 fig. et 1 planche coloriée. 1.50

VERMOREL, BARBUT, ETC., ETC. — **Agenda viticole et agricole**, pour 1889, destiné à inscrire les notes journalières, avec un Recueil des renseignements les plus utiles. Carnet de poche, cartonné toile, tranches rouges, de 300 pages. 2.50

VIAS. — **Culture de la vigne en chaintres**, plantation, labours, fumure, taille, ébourgeonnement, conduite; transformation en chaintres des vieilles vignes, rendement, frais de culture (*nouvelle édition en préparation*). 2.50

VILLE (Georges). — **Maladie des pommes de terre.** Grand in-8° de 32 pages. . . . . 1. »

— **La Betterave et la Législation des sucres** (1868). Grand in-8° de 48 pages et 2 planches. 1.25

V. — ANIMAUX DOMESTIQUES.

(*Économie du bétail, races, élevage, maladies, etc.*)

Maison rustique du XIXe siècle, tome II (*voir page* 2).

AUJOLLET. — **La Vache et ses produits**, veau, viande, lait, fumier, travail (*Bibl. du cultiv.*) 1 vol. in-18 de 252 pages et 20 fig. 1.25

BARDONNET DES MARTELS. — **Traité des maniements** ou de l'appréciation des animaux domestiques, des épreuves, et des moyens de contention et de gouverne qu'on emploie sur les espèces chevaline, bovine, ovine et porcine, suivi de la coupe des animaux de boucherie en France et en Angleterre. 1 vol. in-18 de 463 pages et 67 fig. 4.50

BÉNION. — **Traité des maladies du cheval**, notions usuelles de pharmacie et de médecine vétérinaires ; description et traitement des maladies. 1 vol. in-18 de 340 pages et 25 grav. . 3.50

BONNEVAL (c[te] de). — **Les Haras français**, de 1806 à 1833, production, amélioration, élevage. 1 vol. in-8° de 308 pages . 5. »

BORIE (Victor). — **Les Animaux de la ferme, espèce bovine;** races françaises : flamande, normande, bretonne, parthenaise, charollaise, limousine, comtoise, garonnaise, etc. ; races étrangères : Durham, Hereford, Angus, Schwitz, Fribourg, Hollandaise, etc. 1 très beau vol., grand in-4°, imprimé avec luxe, de 336 pages avec 65 gravures dans le texte et 46 planches coloriées d'après les aquarelles d'Ol. de Penne, représentant tous les types de la race bovine. Cartonné. . . 85. »

Richement relié, 100 fr.

DAMPIERRE (de). — **Races bovines** (*Bibl. du Cult.*). 2e éd. In-18 de 192 pages et 28 grav. 1.25

DOMBASLE (de). — **Le Bétail** (tome IV du *Traité d'agriculture*, voir page 4). 1 vol. in-8° de 436 pages . . . . 5. »

GAYOT. — **Les Chevaux de trait français** : Origines et familles ; trait léger et gros trait ; l'étalon et la jument ; le boulonnais, le percheron, le breton, l'ardennais, le franc-comtois, le poitevin mulassier ; élevage, alimentation, travail. 1 vol. in-18 de 360 pages et 2 fig. 3.50

— **Mouches et Vers.** In-18 de 248 pages et 33 grav. . . 3.50

— **Le Léporide et le lapin Saint-Pierre.** Broch. gr. in-8° de 72 pages. 2.50

— **Achat du cheval,** ou choix raisonné des chevaux d'après leur conformation et leurs aptitudes (*Bibl. du Cult.*). In-18 de 180 pages et 25 grav. 1.25

— **Poules et Œufs** (*Bibl. du Cult.*). In-18 de 216 p. et 40 gr. 1.25

— **Lapins, lièvres et léporides.** (*Bibl. du Cult.*). In-18 de 180 pages et 15 grav. 1.25

GEOFFROY SAINT-HILAIRE. — **Acclimatation et domestication des animaux utiles.** 4e éd. 1 beau vol. in-8° de 534 pages et 47 grav. . . . . 9. »

GRANDEAU ET LECLERCQ. — **Études expérimentales sur l'alimentation du cheval de trait,** mémoires présentés à la Compagnie générale des voitures à Paris.

1er et 2e mémoires. — Historique des expériences sur l'alimentation du cheval. — Plan général des expériences entreprises dans les laboratoires de la Compagnie générale des voitures. — Description des laboratoires, du manège et des stalles d'expériences. — Méthodes suivies. — Travail au pas. — Travail au trot. — Rations et coefficients de digestibilité. — Camionnage. — Variations du poids des chevaux. — Statistique de l'eau, de l'azote. — Valeur dynamique des aliments. 1 fort vol. in-4° de 203 pages ou tableaux avec figures et 18 planches in-folio hors texte . . . . 25. »

3e mémoire. — Expériences d'alimentation au foin, expériences au pas, au trot, avec la voiture ; discussion des résultats. 1 vol. gr. in-8° de 118 pages et 11 planches hors texte 7.50

4e mémoire. — Expériences d'alimentation avec l'avoine et avec un mélange de paille et d'avoine. 1 vol. grand in-8° de 130 pages ou tableaux. . . . . 5. »

GROLLIER. — **Les Tribus du Durham français** : origine, histoire, mérite, 1 vol. in-18 oblong, cartonné de 192 pages. . . 10. »

HAYS (Charles du). — **Le Merlerault,** ses herbages, ses éleveurs, ses chevaux. 1 vol. in-18 de 182 pages. . . . . 3. »

— **Le Cheval percheron** (*Bibl. du Cult.*). In-18 de 176 pages. 1.25

HEUZÉ (Gustave). — **Le Porc,** historique, caractères, races ; élevage et engraissement ; abatage et utilisation, études économiques ; 2e éd. 1 vol. in-18 de 322 pages et 50 grav. 3.50

HUARD DU PLESSIS. — **La Chèvre** (*Bibl. du Cult.*). In-18 de 164 pages et 42 grav. 1.25

JACQUE (Ch.). — **Le Poulailler,** monographie des poules indigènes et exotiques, 6me éd. texte et dessins par Jacque. In-18, 360 pages et 117 grav. 3.50

KÜHN (Julius). — **Traité de l'alimentation des bêtes bovines**, traduit de l'allemand sur la cinquième édition par F. Roblin. Petit in-8° de 300 pages et 61 grav. . . . . 5. »

LEFOUR. — **Le Mouton.** 1 vol. in-18 de 392 pages et 76 grav. . 3.50

— **Animaux domestiques**, zootechnie générale (*Bibl. du Cult.*). In-18 de 154 pages et 33 grav. 1.25

— **Cheval, Ane et Mulet** (*Bibl. du Cult.*). In-18 de 180 pages et 136 grav. 1.25

LÉOUZON. — **Manuel de la porcherie** (*Bibl. du Cult.*). In-18 de 168 pages et 38 grav. 1.25

— **La Race Durham laitière.** 1 brochure in-8° de 68 pages . 1.10

LE PELLETIER. — **Manuel des vices rédhibitoires des animaux domestiques**, commentaire théorique et pratique de la loi du 2 août 1884, avec un *formulaire complet de tous actes et formalités*, comprenant en outre les règles à suivre. 1 vol. in-18 de 296 pages 3.50

LEROY. — **Aviculture** : outillage spécial; éclosion; animaux nuisibles; reproduction en volière, hygiène des volières; repeuplement des chasses; faisans, perdrix, cailles, etc., etc. 1 vol. in-18 de 422 pages et 51 fig. . . . . 3. »

— **La Poule pratique**, par un praticien : races de parquet, races de ferme; hygiène et nourriture des poules; exploitation de la volaille, couveuses naturelles et artificielles, incubation, éclosion, éducation des poulets. 1 vol. in-18 de 256 pages et 41 fig. . . . . 3. »

MAGNE. — **Choix des vaches laitières** (*Bibl. du Cult.*). In-18 de 144 pages et 39 grav. 1.25

MALÉZIEUX. — **Manuel de la fille de basse-cour**, contenant des instructions pour élever, nourrir et engraisser tous les animaux de la basse-cour, poules, dindons, pintades, faisans, perdrix, cailles, paons, cygnes, oies, canards, pigeons, lapins, vaches et cochons, pour en tirer le plus grand produit, guérir leurs maladies, etc. 1 vol. in-18 de 332 pages, avec 39 fig. . . . . 3. »

MILLET-ROBINET (Mme). — **Basse-cour, Pigeons et Lapins** (*Bibl. du Cult.*). In-18 de 180 pages et 26 grav. 1.25

PELLETAN. — **Pigeons, Dindons, Oies et Canards** (*Bibl. du Cult.*). 1 vol. in-18 de 180 pages et 20 grav. 1.25

RICHARD (du Cantal). — **Étude du cheval de service et de guerre** ; d'après les principes élémentaires des sciences naturelles appliquées à l'agriculture, 6e éd. In-18 de 590 pages. 5.50

— **La Production du cheval de guerre** : rapport fait le 23 mars 1849 à l'Assemblée nationale Constituante, au nom de ses comités de l'Agriculture et de la Guerre, réunis pour étudier la production du cheval au point de vue des besoins de l'armée. 1 vol. in-18 de 200 pages. . . . . 2. »

****

ROCHE (Ed.). — **Les Martyrs du travail, le cheval, l'âne, le mulet et le bœuf,** notions de médecine vétérinaire; protection et conservation; conseils au charretier et à l'agriculteur. — Maladies du mouton, de la chèvre, du lapin, du chien, du chat, et des oiseaux. — Étude générale des amis et ennemis de l'homme, quadrupèdes, mammifères, oiseaux, etc. 1 vol. in-18 de 360 pages, orné de 224 figures. . . . . 2. »

ROULLIER-ARNOULT. — **Instructions pratiques sur l'incubation et l'élevage artificiels des volailles,** poules, dindons, oies et canards (*Bibl. du Cult.*). 1 vol. in-18 de 172 pages et 49 figures. 1.25

SANSON (André). — **Traité de zootechnie, ou Économie du bétail,** nouvelle édition. 5 vol. in-18, ensemble de 2,016 pages et 236 gravures 17.50

TOME Ier. — Objet de la zootechnie; fonctions physiologiques et économiques du bétail; appareils de la locomotion, de la digestion, de la respiration, de la circulation, de la dépuration urinaire, de l'innervation, des sens, et de la génération.

TOME II. — Lois de l'hérédité, de la classification zoologique, de l'extension des races; méthodes de reproduction, de gymnastique fonctionnelle, d'exploitation, d'encouragement, de classification.

TOME III. — Fonctions économiques des équidés; races chevalines brachycéphales et dolichocéphales; populations métisses; races asines; mulets et bardots; production des équidés; institutions hippiques; production et exploitation de la force motrice.

TOME IV. — Fonctions économiques des bovidés; races bovines dolichocéphales et brachycéphales; populations métisses; production des jeunes bovidés; production du lait, de la force motrice et de la viande.

TOME V. — Fonctions économiques des ovidés; races ovines brachycéphales et dolichocéphales; races caprines; production des jeunes ovidés; production du lait et de la viande. — Races porcines; production des jeunes suidés; production de la chair de porc.

Chaque volume se vend séparément. 3.50

— **Alimentation raisonnée** des animaux moteurs et comestibles : digestion, aliments, boissons; alimentation des bovidés, équidés, ovidés, suidés; tables de la composition chimique des aliments. (*Bibl. du Cult.*). 1 vol. in-18 de 180 pages ou tableaux et 3 fig. 1.25

— **Notions usuelles de médecine vétérinaire** (*Bibl. du Cult.*). In-18 de 174 pages et 13 grav. 1.25

— **Les Moutons** (*Bibl. du Cult.*). In-18 de 168 p. et 56 grav. 1.25

— **La Maréchalerie,** ou ferrure des animaux domestiques (*Bibl. du Cult.*). In-18 de 164 pages et 34 fig. 1.25

VIAL (A. A.). — **Connaissance pratique du cheval,** traité d'hippologie à l'usage des sportsmen, officiers de cavalerie, vétérinaires, marchands de chevaux, éleveurs, cultivateurs, etc. 4e édition. 1 vol. in-18 de 372 pages et 72 fig. 3.50

VIAL. — **Engraissement du bœuf** (*Bibl. du Cult.*). In-18 de 180 pages et 12 grav. 1.25

VILLEROY. — **Manuel de l'éleveur de bêtes à laine.** 1 vol. in-18 de 336 pages et 54 grav. 3.50

— **Manuel de l'éleveur de bêtes à cornes** (*Bibl. du Cult.*). In-18 de 308 pages et 65 grav. 1.25

VI. — INDUSTRIES AGRICOLES.

(*Abeilles et vers à soie; vins, cidre et boissons diverses; laiterie; arts agricoles divers.*)

Maison rustique du XIXe siècle, tome III (*voir page* 3).

ALBÉRIC. — **Les Abeilles et la Ruche à porte-rayons.** Nature et mœurs des abeilles; historique et description de la ruche à porte-rayons; applications de la ruche à porte-rayons aux opérations principales de l'apiculture; le rucher; instruments de l'apiculteur; maladies et ennemis des abeilles. . . . 1.50

ANDERSON, CHAPTAL, ETC. — **L'art de faire le beurre et les meilleurs fromages,** par Anderson, Desmarets, Chaptal, etc. (3e édition). Traité complet de la laiterie contenant la manière de préparer le lait et la crème, de faire le beurre selon les méthodes de Normandie, de Bretagne et d'Angleterre : de le saler, de le colorer et de le conserver; de fabriquer toutes espèces de fromages, avec les données les plus complètes sur le choix, la nourriture et la conduite des vaches laitières; les moyens les plus sûrs pour reconnaître la falsification du lait et la quantité de crème qu'il contient. 1 vol. in-8°, 360 pages et 10 planches. 4.50

BERTRAND. — **Conduite du rucher** calendrier de l'apiculteur mobiliste : reines, ouvrières, mâles, pondeuses; maladies des abeilles; essaimage, récolte du miel; animaux nuisibles, outillage de l'apiculteur; ruches et ruchers; hydromel, eau-de-vie et vinaigre de miel. 1 vol in-8° de 178 p., 85 fig. et 3 pl. 2.50

BOISSY (l'abbé). — **Le Livre des abeilles,** ou manuel d'apiculture : reines, ouvrières, pondeuses, bourdons; multiplication des abeilles, essaimage; maladies des abeilles, remèdes; animaux nuisibles; ruches et ruchers, miellée; calendrier apicole. 1 vol. in-18 de 312 pages et 6 planches hors texte . . . 2.50

BOULLENOIS (de). — **Conseils aux nouveaux éducateurs de vers à soie;** observations préliminaires sur l'industrie de la soie; des diverses espèces de mûriers; plantation, taille, culture; de la magnanerie, mobilier et installation; des vers à soie, éducation, maladies; filature des cocons. 3e édit. In-8° de 248 pages 3.50

DURIER. — **Étude sur la flacherie.** Broch. gr. in-8° de 32 pages. 1. »

FIGUIER (Louis). — **Le raffinage du sucre en fabrique et ses nouveaux procédés :** procédé général; procédés par la strontiane et l'ébullition; procédé par l'osmose. Broch. de 60 pages gr. in-8° avec 8 fig. . . . . 2. »

GIRARD (Maurice). — **Les Insectes utiles, abeilles et vers à soie,** à l'exposition de 1867. In-8° de 39 pages. . . . 1.50

GIRET et VINAS. — **Chauffage des vins,** en vue de les conserver, les muter et les vieillir. 2e éd. 1 vol. in-18 de 143 p. et 3 grav. 1.25

GIVELET (Henri). — **L'Ailante et son bombyx** ; culture de l'ailante, éducation de son bombyx et valeur de la soie qu'on en tire. 1 vol. grand in-8° de 164 pages et 19 planches. . 5. »

GUYOT (Jules). — **Culture de la vigne et vinification.** 2e éd. 1 vol. in-18 de 426 pages et 30 grav 3.50

Principes de la culture de la vigne ; culture en lignes basses et sur souche, taille, etc ; engrais et amendements ; cépages : façons à donner à la vigne ; création des vignobles, conduite de la vigne depuis sa plantation jusqu'à sa pleine production. — Vinification ; principes généraux, vendanges, égrappage, foulage, pressurage, cuves et cuvaison, soutirage, collage. — Classification des vins : vins rouges, vins rosés, vins de macération, vins artificiels, sucrage des vins, vins de liqueur, vins mousseux, marcs, maladies des vins, dégustation. — Coup d'œil sur la création d'un vendangeoir.

MARTIN (DE). — **Rapports sur l'œnotherme Terrel des chênes et sur les chaudières à échauder la vigne.** Broch. in-8° de 24 pages avec deux planches. . . 1.50

NANOT. — **Culture du pommier à cidre, fabrication du cidre et modes divers d'utilisation des pommes et des marcs.** (Voir page 17). 1 vol. in-18 de 324 pages et 50 figures. 3.50

PERSONNAT. — **Le Ver à soie du chêne** (bombyx Yama-maï), son histoire, sa description, ses mœurs, ses produits. 4e éd. In-8° de 132 pages, 2 grav. noires, et 3 planches coloriées. 3. »

POURIAU. — **La Laiterie,** art de traiter le lait, de fabriquer le beurre et les principaux fromages français et étrangers, 4e édit. 1 vol. in-18 de 564 pages et 306 figures. . . . . 6. »

SÉGUIN-ROLLAND. — **Soins à donner aux vins fins de la Côte-d'Or,** depuis la vendange jusqu'à leur mise en consommation. Broch. gr. in-8° de 20 pages et 7 grav. . . . 1. »

SOULLIÉ. — **Manuel de viniculture** par un vigneron algérien, ou conseils pratiques pour faire et conserver le vin : foulage, encuvage, plâtrage des vendanges; soutirage du vin ; maladies et sophistication des vins. Br. in-32, de 138 pages. . . 1.25

SOURBÉ. — **Traité théorique et pratique d'apiculture mobiliste,** les abeilles, leur physiologie, leurs maladies ; les ruches à cadres mobiles ; organisation et conduite du rucher ; essaims artificiels ; italianisation du rucher ; sélection apicole ; travaux apicoles d'automne ; jurisprudence apicole, flore apicole française. 1 vol. in-8° de 224 pages et 19 fig. . 3. »

TOUAILLON (fils). — **La Meunerie, la boulangerie, la biscuiterie et les autres industries agricoles alimentaires** : vermicellerie, amidonnerie, décortication des légumineuses, féculerie, glucoserie, rizerie, huilerie, chocolaterie, conserves alimentaires, margarine et moutarde, avec un chapitre sur le broyage des engrais. 1 vol. in-8° de 504 p. 7. »

VII. — GÉNIE RURAL. — DRAINAGE, IRRIGATIONS. — MACHINES ET CONSTRUCTIONS AGRICOLES.

Maison rustique du XIXe siècle, tomes Ier et IV (*voir page 3*).

AUBERJONOIS. — **Les Constructions agricoles du domaine de Beau-Cèdre,** album de 35 planches in-plano représentant le plan général et les plans, coupes et élévations des constructions du domaine, hangars, bâtiments avec détails, écuries et remises, vacherie, porcherie, laiterie, basse-cour, forge, buanderie, four, etc., avec notice explicative de 30 pages. . 20. »

BARRAL. — **Drainage des terres arables.** 3e éd. 2 vol. in-18 ensemble de 960 pages, 443 grav. et 9 planches . . . 7. »

TOME Ier. — Histoire du drainage. — Drainage sans tuyaux. — Des terres drainables. — Fabrication des tuyaux de drainage : choix des matériaux, préparation des terres, formes à donner aux tuyaux, étirage des tuyaux. — Description des machines a étirer les tuyaux. — Fabrication des tuiles, briques ordinaires et briques creuses. — Fours à cuire; cuisson.

TOME II. — Exécution du drainage : levé du plan des terres à drainer, nivellement, exemples de drainage; saisons convenables pour l'exécution; tracé des drains, formes des tranchées; outils de drainage; ouverture des tranchées, règlement des pentes, pose des tuyaux et remplissage des tranchées. — Statistique du drainage. — Encouragement au drainage.

— **Législation du drainage, des irrigations et autres améliorations foncières permanentes.** 1 vol. in-18 de 664 pages, avec 18 grav. et 1 planche . . . . 7. »

Situation par département, du drainage en France. — Du drainage dans les colonies. — Du drainage en Belgique, dans la Grande-Bretagne, en Suisse, en Italie, en Allemagne, en Danemark, en Russie, aux États-Unis. — Législation anglaise sur le drainage et les autres améliorations agricoles permanentes. — Législation belge, allemande. — Législation française : lois, arrêtés et circulaires relatives au drainage.

BERTIN. — **Des Chemins vicinaux** (1853). In-8° de 111 pages. 1. »

— **Code des irrigations.** 1 vol. in-8° de 182 pages . . . . 3. »

BOUCHARD-HUZARD. — **Traité des constructions rurales.** 3 vol. gr. in-8°, ensemble 1096 pages et 940 fig. . . . . . . 25. »

Tome Ier (1re *livraison*) : Maisons d'habitation pour petites, moyennes et grandes exploitations; logements des animaux domestiques; étables, bergeries, parcs, porcheries, chenils; lapinières, garennes artificielles; poulaillers; ruchers; magnaneries; abris pour instruments agricoles et outils; ateliers; hangars; remises.

Tome Ier (2e *livraison*) : Abris pour les récoltes, granges, gerbiers, graineries, silos; fruiteries; séchoirs; cuveries, celliers, caves; laiteries, beurreries, fromageries; glacières; boulangeries, fours; distilleries rurales; féculeries; blanchisseries, buanderies, lavoirs; fosses à fumier; latrines; réservoirs, abreuvoirs, puisards; barrières, clôtures, chemins, ponts.

Tome II : Emplacement et situation relative des bâtiments; distribution générale du domaine; dispositions diverses des bâtiments pour les petites, moyennes et grandes exploitations; fermes anglaises, annexes; matériaux de construction ; terrassements, maçonnerie, charpenterie, menuiserie, couverture, vitrerie; frais des constructions, devis.

DUMUR ET CUGNET. — **Les bâtiments agricoles**; les bâtiments ruraux mis en regard du domaine auquel ils appartiennent; conditions générales qu'ils doivent remplir; locaux divers considérés dans leurs détails; plans et devis de bâtiments d'exploitation pour une propriété de 20 hectares. *Mémoires couronnés par la Société d'agriculture de Lausanne.* 1 vol. in-8° de 232 pages avec un atlas de 115 figures donnant, à l'échelle, les plans, coupes et élévations des bâtiments et des détails . . . 10. »

DUPLESSIS. — **Traité de nivellement,** comprenant les principes généraux, la description et l'usage des instruments, les opérations et les applications. 1 vol. gr. in-8° de 364 p. et 112 fig. 8. »

— **Traité du levé des plans et de l'arpentage.** 2e éd. 1 vol. in-8° de 136 pages et 102 figures. . . . . 4. »

GASPARIN (comte de). — **Cours d'agriculture, tomes II, III et VI,** constructions rurales, mécanique agricole, machines, etc. (voir page 4).

GRANDVOINNET (J. A.). — **Traité élémentaire des constructions rurales.** (*Bibl. du Cult.*) : Principes généraux de construction : terrassement, maçonnerie, charpenterie, couverture, menuiserie, serrurerie, plomberie, peinture et vitrerie. — Bâtiments ruraux : habitations rurales, écuries, bouveries, bergeries, porcheries, poulaillers, granges, fenils, greniers, laiteries, etc. 2 vol. in-18 ensemble de 308 pages et 306 figures 2.50

— **Les Bergeries**; considérations générales sur les habitations du mouton; parcs temporaires ou mobiles; parcs permanents ou refuges; abris plantés; bergeries couvertes, conditions d'établissement, détails de constructions, dispositions d'ensemble, modèles; matériel meublant. 1 vol. in-18 de 314 pages et 169 grav. . . . . 5. »

LECOUTEUX. — **Labourage à vapeur et labours profonds,** résultats du concours international de Petit-Bourg en 1867. 1 vol. grand in-8° à deux colonnes de 96 pages et 14 grav. . 3. »

LEFOUR. — **Culture générale et instruments aratoires** (*Bibl. du Cultiv.*). In-18 de 174 pages et 135 grav. 1.25

— **Comptabilité et géométrie agricoles** (*Bibl. du Cult.*). In-18 de 214 pages et 104 gravures 1.25

LONDET. — **Les Instruments agricoles,** machines, appareils et outils employés en agriculture, description, choix, emploi, manœuvre, avantages, conditions où ils conviennent (1858). 1 fort vol. in-8° de 303 pages et 54 planches. 7.50

VIDALIN (F.). — **Pratique des irrigations** en France et en Algérie (*Bibl. du Cult.*). In-18 de 180 pages et 22 grav. . . . 1.25

VILLEROY ET MULLER. — **Manuel des irrigations**; action de l'eau sur le sol; préparation du sol des prés arrosés, fossés et rigoles; des prés et de leur entretien; jouissance de l'eau en commun. 1 vol. in-18 de 263 pages et 123 grav. . . 3.50

VIII. — BOTANIQUE. — HORTICULTURE.

Maison rustique du XIXe siècle, tome V (*voir page* 3).

Almanach du jardinier, publié chaque année au mois de septembre et comprenant les nouveautés horticoles. 192 pages in-32 et nombreuses gravures. . . . . » .50

Le Bon Jardinier, almanach horticole pour 1889 (133e édition) par Poiteau, Vilmorin, Decaisne, Naudin, Neumann, Pepin, Carrière, Heuzé, etc. — *Ouvrage couronné par la Société nationale d'horticulture de France.*

1re *partie.* — Calendrier du jardinier, ou indication mois par mois des travaux à faire dans les jardins. Aide-mémoire, et vocabulaire des principaux termes de jardinage et de botanique. — Principes généraux de culture : notions de botanique et de physiologie végétale, chimie et physique horticoles, climats ; abris pour la conservation des plantes, outils, façons du sol ; multiplication des plantes, semis, marcottes, boutures, greffes ; taille des arbres, maladies des plantes et insectes nuisibles. — Arbres fruitiers : des jardins fruitiers et du verger ; description et culture des meilleures sortes de fruits. — Plantes potagères, description et culture. — Propriétés et culture des principales plantes médicinales. — Grande culture : plantes à fourrage, céréales et plantes économiques.

2e *partie : Plantes et arbres d'ornement.* — Caractères des familles naturelles. — Description et culture des plantes et arbres d'ornement de pleine terre et de serre, classés par ordre alphabétique. — Les listes des variétés recommandées ont été revues avec le plus grand soin ; variétés anciennes les plus méritantes, et variétés nouvelles. — Classement des végétaux de pleine terre suivant leur emploi dans les jardins. — Création et entretien des gazons.

(La 1re édition du *Bon Jardinier* remonte à 1754 : une édition nouvelle a été publiée régulièrement chaque année depuis 1755, à trois exceptions près : 1815, 1871, 1888. — L'édition de 1889 (la 133e) a été entièrement revue.)

Un vol. in-18 de 1700 pages . . . . 7. »
Cartonné, 8 fr. — Cartonné en 2 vol., 9 fr.

Gravures du Bon Jardinier. (*La 24e édition qui sera entièrement refondue est en préparation.*)

ALPHAND (A.). — **L'Art des jardins,** étude historique, composition des jardins, plantations, décorations artistiques des parcs et des jardins publics. Traité pratique et didactique ; 3e édition. Ouvrage in-4° avec 512 illustrations représentant des plans, kiosques, ponts, tracés, détails, etc. . . . . 20. »

AMÉ (G.). — **Le Jardin d'essai du Hamma** à Mustapha près d'Alger, description des familles, groupes et genres les mieux représentés au jardin, brochure in-8° de 64 pages et 7 pl. . 2. »

ANDRÉ (Ed.). — **L'Art des jardins,** traité général de la composition des parcs et jardins : Historique depuis l'antiquité ; Jardins paysagers ; esthétique. Principes généraux ; division et classifications ; la pratique ; travaux d'exécution ; exemples de parcs et jardins classés suivant leur destination ; constructions et accessoires d'utilité et d'ornement. 1 vol. gr. in-8° de 900 pages, avec 11 pl. en chromolith. et 500 fig. 35. »

AUDOT. — **Traité de la composition et de l'ornementation des jardins.** 6e éd. représentant en plus de 600 fig. des plans de jardins, modèles de décoration, machines pour élever les eaux, etc. 2 vol. in-4° oblong avec 168 planches gravées. 25. »

BALTET (Ch.). — **L'Art de greffer** arbres et arbustes fruitiers, arbres forestiers et d'ornement, 4e édition, augmentée de la greffe des plantes herbacées. Définition, but, et conditions de succès du greffage. — Outils, ligatures, engluements. — Choix des sujets et des greffons. — Procédés de greffage. — Liste par ordre alphabétique des arbres, arbrisseaux et arbustes, avec indication du mode de greffage à appliquer à chacun d'eux. 1 vol. in-18 de 464 pages et 175 fig. . . 4. »

BALTET (Ch.). — **Traité de la culture fruitière**, commerciale et bourgeoise : Fruits de dessert, de cuisine, de pressoir, de séchage, de confiserie, de distillation; choix des meilleurs fruits pour chaque saison ; plantations de vergers et de jardins fruitiers; taille, dressage et entretien des arbres; animaux nuisibles et maladies; récolte des fruits, leur emballage et leur emploi. 1 vol. in-18 de 630 pages et 350 fig. 6. »

BONOENNE. — **Cours élémentaire d'horticulture** (*Bibl. des écoles primaires*). 2 vol. in-12 ensemble de 310 pages et 85 grav. . 1.50

BUTRET (Baron de). — **Taille raisonnée des arbres fruitiers** et autres opérations relatives à leur culture, 21e éd. augmentée des différentes espèces de greffes et de la conservation des fruits. 1 vol. in-18 de 148 pages avec 4 pl. 2. »

CARRIÈRE. — **Encyclopédie horticole**; vocabulaire raisonné de tous les termes employés en botanique et en horticulture 1 vol. in-18 de 550 pages. 3.50

—— **Entretiens familiers sur l'horticulture**; sol et sous-sol; arrosements; amendements et engrais; physiologie végétale; des plantes annuelles et vivaces, ligneuses, aquatiques, grimpantes; des couches; semis, boutures, greffes, plantation, etc. 1 vol. in-18 de 384 pages 3.50

—— **Semis et mise à fruit des arbres fruitiers.** (*Bibl. du Jard.*) 1 vol. in-18 de 158 pages. 1.25

—— **Étude générale du genre pommier, et particulièrement des pommiers microcarpes ou pommiers d'ornement**, pommiers à fleurs doubles, pommiers de la Chine, pommiers baccifères, pommiers de Sibérie (*Bibl. du Jard.*), etc. 1 vol. in-18 de 180 pages et 18 figures 1.25

—— **Les Pépinières** (*Bibl. du Jard.*). In-18 de 134 p. et 29 grav. 1.25

—— **Production et fixation des variétés dans les végétaux.** 1 vol. in-8° de 72 pages avec 13 grav. et 2 pl. col. . 2. »

—— **Les Arbres et la Civilisation.** In-8° de 416 pages. . . 5. »

—— **Variétés de pêchers et de brugnonniers**, description et classification. Grand in-8° de 104 pages et 1 planche. . . 2. »

CHAMBRAY (marquis de). — **Culture du melon sur couche sourde et en pleine terre** (1835). 1 vol. in-8° de 88 pages et 5 planches hors texte. . . . . 2. »

—— **Du Choix des poiriers pour un jardin fruitier** (1846) : Taille plantation transplantation. Broch. in-8° de 16 pag. ».40

COURTOIS (Jules). — **Du Cycle végétal**, son application en arboriculture fruitière des jardins. Br. in-8° de 37 pages et 10 fig. ».75

— **Taille trigemme** des branches à fruit du poirier et du pommier. 1 brochure in-8° de 8 pages et 7 fig. . . . . ».75

DECAISNE ET NAUDIN. — **Manuel de l'amateur des jardins**, traité général d'horticulture. 4 vol. petit in-8° ensemble de plus de 3.000 pages, comprenant plus de 800 fig. . . . . 30. »

Chaque volume se vend séparément 7.50

DELCHEVALERIE. — **Les Orchidées**, culture, propagation, nomenclature (*Bibl. du Jard.*). In-18 de 134 pages et 32 grav. . 1.25

— **Plantes de serre chaude et tempérée**; construction des serres, culture, multiplication, etc. (*Bibl. du Jard.*). In-18 de 156 pages et 9 grav. 1.25

DUPUIS. — **Arbrisseaux et Arbustes d'ornement de pleine terre** (*Bibl. du Jard.*). In-18 de 122 pages et 25 grav. . . 1.25

— **Arbres d'ornement de pleine terre** (*Bibl. du Jard.*). In-18 de 162 pages et 40 grav. 1.25

— **Conifères de pleine terre** (*Bibl. du Jard.*). In-18 de 156 pages et 47 grav. 1.25

DUVILLERS. — **Parcs et Jardins**, ouvrage récompensé de 21 médailles ou diplômes, 2 vol. grand in-folio, sur beau papier, ensemble de 160 pag. de texte avec 80 planches imprimées avec luxe représentant les plans de squares et jardins publics, de parcs particuliers, jardins paysagers, fruitiers, potagers, écoles pratiques, etc.

Prix des 2 vol. avec planches en noir . . . . . . 200. »
— — en couleur . . . . . 260. »

Chaque partie, comprenant 80 pages de texte et 40 planches se vend séparément : avec planches en noir . . . . . 100. »
— en couleur . . . . 130. »

DYBOWSKI. — **Traité de la culture potagère**, résumé des leçons données par l'auteur à l'École nationale d'agriculture de Grignon; petite et grande culture; procédés employés par les spécialistes. 1 vol. in-18 de 492 pages et 144 figures. 5. »

ECORCHARD (Dr). — **Nouvelle Théorie élémentaire de la botanique**, suivie d'une analyse des familles des plantes qui croissent en France, ou y sont cultivées, et d'un dictionnaire des termes de botanique. 1 vol. in-18 de 520 p. et 210 grav. . 6. »

FORNEY. — **La Taille des arbres fruitiers**, avec une étude complète sur les bons fruits. Nouvelle édition entièrement refondue.

Tome Ier. — Principes généraux, étude de l'arbre, multiplication, plantation, taille; le poirier et le pommier : conduite des productions fruitières, charpente et forme, restauration, maladies et insectes nuisibles; choix des poires et des pommes; les arbres du verger. 1 vol. in-18 de 320 pages et 169 figures dessinées par l'auteur. 3.50

Tome II (*sous presse*). — Le pêcher, productions fruitières, charpente et forme, restauration, maladies et insectes nuisibles, choix des pêches; — l'abricotier, le prunier, le cerisier; — la vigne, principes de taille, formes pour le vignoble, formes pour l'espalier, treille à la Thomery; maladies et insectes; choix des meilleures variétés; — le figuier, le framboisier, le groseiller; — les espèces non soumises à une taille régulière; amandier, cognassier, néflier, noyer, noisetier; récolte et conservation des fruits. 1 vol. in-18 de 360 pages et 183 fig. 3.50

HARDY. — **Traité de la taille des arbres fruitiers,** 9e éd., 1 vol. grand in-8° de 436 pages et 140 figures. 5.50

Notions sur le développement des arbres ; la plantation. — But, époque de la taille, formes à donner aux arbres, pyramide, vase, buisson, espalier, etc. — Taille du Poirier, Pommier, Pêcher, Cerisier, Abricotier, Prunier. — Culture de la Vigne dans les jardins, treille à la Thomery. — Du verger. — Culture du Figuier, Groseillier, Framboisier, Cognassier, Noisetier. — De la greffe : principes généraux ; greffes en fente, par scion et en couronne ; greffes en approche ; greffes en écusson ; du marcottage et de la bouture. — Récolte, conservation et emballage des fruits. — Maladies des arbres fruitiers et animaux nuisibles. — Engrais, labour, chaulage, arrosements. — Nomenclature des principales variétés de fruits.

HÉRINCQ, JACQUES ET DUCHARTRE. — **Manuel général des plantes, arbres et arbustes,** classés selon la méthode de Candolle ; description et culture de 25.000 plantes indigènes d'Europe ou cultivées dans les serres. 4 vol. grand in-18 jésus à 2 colonnes, ensemble de 3.200 pages, cartonnés. . . 36. »

C'est un recueil à la fois scientifique et pratique. La botanique et la culture ont été réunies dans cet ouvrage. Les espèces et variétés anciennes et nouvelles y sont décrites avec la plus scrupuleuse exactitude ; leur culture et leur entretien y sont traités avec le même soin. Ce livre convient également aux savants et aux praticiens.

JOIGNEAUX. — **Conférences sur le jardinage et la culture des arbres fruitiers** ; légumes, semis et travaux d'entretien ; arbres fruitiers, taille et soins d'entretien ; récolte et conservation des produits (*Bibl. du Jard.*). In-18 de 144 p. 1.25

— **Traité des graines** de la grande et de la petite culture (Voir page 50). 1 vol. in-18 de 168 pages. 1.25

— **Les Cultures maraîchères de Paris** pendant le siège (du 11 octobre 1870 au 28 janvier 1871). Br. in-8° de 80 pag. 1. »

LA BLANCHÈRE (de). — **La plante dans les appartements** : soins généraux et particuliers aux diverses plantes d'appartement : balcons, terrasses, fenêtres, jardinières, corbeilles, suspensions, serres de salon. 1 vol. in-18 de 208 pages et 91 fig. 3. »

LACHAUME. — **Le Rosier,** culture et multiplication ; considérations générales sur la culture ; semis, boutures, marcottes, greffes ; taille et entretien du rosier ; variétés ; insectes nuisibles. (*Bibl. du Jard.*). In-18 de 180 p. et 34 grav. . . . 1.25

— **Le Champignon de couche,** sa culture bourgeoise et commerciale, récolte et conservation (*Bibl. du Jard.*). In-18 de 108 pages et 8 grav. 1.25

LAUMAILLE. — **Culture et soins à donner aux plantes en appartement** : noms, description et arrosage mensuel des plantes. Br. in-8° de 59 pages. . . . . 1. »

LEBOIS. — **Culture du chrysanthème.** In-18 de 36 pages. . . ». 75

LE BRETON (Mme). — **A travers champs** ; botanique populaire pour tous, histoire des principales familles végétales, 2e édition, revue par M. Decaisne. 1 beau vol. in-8° de 550 pages et 746 figures. . . . . 7. »

Lemaire. — **Les Cactées**, histoire, patrie, organes de végétation, culture, etc. (*Bibl. du Jard.*). In-18 de 140 pages et 11 grav. 1.25

— **Plantes grasses autres que Cactées** (*Bibl. du Jard.*). In-18 de 136 pages et 13 grav. 1.25

Le Maout et Decaisne. — **Flore élémentaire des jardins et des champs**, avec les clefs analytiques conduisant promptement à la détermination des familles et des genres. Des herborisations et de l'herbier; de l'emploi des clefs analytiques; séries des familles; synopsis de la clef analytique des familles; description des familles, genres et espèces; vocabulaire des termes techniques. 1 vol. gr. in-18 de 940 pages. . 9. »

Loisel. — **Asperge**, culture naturelle et artificielle (*Bibl. du Jard.*). In-18 de 108 pages et 8 grav. 1.25

— **Melon**, nouvelle méthode de le cultiver sous cloches, sur buttes et sur couches (*Bibl. du Jard.*). In-18 de 108 pages et 7 grav. 1.25

Maffre. — **Culture des jardins maraîchers du midi de la France**, contenant la culture de chaque espèce de légumes, les travaux journaliers d'exploitation d'un jardin maraîcher, le choix et la récolte des graines, et tout ce qui concerne les cultures hâtives, salades, melons, fraises, etc., (1844). 1 vol. in-8° de 475 pages. 5.50

Moreau et Daverne. — **Manuel pratique de la culture maraîchère de Paris**, 4e édition. Histoire de la culture maraîchère de Paris; statistique; outils et instruments; exposition, mois par mois, des travaux à exécuter et des produits à récolter; culture des primeurs, dite culture forcée, pour les divers légumes, salades, melons, fraises, etc., ouvrage ayant obtenu la grande médaille d'or de la Société centrale d'horticulture de France. 1 vol. in-8° de 376 pages. 5. »

Mouillefert. — **Arboretum de l'école nationale d'agriculture de Grignon**, catalogue des arbres qui y sont cultivés. Broch. in-8° de 104 pages. . . . . 2. »

Naudin. — **Le Potager**; établissement du potager; terrains, travail des terres, instruments; principes généraux de culture; cultures naturelles, de primeurs et forcées; culture des divers légumes (*Bibl. du Jard.*). In-18 de 180 pages et 34 grav. . 1.25

— **Serres et Orangeries de plein air.** In-8° de 32 pages. ».75

Naudin et Muller. — **Manuel de l'Acclimateur**, ou choix des plantes recommandées pour l'agriculture, l'industrie et la médecine : acclimatation des plantes, genre des plantes déjà utilisées ou qui peuvent l'être; énumération des plantes, leurs usages, leur culture. 1 vol. in-8° de 572 pages et 1 fig. 7. »

Noisette. — **Manuel complet du jardinier** (1860). 5 vol. in-8°, cartonnés, ensemble de 2.500 pages et 25 planches. . . . 25. »

Paillieux et Bois. — **Le Potager d'un curieux** : histoire, culture et usages de 100 plantes comestibles, peu connues ou inconnues. 1 vol. in-8° de 296 pages. . . . . 4. »

PONCE (J.). — **La Culture maraîchère pratique des environs de Paris** ; composition d'un jardin maraîcher; engrais, travaux préparatoires ; soins généraux ; soins spéciaux à donner aux divers légumes ; cultures spéciales des ananas, champignons et fraisiers ; calendrier du maraîcher, tableau des semis et plantations. 1 vol. in-18 de 320 pages et 15 pl. . 2.50

PRÉCLAIRE. — **Traité théorique et pratique d'arboriculture.** 1 vol. in-8° de 182 pages et un atlas in-4° de 15 planches. 5 »

PUVIS. — **Arbres fruitiers,** taille et mise à fruit (*Bibl. du Jard.*). In-18 de 168 pages 1.25

RAFARIN. — **Traité du chauffage des serres.** 1 vol. in-8° de 76 pages et 25 grav. 3.50

SAINT-BRIAC (J. de). — **L'Arbre fruitier des jardins.** *L'arbre inculte :* la terre végétale, développement de l'arbre inculte, fructification. — *L'arbre cultivé :* préparation du sol, plantation des arbres, formes à leur donner, multiplication des arbres, greffe, soins à donner aux arbres et aux fruits ; maladies ; animaux nuisibles. 1 vol. in-18 de 172 pages et 20 fig. 2. »

VAUVEL. — **Culture de l'Asperge à la charrue,** culture forcée au thermosiphon et au fumier. 1 brochure in-18 de 108 pages. . . . . 1. »

VIALON (P.). — **Le Maraîcher bourgeois ;** outillage, qualités des terres, culture des divers légumes (*Bibl. du jardinier*). In-18 de 128 pages 1.25

VILMORIN-ANDRIEUX. — **Les Fleurs de pleine terre,** comprenant la description et la culture des fleurs annuelles, vivaces et bulbeuses de pleine terre, suivies de classements divers indiquant l'emploi de ces plantes, l'époque de leur floraison, etc. 3e édit. 1 vol. in-8° de 1.564 pages avec plus de 1.300 figures et le **Supplément aux fleurs de pleine terre,** comprenant la description, la culture et l'emploi des espèces et variétés introduites dans les jardins depuis 1870. 1 vol. in-8° de 204 pages avec 175 fig. ; ensemble 2 vol. . . . . . . 16.»

(Le **Supplément aux fleurs de pleine terre** se vend séparément : 4 fr.)

—— **Les Plantes potagères,** description et culture des principaux légumes des climats tempérés. 1 beau vol. grand in-8° de 650 pages avec 625 figures . . . . 12. »

IX. — EAUX ET FORÊTS. — CHASSE ET PÊCHE.

Maison rustique du XIXe siècle, tome IV (*voir page* 3).

ARBOIS DE JUBAINVILLE (d'). — **Observations sur la vente des forêts de l'État** (1865). Br. in-8° de 12 pages. . . ».50

BAUDRAIN (Victor). — **Des dégâts causés aux champs par les lapins** : Responsabilité des propriétaires et locataires de chasse, existence du dommage, preuve, procédure ; arrêts et jugements. 1 vol. in-8° de 124 pages. 2.50

Bortier (P.). — **Boisement du littoral et des dunes de la Flandre.** Broch. gr. in-8° de 24 pages et 3 planches. . 1. »

Bouchon-Brandely. — **Traité de pisciculture pratique et d'aquiculture** en France et dans les pays voisins, ouvrage publié avec l'encouragement du ministère de l'agriculture. 1 beau vol. grand in-8° de 500 pages avec 40 gravures et 20 planches hors texte. . . . . 20. »

Brocchi (P.). — **Traité d'ostréiculture,** organisation et classification des mollusques, étude anatomique de l'huître, les centres de production, d'élevage et d'engraissement; législation; maladies et ennemis des huîtres, pratique ostréicole actuelle, 1 vol. in-18 de 300 pages 3.50

Brus (Marc de). — **Les Chasses aux braconniers** : renards, blaireaux, lacets, pièges, élevage du gibier, conseils aux chasseurs. 1 vol. in-18 de 168 pages et 5 fig. . . . . 2. »

Burger. — **Du Déboisement des campagnes,** dans ses rapports avec la disparition des oiseaux utiles à l'agriculture. Broch. in-8° de 64 pages. . . . . 1. »

Chambray (marquis de). — **Traité des arbres résineux conifères à grandes dimensions** : Influence de la latitude et de l'altitude sur la végétation des arbres résineux conifères; reproduction et exploitation; insectes nuisibles. 1 vol. gr. in-8°, de 445 pages et 7 planches hors texte, en noir . . 12. »

Le même avec planches coloriées . . . . 25. »

Dastugue. — **Chasse et pêche,** traité pratique; 1 vol. in-18 de 328 pages et nombreuses figures. . . . . 3. »

Lièvre, lapin, renard, loup; chasse au chien courant et au chien d'arrêt. — Caille, perdrix rouge, perdrix grise. — Oiseaux de passage : bécasse, grive, alouette, canard sauvage, etc. — Chasses amusantes et utiles : corbeau, geai, pie. — Fusils, cartouches, règles du tir. — Conseils à un jeune chasseur. — Pêche : barbeaux, goujons, carpes, etc., etc. Appâts et amorces; calendrier du pêcheur.

Doussard. — **Manuel du naturaliste préparateur,** manière d'empailler oiseaux et quadrupèdes. In-8° de 52 pag. et 8 fig. 1.50

Goursaud. — **Manuel de cubage** et d'estimation des bois en futaies, taillis, arbres abattus ou sur pied; notions pratiques sur le débit, la vente et la fabrication des produits des forêts; tarifs de cubage des bois en grume ou équarris. 4e édit. 1 vol. in-12 de 192 pages, relié 1.50

Grandeau. — **Chimie et physiologie appliquées à la sylviculture** (Annales de la station agronomique de l'Est, travaux de 1868 à 1878). 1 vol. grand in-8° de 414 pages. . 9. »

Gurnaud. — **Traité forestier pratique,** manuel du propriétaire de bois : culture, taillis, sapinières, futaies, qualités des bois, cubage, estimation, emplois et usages des bois; aménagement et exécution des coupes; comptabilité forestière; administration et surveillance; vente, marchés, tables de cubage, tables diverses. 1 vol. in-18 de 192 pages ou tableaux. . . 2. »

—— **La Sylviculture française** : méthodes forestières, comparaison de la méthode allemande et de la méthode française; exposé d'une méthode nouvelle. Broch. in-8° de 94 pages. . 1. »

—— **La Sylviculture française et la méthode du contrôle** : 1 vol. gr. in-8° de 124. . . . . 3. »

HENNON. — **Géodésie pratique des forêts** à l'usage des agents forestiers, des propriétaires, régisseurs, agents-voyers etc., Instruments propres au levé des plans de forêts, triangulation; problèmes divers; Assiette et réarpentage des coupes; Aménagement; Cartes forestières; Cubage des bois en grume et équarris. 1 vol. in-8° de 172 pages et 8 planches . . 4.50

KOLTZ. — **Traité de pisciculture pratique** : nomenclature des poissons; fécondation artificielle, frayères; incubation et éclosion, appareils, élevage des jeunes poissons; maladies; transport des œufs et des poissons; frais d'établissement et d'exploitation. 1 vol. in-18 de 186 pages, avec 60 fig. . . 2.50

LEVAVASSEUR. — **Traité pratique du boisement et reboisement** des montagnes et terrains incultes. In-8° de 56 p. 1.25

MARTINET. — **Considérations et recherches sur l'élagage des essences forestières.** In-12 de 180 pag. et 41 fig. 1.50

—— **Le Pin sylvestre** et sa culture en Sologne. Broch. in-8° de 48 pages. . . . . 1. »

MORANGE (Amédée). — **Le Guide de l'élagueur** dans les parcs et les forêts (*Bibl. du Jard.*). In-18 de 144 pages et 20 fig. 1.25

NANOT (Jules). — **Établissement et entretien des plantations d'alignement**, et **élagage des arbres** : étude et choix des essences, plantation, élagage, restauration, transplantation des arbres, maladies et insectes nuisibles. 1 vol. in-18 de 350 pages et 82 fig. 3.50

NOEL (Arthur). — **Essai sur les repeuplements artificiels et la restauration des vides et clairières des forêts**, flore forestière, principes généraux de repeuplement, graines des principales essences, plants et pépinières, semis forestiers, plantations forestières; repeuplements, rédaction des projets, devis, etc. Ouvrage couronné par la Société des Agriculteurs de France. 1 vol. in-8° de 382 pages. 6. »

NOIROT. — **Traité de culture des forêts** ou de l'application des sciences agricoles et industrielles à l'économie forestière. 2e édition (1839); croissance des arbres, méthodes d'aménagement des taillis et des futaies, choix des essences, réglage des coupes, élagage, pratique des semis et plantations, exploitation, cubage, etc. 1 vol. in-8°, 484 pages. . 6. »

ROUSSET (Antonin). — **Culture et exploitation des arbres**, application des conditions climatériques, et des principes de la physiologie végétale aux conditions normales d'existence, de propagation, de culture et d'exploitation des arbres isolés ou en massifs. 1 vol. in-8° de 448 pages. . . . . 7. »

—— **Études de maître Pierre sur l'agriculture et les forêts.** 1 vol. in-18 de 29 pages. . . . . 1. »

THOMAS. — **Traité général de la culture et de l'exploitation des bois**; désignation et qualités des arbres forestiers, bois durs, blancs et résineux; pépinières, semis, plantations, aménagements, coupes; conservation des bois; maladies des arbres; exploitation des bois : sciages, charpente, merrain, etc., etc.; charbonnage; cubage et mesurage; flottage, etc. 2 vol. in-8°, ensemble de 1,076 pages. . . . . 10. »

X. — HYGIÈNE. — ÉCONOMIE DOMESTIQUE. — CUISINE.

AUDOT (L.-E.). — **La Cuisinière de la campagne et de la ville.** 1 vol. in-12 de 676 pages avec 300 grav. . . . . 3. »

BURGER. — **Le Pain** : le pain bis de ménage et le pain blanc de boulanger; causes de l'abandon progressif du premier pour le second. Broch. in-8° de 90 pages . . . . 1. »

DELAGARDE. — **Le Pain moins cher et plus nourrissant.** 1 vol. in-18 de 262 pages . . . . 3. »

EMION (Victor). — **La Taxe du pain**, avec préface par Victor Borie. In-8° de 168 pages . . . . 4. »

GEORGE (Dr H.). — **Traité d'hygiène rurale**, suivi des premiers secours en cas d'accidents, comprenant :

L'alimentation : préparation des aliments; cuisson des aliments; ustensiles; assaisonnements. — Du choix des aliments : Aliments d'origine animale : Viande de boucherie, de Porc, de Cheval; Gibier, Volaille, Poissons; Œufs, Lait, Fromage, Beurre. — Aliments d'origine végétale : Aliments farineux, Légumes verts, Fruits. — Les boissons : L'eau potable; Ses caractères, Eaux de source, de puits, de pluie, de rivières ou de fleuves; Maladies produites par l'usage d'eaux impures; Purification des eaux altérées. — Les boissons fermentées : Piquette, Cidre, Bière, Vin. — Les boissons alcooliques et aromatiques. — Le régime alimentaire : les repas, les fonctions du ventre; l'obésité.

L'air : sa pureté; la chaleur atmosphérique; l'électricité atmosphérique; la sécheresse et l'humidité; le froid; la lumière et l'éclairage.

Le travail : l'exercice musculaire; les fonctions cérébrales; l'hygiène des sens.

Les maladies contagieuses : peste, fièvre jaune, choléra, fièvre typhoïde, dysenterie, etc., etc.

Les accidents : empoisonnement, asphyxies, suffocation par des objets avalés, blessures venimeuses et non venimeuses, congestion, apoplexie, syncope, morts subites.

Un vol. in-18 de 432 pages et 12 figures 3.50

LECLERC. — **Lettres à un jeune laboureur** sur la caisse d'épargne et la prévoyance (1848). In-18 de 60 pages. . . . ».25

MILLET-ROBINET (Mme). — **Maison rustique des dames,** 13e éd.

Tenue du ménage : Devoirs et travaux de la maîtresse de maison. — Des domestiques. — De l'ordre à établir; Comptabilité; Recettes et dépenses. — La maison et son mobilier, son entretien; linge, blanchissage, chauffage, éclairage. — Cave et vins, boulangerie et pain. — Provisions du ménage; confitures; conserves.

Manuel de cuisine : Manière d'ordonner un repas. — Potages, jus, sauces, garnitures. — Viandes, gibier, poisson, légumes. — Purées et pâtes. — Entremets, pâtisserie, bonbons.

Médecine domestique : Petite pharmacie, médicaments. — Ce qu'il faut faire avant l'arrivée du médecin dans les indispositions les plus fréquentes, empoisonnements, asphyxie.

Jardin : Disposition générale du jardin. — Jardin fruitier, potager, fleuriste. — Calendrier horticole.

Ferme : La ferme et son mobilier. — Nourriture des gens de la ferme. — Basse-cour, vacherie, laiterie et fromagerie; bergerie et porcherie. — Abeilles et vers à soie.

2 vol. in-18 comprenant ensemble 1.400 pages avec 236 fig. 7.75

Les 2 vol. **reliés, 11 fr. — Reliés**, tranches dorées, **13 fr.**

MILLET-ROBINET (Mme). — **Économie domestique**, notions élémentaires sur les travaux d'une maîtresse de maison; lessive; provisions et conserves; confitures, liqueurs et fruits à l'eau-de-vie; utilisation du porc; etc. (*Bibl. du Cultiv.*). In-18 de 228 pages et 77 gravures 1.25

MILLET-ROBINET (Mme) et le Dr ÉMILE ALLIX. — **Le Livre des jeunes mères**, la nourrice et le nourrisson :

Le devoir maternel.

Le berceau et la layette : berceau en fer et en osier; sa garniture. — Layette; méthodes diverses; description, composition, entretien; planche de patrons.

La grossesse : durée, signes, hygiène, choix de l'accoucheur.

L'accouchement : disposition des lits et de la chambre; l'accouchement et la délivrance, soins à la mère et au nouveau-né après l'accouchement.

Les maux de sein : inflammation, abcès, gerçures et crevasses.

L'allaitement : allaitement maternel, le lait et la tétée, hygiène de la nourrice. — Allaitement mercenaire, nourrices sur lieu et nourrices de campagne, choix, surveillance. — Allaitement artificiel, modes divers, biberons, règlement de l'allaitement artificiel. — Allaitement mixte.

Sevrage et dentition : les nouveaux aliments; précautions à prendre pour le nourrisson et la nourrice; marche de la dentition.

Hygiène du nourrisson : toilette, soins de propreté, bains, sorties, exercices, hochets, etc.

L'enfant en état de santé, comment il vit, agit et se développe : respiration, circulation, digestion, sensations et mouvements; développement physique.

Maladies de l'enfant : angines, indigestion, diarrhée, constipation, vers, croup, bronchites, coqueluche, scarlatine, rougeole, variole, convulsions, etc., etc. Maladies de la peau, des oreilles, des yeux; blessures, plaies, brûlures, etc.

Éducation morale de l'enfant.

La protection de l'enfance : crèches sociétés de protection.

Un vol. in-18 de 392 pages avec 48 figures et une planche de patrons pour la layette. 3.75

Le volume **relié, 5 fr.**

PENNETIER (Dr G.). — **Leçons sur les matières premières organiques** : matières alimentaires, lait, œufs, viandes, féculents; épices et aromates; fibres textiles; matières tinctoriales et tannantes; gommes, gommes-résines, baumes, essences, etc.; matières oléagineuses; substances médicinales; dépouilles et débris d'animaux; tabacs.

Chacune des matières premières organiques fait l'objet d'une étude complète : origine, provenances, caractères, composition chimique, sortes commerciales, altérations, falsifications et moyens de les reconnaître, importance commerciale et usages de chaque produit.

1 vol. gr. in-8° de 1,018 pages et 344 fig. . . . . . . 18. »

RODIN. — **Les Plantes médicinales et usuelles** des champs, jardins et forêts : étude, récolte et conservation des plantes; plantes émollientes, astringentes, purgatives, dangereuses, etc., etc... table des maladies et remèdes. 1 vol. in-18, cartonné, de 498 pages et 200 fig. . . . . 4. »

ENSEIGNEMENT PRIMAIRE AGRICOLE

Agriculture (*Petite école d'*), par P. Joigneaux. 1 vol. in-18 de 124 pages et 42 grav. cartonné toile 1.25

Agriculture (*Traité élémentaire et pratique d'*), par Laurençon. 2 vol. in-12 de 248 pages et 44 grav. 1.50

Agriculture du centre de la France, par Félix Vidalin. 2 vol. in-18 cartonnés de 300 pages avec grav. . . . . 3. »

Arithmétique agricole, par Lefour. In-12 de 128 pages. . . ».75

Devoirs de l'homme envers les animaux, par J. Chalot. In-12 de 128 pages . . . . ».75

École des engrais chimiques, premières notions des agents de la fertilité, par Georges Ville. In-18 de 108 pages. . . . . 1. »

Histoire du grand Jacquet, métayer, par Méplain et Taisy. In-12, 144 pages. . . . . ».75

Horticulture (*Cours élémentaire*), par Boncenne. 2 vol. in-12 ensemble de 310 pages et 85 gravures. 1.50

Les Jeudis de M. Dulaurier, cours élémentaire d'agriculture par V. Borie. 2 vol. in-18.

1re *année*: 108 pages et 16 grav. . . . . ».75

2e *année* : 108 pages et 51 grav. . . . . ».75

Lectures et dictées d'agriculture, par G. Heuzé. In-12, 128 pages. . . . . ».75

Lectures choisies pour la campagne, par Halphen. In-18, 106 pages. . . . . ».50

Loisirs d'un instituteur, par Vidal. In-12, 128 pages. . . . ».75

Petit Questionnaire agricole à l'usage des écoles primaires des pays de pâturage, par Ed. Teisserenc de Bort. 1 vol. in-18 de 192 pages et 16 gravures. 1.25

Petits Entretiens sur la vie des champs, par P. Joigneaux. In-18 de 112 pages avec grav., cartonné. . . . . ».60

Vocabulaire agricole et horticole à l'usage des élèves des collèges et des écoles primaires, par A. Richard (du Cantal), 2e édition. 1 vol. in-18 de 466 pages avec gravures 3.50

BIBLIOTHÈQUE AGRICOLE ET HORTICOLE

48 VOLUMES A 3 FR. 50

Agriculture de la France méridionale, par Riondet. 484 pag.

Bêtes à laine (Manuel de l'éleveur de), par Villeroy. 336 p., 54 grav.

Blé (Le), sa culture, commerce, prix de revient, tarifs et législation, par Ed. Lecouteux. 1 vol. in-18 de 422 pages et 60 fig.

Chevaux de trait français (les), par Gayot. In-18 de 360 pages et 2 fig.

Chimie agricole, ou l'agriculture considérée dans ses rapports principaux avec la chimie, par Isidore Pierre. 6e édit. 2 vol. in-18 de 778 pages et 25 figures.

Tome Ier. L'atmosphère, l'eau, le sol et les plantes.
— II. Les engrais.
(Ces deux vol. se vendent séparément.)

Cidre (Culture du pommier à), fabrication du cidre et utilisation des pommes et marcs, par J. Nanot. In-18 de 324 pages et 50 fig.

Connaissance pratique du cheval, traité d'hippologie, par A. A. Vial. 1 vol. in-18 de 372 pages et 72 figures.

Culture améliorante (Principes de la), par Ed. Lecouteux. In-18 de 432 pages.

Économie rurale (Cours d'), par Ed. Lecouteux. 2 vol. de 1060 pag.

Tome Ier. Les milieux économiques.
— II. Les entreprises agricoles et les systèmes de culture.
(Ces 2 vol. ne se vendent pas séparément.)

Économie rurale de la France depuis 1789, par L. de Lavergne. 490 pages.

Encyclopédie horticole, par Carrière. 550 pages.

Engrais chimiques (Guide pour l'achat et l'emploi des), par H. Joulie. In-8° de 488 pages ou tableaux.

Entretiens familiers sur l'horticulture, par Carrière. In-18 de 384 pages.

Hygiène rurale (Traité d') suivi des premiers secours en cas d'accidents, par le Dr H. George, 1 vol. in-18 de 432 pages et 12 figures.

Irrigations (Manuel des), par Villeroy et Muller. 263 p. et 123 grav.

Leçons élémentaires d'agriculture, par Masure. 2 vol.

Tome Ier. Les plantes de grande culture, leur organisation et leur alimentation, 330 pages, 32 grav.
— II. Vie aérienne et vie souterraine des plantes de grande culture, 477 pages, 20 grav.
(Ces 2 vol. se vendent séparément.)

Maïs (le) **et les autres fourrages verts,** culture et ensilage, par Ed. Lecouteux, in-18 de 320 pages et 15 figures.

Maladies du cheval (Traité des), par Bénion. In-18 de 340 pages et 25 figures.

Manuel juridique de l'acheteur et du marchand d'engrais et d'amendements, par G. Gain; in-12 de 372 pages.

Métayage (Traité pratique du), par le Comte de Tourdonnet. 1 vol. in-18 de 372 pages.

Météorologie et physique agricoles, par Marié-Davy. 400 pag., 53 grav.

Mildiou (le), suivi d'une description de l'Érinose, par Patrigeon, 216 pages, 4 pl. col. et 38 fig.

Mouches et Vers, par Eug. Gayot. 248 pages, 33 grav.

Mouton (le), par Lefour. 392 pages, 76 grav.

Ostréiculture (Traité d'), par P. Brocchi. In-18 de 300 pages.

Pâturages, prairies naturelles et herbages, par G. Heuzé, 1 vol. in-18 de 372 pages et 47 figures.

Plantations d'alignement (Établissement et entretien des), par Jules Nanot. In-18 de 350 pages et 82 fig.

Plantes fourragères, par Gustave Heuzé. 2 vol. in-18.

Tome Ier. Les plantes à racines et à tubercules, et les plantes cultivées pour leurs feuilles, in-18 de 324 pages et 89 fig.	Ces 2 vol. se vendent séparément.
Tome II. Les prairies artificielles, in-18, 396 pages et 53 fig.	

Porc (le), par Gustave Heuzé. 2e éd. 322 pages et 50 grav.

Poulailler (le), par Ch. Jacque. 360 pages et 117 grav.

Pratique de l'agriculture (la) par G. Heuzé, 2. vol.

Tome Ier. — Agents de la production, labours, hersages, roulages, application des engrais, semailles.	Ces 2 vol. se vendent séparément.
Tome II. — (*sous presse*). Cultures d'entretien, fenaison, moisson, nettoyage et conservation des produits, direction du domaine.	

Production fourragère par les engrais (la), **prairies et herbages,** par H. Joulie, in 8° de 320 pages ou tableaux.

Taille des arbres fruitiers, par Forney, 2 vol.

Tome Ier. — Principes généraux ; le poirier et le pommier ; les arbres de verger, 320 pages, 169 fig.	Ces 2 vol. se vendent séparément.
Tome II. — Pêcher, prunier et autres fruits à noyau ; vignes, figuier et petits fruits, 360 pages, 183 fig.	

Vers à soie (Conseils aux nouveaux éducateurs), par de Boullenois. 3e édit., in-8° de 248 pages.

Vices redhibitoires des animaux domestiques (Manuel des), par E. Le Pelletier. In-18 de 296 pages.

Vigne (Culture de la) **et vinification,** par J. Guyot. 2e éd. 426 pages, 30 grav.

Voyage agricole en Russie, par L. de Fontenay. 1 vol. in-18 de 570 pages.

Zootechnie (Traité de) ou Économie du bétail, par A. Sanson. 2e éd. 5 v. ensemble de 2.016 pages et 236 gravures.

1re partie. Zoologie et zootechnie générales.	Tome Ier. Organisation, fonctions physiologiques et hygiène des animaux domestiques agricoles.	Ces 5 vol. se vendent séparément.
	— II. Lois naturelles et méthodes zootechniques.	
2e partie. Zoologie et zootechnie spéciales.	— III. Chevaux, ânes, mulets.	
	— IV. Bœufs et buffles.	
	— V. Moutons, chèvres, et porcs.	

BIBLIOTHÈQUE DU CULTIVATEUR

40 VOLUMES IN-18 A 1 FR. 25

Agriculteur commençant (Manuel de l'), par Schwerz. 332 p.

Alimentation raisonnée des animaux moteurs et comestibles, par Sanson. 180 pages et 3 fig.

Animaux domestiques, par Lefour. 154 pages et 33 gravures.

Basse-cour, Pigeons et Lapins, par Mme Millet-Robinet. 5e édition. 180 pages, 26 grav.

Bêtes à cornes (Manuel de l'éleveur de), par Villeroy. 308 p. et 65 gr.

Calendrier du bon cultivateur (abrégé), par Mathieu de Dombasle. 304 pages et 25 grav.

Champs et les Prés (les), par Joigneaux. 154 pages.

Cheval (Achat du), par Gayot. 180 pages et 25 grav.

Cheval, Ane et Mulet, par Lefour. 180 pages et 136 grav.

Cheval percheron, par du Hays. 176 pages.

Chèvre (la), par Huard du Plessis. 164 pages et 42 grav.

Chimie du sol, par le Dr Sacc. 148 pages.

Chimie des végétaux, par le Dr Sacc. 220 pages.

Chimie des animaux, par le Dr Sacc. 154 pages.

Comptabilité et géométrie agricoles, par Lefour. 214 pages et 104 grav.

Comptabilité de la ferme, par Dubost et Pacout. 124 pages.

Constructions rurales (Traité élémentaire des), par J A. Grandvoinnet. 2 vol. ensemble de 308 pages et 306 figures.

Tome Ier. Principes généraux de construction. Tome IIe. Bâtiments ruraux. — Ces 2 vol. ne se vendent pas séparément.

Culture générale et instruments aratoires, par Lefour. 174 pages et 135 grav.

Économie domestique, par Mme Millet-Robinet. 228 p. et 77 gr.

Engrais chimiques (Pratique des), par L. Mussa. 144 pages.

Engraissement du bœuf, par Vial. 180 pages et 12 grav.

Fermage (estimation, baux, etc.), par de Gasparin. 3e éd. 216 pages.

Graines de la grande et de la petite culture (Traité des), par P. Joigneaux. 168 pages.

Grêle. (Manuel de l'expert des dommages causés par la), par François. 108 pages.

Incubation et élevage artificiels des volailles, instructions pratiques, par Roullier-Arnoult. 172 pages, et 49 figures.

Irrigations (Pratique des), par Vidalin. 180 pages, 22 grav.

Lapins, lièvres et léporides, par Eug. Gayot. 180 pages et 15 gravures.

Maréchalerie, ou ferrure des animaux domestiques, par A. Sanson. 164 pages, 34 figures.

Médecine vétérinaire (Notions usuelles de), par Sanson. 174 pages et 13 grav.

Métayage, par de Gasparin. 2e édition. 164 pages.

Moutons (les), par A. Sanson. 168 pages et 56 grav.

Pigeons, Dindons, Oies et Canards, par Pelletan. 180 p. et 20 gr.

Porcherie (Manuel de la), par L. Léouzon. 168 pages et 38 grav.

Poules et Œufs, par E. Gayot. 216 pages et 40 grav.

Races bovines, par Dampierre. 2e édit. 192 pages et 28 grav.

Sol et Engrais, par Lefour. 176 pages et 54 grav.

Travaux des champs, par Victor Borie. 188 pages et 121 grav.

Vache (la) et ses produits, par Aujollet, 252 pages et 20 fig.

Vaches laitières (Choix des), par Magne. 144 pages et 39 grav.

BIBLIOTHÈQUE DU JARDINIER

19 VOLUMES IN-18 A 1 FR. 25

Arbres fruitiers. Taille et mise à fruit, par Puvis. 167 pages.

Arbres fruitiers. Semis et mise à fruit, par Carrière, 158 pages.

Arbres d'ornement de pleine terre, par Dupuis. 162 p., 40 gr.

Arbrisseaux et Arbustes d'ornement de pleine terre, par Dupuis. 122 pages et 25 grav.

Asperge. Culture, par Loisel. 108 pages et 8 grav.

Cactées, par Ch. Lemaire. 140 pages, 11 grav.

Champignon de couche (le), par J. Lachaume. 108 pages et 7 grav.

Conférences sur le jardinage et la culture des arbres fruitiers, par Joigneaux. 144 pages.

Conifères de pleine terre, par Dupuis. 156 pages et 47 grav.

Élagueur (Guide de l') dans les parcs et les forêts, par Morange. 144 pages et 20 fig.

Maraîcher bourgeois (le), par P. Vialon. 128 pages.

Melon, Nouvelle méthode de le cultiver, par Loisel. 108 pag. et 7 gr.

Orchidées (les), par Delchevalerie. 134 pages, 32 grav.

Pépinières (les), par Carrière. 134 pages et 29 grav.

Plantes grasses autres que Cactées, par Ch. Lemaire. 136 p., 13 gr.

Plantes de serre chaude et tempérée, par Delchevalerie. 156 pages, 9 grav.

Pommiers d'ornements, par Carrière, 180 pag. 18 gr.

Potager (le), jardin du cultivateur, par Naudin. 180 pag. 84 grav.

Rosier (le), par Lachaume. 180 pages et 34 grav.

et de nos concours, reproduits d'après les modèles de l'un de nos peintres animaliers les plus justement en renom, **M. Olivier de Penne**, qui a bien voulu se charger des aquarelles.

La rédaction en chef du *Journal d'agriculture pratique* est confiée depuis 1866 à un propriétaire à la fois écrivain et cultivateur **M. Ed. Lecouteux**, propriétaire-agriculteur, professeur d'agriculture au Conservatoire des arts et métiers, et professeur d'économie rurale à l'Institut national agronomique, qui a pu contrôler constamment la théorie par la pratique, et joindre aux études de doctrines les plus consciencieuses une expérience personnelle de trente années.

Le journal publie des chroniques agricoles, des comptes rendus des séances de la Société nationale d'agriculture ; des articles de jurisprudence ; des articles consacrés à l'examen des questions de pratique pure, une revue mensuelle de météorologie et une revue étrangère.

L'économie rurale, l'économie du bétail, l'économie forestière, la culture de la vigne, de la betterave, de toutes les plantes industrielles, aussi bien que celle des céréales et des plantes fourragères ; la culture des eaux, l'apiculture, la mécanique agricole, l'architecture rurale ; les questions de chimie appliquée à l'agriculture ; en un mot toutes les branches de l'agriculture sont traitées avec l'importance qu'elles comportent.

La partie commerciale a reçu tous les développements qu'elle mérite. Des mercuriales hebdomadaires, et une revue de tous les marchés français et étrangers, tiennent le lecteur au courant des fluctuations des cours, pour tous les produits agricoles : céréales et farines, bétail, graines fourragères et oléagineuses, fourrages et pailles, chanvres et lins, houblons, etc. ; vins, alcools et eaux-de-vie ; sucres, amidons et fécules, engrais divers ; cuirs et peaux, suifs et saindoux, beurres, fromages et œufs, volailles et gibier, etc.

PRIX DE L'ABONNEMENT :

UN AN : 20 fr. — SIX MOIS : 10 fr. 50

Les abonnements partent du 1er janvier ou du 1er juillet

ABONNEMENT D'ESSAI D'UN MOIS : 2 FR.

Abonnement d'un an pour l'étranger	**Union postale**	**20 fr.**
	Tous les autres pays	**25 fr.**

Prix du numéro.......................... 50 centimes.

— **avec planche coloriée. 75 centimes.**

La Librairie agricole possède encore quelques collections complètes du *Journal d'Agriculture pratique* (de 1837 à 1888).

Prix de la collection complète (de 1837 à 1888) : 87 vol. 840 fr.

Prix de la collection de 1885 à 1888 (nouvelle période avec planches coloriées) : 8 vol. . . . . 80 fr.

☞ Un numéro spécimen **avec planche coloriée** est envoyé à toute personne qui en fait la demande, accompagnée de 30 centimes en timbres-poste.

Bureaux du journal : 26, rue Jacob, à Paris.

dard, P. de Longpré, Clément, donnent la figure des plantes nouvelles et des fruits nouveaux les plus intéressants, des insectes nuisibles, etc.

Une chronique très complète tient le lecteur au courant de tous les faits qui peuvent intéresser l'horticulture : comptes rendus d'expositions et de congrès, programmes des concours, listes des récompenses, séances de la société nationale d'horticulture de France, etc., etc.

Depuis le 1er janvier 1882, **M. Ed. André**, l'architecte paysagiste si justement apprécié, remplit, conjointement avec **M. E.-A. Carrière**, dont les longs services ont entouré le nom d'une juste popularité, les fonctions de rédacteur en chef de la *Revue horticole.* Cette direction nouvelle, résultant de la collaboration étroite de deux hommes si connus et si appréciés du public horticole, ne pouvait manquer d'être féconde pour les intérêts de l'horticulture française, soutenus par la *Revue horticole* depuis plus d'un demi-siècle.

A l'exposition internationale d'horticulture, qui a eu lieu à Paris **en 1885**, le jury a reconnu l'importance des services rendus par la *Revue horticole*, en lui décernant la **grande médaille d'honneur**, fondée par le maréchal Vaillant, ancien président de la Société d'horticulture.

La *Revue horticole* continue donc son œuvre, dans des conditions qui sont de nature à en étendre la légitime influence. La plus grande partie de ce résultat est due d'ailleurs à la fidélité bienveillante de ses abonnés, fortifiés dans cette opinion que tous les efforts de la *Revue* ont pour but le progrès constant de l'horticulture française.

PRIX DE L'ABONNEMENT :

UN AN : 20 fr. — SIX MOIS : 10 fr. 50

Les abonnements partent du 1er janvier ou du 1er juillet

ABONNEMENT D'ESSAI D'UN MOIS : 2 FR.

ABONNEMENT D'UN AN POUR L'ÉTRANGER.	
Union postale	**22 fr.**
Tous les autres pays	**25 fr.**

Prix du numéro : Un franc.

La Librairie agricole ne possède pas de collection complète (1829 à 1888) de la *Revue horticole;* mais elle possède encore un très petit nombre de collections depuis 1861, c'est-à-dire depuis que la *Revue* est publiée dans le format actuel, avec planches coloriées, et quelques collections de 1882 à 1888, c'est-à-dire depuis la direction de MM. E. A. Carrière et Ed. André.

Prix de la collection de 1861 à 1888 : 27 vol. . . 540 francs.

Prix de la collection de 1882 à 1888 : 7 vol. . . 140 francs.

☞ Un numéro spécimen est adressé à toute personne qui en fait la demande accompagnée de 30 centimes en timbres-poste.

Bureaux du journal : 26, rue Jacob, à Paris.

BULLETIN D'ABONNEMENT.

Je soussigné (1)

demeurant à (2)

demande un abonnement de (3)

à partir du (4)

à (5)

Pour le paiement j'envoie ci-joint en (6)

la somme de (7)
ou j'autorise l'administration à me faire présenter par la poste une quittan[ce]
du montant de l'abonnement, augmentée des frais de recouvrement.

(SIGNATURE.)

(1) Nom et Prénom.

(2) Adresse exacte avec indication du bureau de poste.

(3) Un an, 6 mois ou un mois pour essai.

(4) 1er janvier et 1er juillet pour les abonnements de six mois ou d'un an. Les abonnements d'essai peuvent être pris pour un mois quelconque.

(5) Indiquer s'il s'agit du *Journal d'agriculture pratique* ou de la *Revue horticole*.

(6) Mandat-poste ou chèque, pour les abonnements de six mois ou d'un an. — Timbres-poste pour les abonnements d'essai d'un mois.

(7) Un an. . . . . 20 fr. »
Six mois. . . . . 10 fr. 50
Un mois d'essai. . . . . . 2 fr. »

☞ Adresser lettres et mandats à M. Bourguignon, administrateur du Journal d'agriculture pratique et de la Revue horticole, 26, rue Jacob, à Paris.

TABLE ALPHABÉTIQUE DES NOMS D'AUTEURS.

TYPOGRAPHIE FIRMIN-DIDOT. — MESNIL (EURE).

EXTRAIT DU CATALOGUE DE LA LIBRAIRIE AGRICOLE

BIBLIOTHÈQUE AGRICOLE ET HORTICOLE

41 VOLUMES, A 3 FR. 50 LE VOLUME

Agriculture de la France méridionale, par Riondet, 481 pages.
Bêtes à laine (Manuel de l'éleveur de), par Villeroy. 336 pages, 54 gr.
Blé (Le), sa culture, par Ed. Lecouteux. 404 pages et 60 gravures.
Chevaux de trait français (Les), par Eug. Gayot. 360 pages, 2 fig.
Chimie agricole, par Is. Pierre. 2 vol. de 780 pages.

Tome Ier : L'atmosphère, l'eau, le sol, les plantes.
— II : Les engrais.
} Se vendent séparément.

Cidre (Culture du pommier et fabrication du), par J. Nanot. 324 pages et 50 fig.
Connaissance pratique du cheval, par A.-A. Vial. 372 pages et 72 fig.
Culture améliorante (Principe de la), par Ed. Lecouteux. 432 pages.
Économie rurale (Cours d') par Ed. Lecouteux. 2 vol. de 981 pages.

Tome Ier : La situation économique.
— II : Constitution des entreprises agricoles.
} Ne se vendent pas séparément.

Encyclopédie horticole, par Carrière. 550 pages.
Engrais chimiques, achat et emploi, par Joulie. 488 pages ou tableaux.
Entretiens familiers sur l'horticulture, par Carrière. 384 pages.
Hygiène rurale (Traité d') par le Dr George. 432 pages et 12 fig.
Irrigations (Manuel des), par Muller et Villeroy. 263 pages et 123 gravures.
Leçons élémentaires d'agriculture, par Masure. 2 vol.

Tome Ier : Les plantes, leur organisation et leur alimentation.
— II : Vie aérienne et vie souterraine des plantes de grande culture.

Maïs (Le) **et les autres fourrages verts**, culture et ensilage, par Éd. Lecouteux. 324 pages, 15 figures.
Maladies du cheval (Traité des), par Bénion. 310 pages et 25 gravures.
Métayage (Traité pratique du), par le comte de Tourdonnet. 372 pages.
Météorologie et physique agricoles, par Marié-Davy, 400 pages et 53 gravures.
Mildiou (Le), par le Dr Patrigeon. 216 pages, 4 pl. col. et 38 fig.
Mouton (Le), par Lefour. 392 pages. 76 gravures.
Ostréiculture (Traité d'), par P. Brocchi. 300 pages.
Pâturages (Les), **prairies naturelles et les herbages**, par G. Heuzé. 372 pages et 47 gravures.
Plantations d'alignement (Etablissement et entretien des) et élagage des arbres, par J. Nanot, 346 pages, 82 figures.
Plantes fourragères, par G. Heuzé. 2 volumes avec gravures.

Tome Ier : Les plantes à racines et à tubercules.
— II : Les prairies artificielles.
} Se vendent séparément.

Porc (Le), par Gustave Heuzé. 2e éd. 322 pages et 50 gravures.
Poulailler (Le), par Ch. Jacque. 360 pages et 117 gravures.
Pratique de l'agriculture (La), par G. Heuzé. 2 vol. avec gravures.

Tome Ier : Les agents de la production, opérations, engrais, semailles.
— II : Culture d'entretien, fenaison, produits, exploitation.
} Se vendent séparément.

Production fourragère (La) **par les engrais**, prairies et herbages, par H. Joulie. 320 pages ou tableaux.
Taille des arbres fruitiers, par Forney. 2 vol. avec gravures.

Tome Ier : Principes généraux, le poirier et le pommier.
— II : Pêcher, prunier et autres fruits à noyau.
} Se vendent séparément.

Vers à soie (Conseils aux éducateurs de), par de Boullenois. 248 pages.
Vices rédhibitoires des animaux domestiques, par Le Pelletier, 296 pages.
Vigne (Culture de la) **et vinification**, par J. Guyot. 426 pages, 50 gravures.
Zootechnie (Traité de), par A. Sanson. 5 vol.. 2016 pages et 236 gravures.

Tome Ier. Organisation, fonctions physiologiques et hygiène animaux domestiques agricoles.
— II. Lois naturelles et méthodes zootechniques.
— III. Chevaux, ânes, mulets.
— IV. Bœufs et buffles.
— V. Moutons, chèvres et porcs.
} Ces volumes se vendent séparément

Paris. — Typ. G. Chamerot, 19 rue des Saints-Pères. — 21499.

www.ingramcontent.com/pod-product-compliance
Ingram Content Group UK Ltd.
Pitfield, Milton Keynes, MK11 3LW, UK
UKHW022324190726
13856UKWH00001B/198